Max Weber
Wirtschaft und Gesellschaft

Die Wirtschaft und die gesellschaftlichen Ordnungen und Mächte. Nachlaß

Teilband 5:

Die Stadt

Studienausgabe
der Max Weber-Gesamtausgabe
Band I/22–5

herausgegeben von

Wilfried Nippel

J. C. B. Mohr (Paul Siebeck) Tübingen

Zitiervorschlag:
MAX WEBER, Die Stadt, MWS I/22–5, S. 1

Die Deutsche Bibliothek – CIP-Einheitsaufnahme

Weber, Max:
Studienausgabe der Max-Weber-Gesamtausgabe / Max Weber. –
Tübingen: Mohr Siebeck

Abt. I, Schriften und Reden.
Bd. 22. Wirtschaft und Gesellschaft: die Wirtschaft und die gesellschaftlichen Ordnungen und Mächte; Nachlaß Teilbd. 5. Die Stadt / hrsg. von Wilfried Nippel. – 2000.
ISBN 3-16-147278-0

Das Buch wurde von Gulde-Druck in Tübingen gesetzt und gedruckt auf alterungsbeständigem Werkdruckpapier der Papierfabrik Niefern.

Zu dieser Ausgabe

Die *Max Weber-Studienausgabe* (MWS) will die Schriften und Reden Max Webers auf der gesicherten Textgrundlage der *Max Weber-Gesamtausgabe* (MWG) allgemein zugänglich machen, unter Verzicht auf den editorischen Apparat. Doch ist sie so angelegt, daß dem Benutzer der Rückgriff auf die MWG jederzeit möglich ist. Deshalb folgt die Studienausgabe in Textkonstitution und Anordnung der Texte durchgängig der MWG. Um dem Leser darüber hinaus das Aufsuchen von Fundstellen zu erleichtern, sind am Fuß jeder Seite die entsprechenden Seitenzahlen der MWG angegeben. Außerdem wird auf die gängigen Ausgaben verwiesen, die bisher in der Sekundärliteratur gebräuchlich sind. Dabei werden in diesem Band die folgenden Abkürzungen verwendet:

MWG I/22-5 = *Max Weber-Gesamtausgabe,* Abt. I: Schriften und Reden, Bd. 22: Wirtschaft und Gesellschaft. Die Wirtschaft und die gesellschaftlichen Ordnungen und Mächte. Nachlaß. Teilband 5: Die Stadt, hrsg. von Wilfried Nippel, Tübingen 1999.

WuG = *Wirtschaft und Gesellschaft* (Grundriß der Sozialökonomik, Abteilung III), Tübingen 1922.

Im Anschluß an den Text Max Webers enthält diese Ausgabe in zusammengefaßter Form Verständnis- und Erschließungshilfen auf der Grundlage der MWG.

Der Herausgeber beleuchtet in einem *Nachwort* das Thema Stadt in frühen Arbeiten Webers sowie im Kontext der Forschung und berichtet über die Aufnahme des Werkes in der Fachwissenschaft.

Der *Anhang* bietet ausführliche Informationen über die Textgrundlage dieser Ausgabe und über die Entstehung der Schrift. In dem Abschnitt *Zur Textkonstitution* werden die editorischen Grundsätze der MWG dargelegt und ihre für die Studienausgabe notwendigen Ergänzungen. Insbesondere wird mitgeteilt, wann und in welcher Weise Emendationen an den Texten vorgenommen wurden. Unter der Überschrift *Zur Entstehung und Überlieferung des Textes* berichtet der Herausgeber eingehend über die Genese und den wahrscheinlichen Entstehungszeitraum der Arbeit sowie den ungewissen Status des nachgelassenen Textes. Schließlich folgen Verzeichnisse und Register, die dem Leser die Benutzung des Bandes erleichtern sollen.

Inhalt

Die Stadt.

I. Begriff und Kategorien der Stadt.

Eine „Stadt" kann man in sehr verschiedener Art zu definieren versuchen. Allen Definitionen gemeinsam ist nur: daß sie jedenfalls eine (mindestens relativ) geschlossene Siedelung, eine „Ortschaft" ist, nicht eine oder mehrere einzeln liegende Behausungen. Im Gegenteil pflegen in den Städten (aber freilich nicht nur in ihnen) die Häuser besonders dicht, heute in der Regel Wand an Wand zu stehen. Die übliche Vorstellung verbindet nun mit dem Wort „Stadt" darüber hinaus rein *quantitative* Merkmale: sie ist eine *große* Ortschaft. Das Merkmal ist nicht an sich unpräzis. Es würde, soziologisch angesehen, bedeuten: eine Ortschaft, also eine Siedelung in dicht aneinandergrenzenden Häusern, welche eine so umfangreiche zusammenhängende Ansiedelung darstellen, daß die sonst dem Nachbarverband spezifische, persönliche gegenseitige Bekanntschaft der Einwohner miteinander *fehlt*. Dann wären nur ziemlich große Ortschaften Städte, und es hängt von den allgemeinen Kulturbedingungen ab, bei welcher Größe etwa dies Merkmal beginnt. Für diejenigen Ortschaften, welche in der Vergangenheit den *Rechts*charakter von Städten hatten, traf dieses Merkmal bei weitem nicht immer zu. Und es gibt im heutigen Rußland „Dörfer", welche, mit vielen Tausenden von Einwohnern, weit größer sind als manche alte „Städte" (z. B. im polnischen Siedlungsgebiet unseres Ostens), welche etwa nur einige Hundert zählten. Die Größe allein kann jedenfalls nicht entscheiden. Versucht man, die Stadt rein ökonomisch zu definieren, so wäre sie eine Ansiedelung, deren Insassen zum überwiegenden Teil von dem Ertrag nicht landwirtschaftlichen, sondern gewerblichen oder händlerischen Erwerbs leben. Aber es wäre nicht zweckmäßig, alle Ortschaften dieser Art „Städte" zu nennen. Jene Art von Ansiedelungen, welche aus Sippenangehörigen mit einem einzelnen, faktisch erblichen Gewerbebetrieb bestehen – die „Gewerbedörfer" Asiens und Rußlands –, wird man nicht unter den Begriff „Stadt" bringen wollen. Als weiteres Merkmal wäre das einer gewissen „Vielseitigkeit" der betriebenen Gewerbe hinzuzufügen. Aber auch dieses an sich scheint nicht geeignet, für sich allein ein entscheidendes Merkmal zu bilden. Sie kann grundsätzlich in zweierlei Art begründet sein. Nämlich entweder in dem Vorhandensein eines grundherrlichen, vor allem eines Fürstensitzes als Mittelpunkt, für dessen ökonomischen oder politischen Bedarf unter Produktionsspezialisierung gewerblich gearbeitet und Güter eingehandelt werden. Einen grundherrlichen oder fürstlichen Oikos aber mit einer noch so großen Ansiedelung fron- und abgabenpflichtiger Handwerker und Kleinhändler pflegt man nicht „Stadt" zu nennen, obwohl historisch ein sehr großer Bruchteil der wichtigsten „Städte" aus solchen Siedelungen hervorgegangen ist und die Produktion für einen Fürstenhof für sehr viele von ihnen (die *„Fürstenstädte"*) eine höchstwichtige, oft die vorzugsweise Erwerbsquelle der Ansiedler blieb. Das weitere Merkmal, welches hinzutreten muß, damit wir von „Stadt" sprechen, ist: das Bestehen eines nicht nur gelegentlichen, sondern regelmäßigen *Güteraustausches* am Ort der Siedelung als eines *wesentlichen* Bestandteils des Erwerbs und der Bedarfsdeckung der Siedler: eines *Markts*. Nicht jeder „Markt" aber macht den Ort, wo er stattfindet, schon zur „Stadt". Die periodischen Messen und *Fern*handelsmärkte (Jahrmärkte), auf welchen sich zu festen Zeiten zureisende Händler zusammenfinden, um ihre Waren im großen oder im einzelnen untereinander oder an Konsumenten abzusetzen, hatten sehr oft in Orten ihre Stätte, welche wir „Dörfer" nennen. Wir wollen von „Stadt" im *ökonomischen* Sinn erst da sprechen, wo die *ortsansässige* Bevölkerung einen ökonomisch wesentlichen Teil ihres Alltagsbedarfs auf dem örtlichen Markt befriedigt, und zwar zu einem wesentlichen Teil durch Erzeugnisse, welche die *ortsansässige* und die Bevölkerung des nächsten Umlandes *für den Absatz* auf dem Markt erzeugt oder sonst erworben hat. Jede Stadt im hier gebrauchten Sinn des Wortes ist „Marktort", d. h. hat einen *Lokal*markt als ökonomischen Mittelpunkt der Ansiedelung, auf welchem, infolge einer bestehenden ökonomischen Produktionsspezialisierung, auch die nicht städtische Bevölkerung ihren Bedarf an gewerblichen Erzeugnissen oder Handelsartikeln oder an beiden deckt, und auf welchem natürlich auch die Städter selbst die Spezialprodukte und den Konsumbedarf ihrer Wirtschaften gegenseitig aus- und eintauschen. Es ist ursprünglich durchaus das Normale, daß die Stadt, wo sie überhaupt als ein vom Lande unterschiedenes Gebilde auftritt, sowohl Grundherren- oder Fürstensitz wie Marktort ist, ökonomische Mittelpunkte beider Art – Oikos und Markt – nebeneinander besitzt, und es ist häufig, daß neben dem regelmäßigen Lokalmarkt Fernmärkte zureisender Händler im Ort periodisch stattfinden. Aber die Stadt (im hier gebrauchten Sinn des Worts) ist Markt*ansiedelung*. Die Existenz des Markts beruht sehr oft auf einer Konzession und Schutzzusage des Grundherrn oder Fürsten, welcher einerseits an dem regelmäßigen Angebot fremder Handelsartikel und Gewerbeprodukte des Fernmarkts und an den Zöllen, Geleits- und anderen Schutzgeldern, Marktgebühren, Prozeßgefällen, die er einbringt, ein Interesse hat, außerdem aber an der lokalen Ansiedelung von steuerfähigen Gewerbetreibenden und Händlern und, sobald an dem Markt eine Marktansiedelung entsteht, auch an den dadurch erwachsenden Grundrenten zu verdienen hoffen darf, – Chancen, welche für ihn um so größere Bedeutung haben, als es sich hier um geldwirtschaftliche, seinen Edelmetallschatz vermehrende Einnahmen handelt. Daß einer Stadt die Anlehnung, auch die räumliche, an einen Grundherren- oder Fürstensitz völlig fehlt, daß sie entweder an einem geeigneten Umschlagsplatz kraft Konzession nicht ortsansässiger Grundherren oder Fürsten oder auch kraft eigener Usurpation der Interessenten als reine Marktansiedelung entsteht, kommt vor. Entweder so, daß einem Unternehmer eine Konzession gegeben wird, einen Markt anzulegen und Siedler zu gewinnen. Dies war im mittelalterlichen, und zwar speziell im ost-, nord- und mitteleuropäischen Städtegründungsgebiet etwas besonders häufiges und kam in der ganzen Welt und Geschichte vor, wenn es auch nicht das Normale war. Dagegen konnte die Stadt auch ohne alle Anlehnung an Fürstenhöfe oder Fürstenkonzessionen durch Zusammenschluß von fremden Eindringlingen, Seekriegsfahrern oder kaufmännischen Siedlern oder endlich auch von einheimischen Zwischenhandelsinteressenten entstehen, und dies ist an den Mittelmeerküsten im frühen Altertum und gelegentlich im frühen Mittelalter ziemlich häufig gewesen. Eine solche Stadt konnte dann reiner Marktort sein. Aber immerhin war noch häufiger: das Miteinander großer fürstlicher oder grundherrlicher Patrimonialhaushaltungen einerseits und eines Marktes andererseits. Der grundherrliche oder fürstliche Hofhalt als der eine Anlehnungspunkt der Stadt konnte dann seinen Bedarf entweder vornehmlich naturalwirtschaftlich, durch Fronden oder Naturaldienste oder Naturalabgaben der von ihm abhängenden ansässigen Handwerker oder Händler decken, oder er konnte auch seinerseits mehr oder minder vorwiegend durch Eintausch auf dem städtischen Markt, als dessen kaufkräftigster Kunde, sich versorgen. Je mehr das letztere geschieht, desto stärker trat die Marktbasis der Stadt in den Vordergrund, hörte die Stadt auf, ein bloßes Anhängsel, eine bloße Marktansiedelung neben dem Oikos zu sein, wurde sie also trotz der Anlehnung an die großen Haushalte eine Marktstadt. In aller Regel ist die quantitative Ausdehnung ursprünglicher Fürstenstädte und ihre ökonomische Bedeutsamkeit Hand in Hand gegangen mit einer Zunahme der Marktbedarfsdeckung des fürstlichen und der an ihn, als Höfe der Vasallen oder Großbeamten, angegliederten anderen städtischen Großhaushalte.

Dem Typus der Fürstenstadt, also einer solchen, deren Einwohner in ihren Erwerbschancen vorwiegend direkt oder indirekt von der Kaufkraft des fürstlichen und der anderen Großhaushalte abhängen, stehen solche Städte nahe, in welchen die Kaufkraft anderer Großkonsumenten, also: Rentner, ausschlaggebend die Erwerbschancen der ansässigen Gewerbetreibenden und Händler bestimmt. Diese Großkonsumenten können aber sehr verschiedenen Typus haben, je nach Art und Herkunft ihrer Einnahmen. Sie können 1. Beamte sein, die ihre legalen oder illegalen Einkünfte, oder 2. Grundherren und politische Machthaber, welche ihre außerstädtischen Grundrenten oder andere, speziell politisch bedingte, Einnahmen dort verausgaben. Beide Male steht die Stadt dem Typus der Fürstenstadt sehr nahe: sie ruht auf patrimonialen und politischen Einnahmen als Basis der Kaufkraft der Großkonsumenten (Beispiel: für die Beamtenstadt: Peking, für die Grundrentnerstadt: Moskau vor Aufhebung der Leibeigenschaft). Von diesen Fällen ist der scheinbar ähnliche Fall prinzipiell zu scheiden, daß *städtische* Grundrenten, die durch monopolistische „Verkehrslage" von Stadtgrundstücken bedingt sind, ihre Quelle also indirekt gerade in städtischem Gewerbe und Handel haben, in der Hand einer Stadtaristokratie zusammenfließen (zu allen Zeiten, speziell auch in der Antike, von der Frühzeit bis zu Byzanz, und ebenso im Mittelalter verbreitet). Die Stadt ist dann ökonomisch nicht Rentnerstadt, sondern, je nachdem, Händler- oder Gewerbestadt, jene Renten sind Tribut der Erwerbenden an den Hausbesitz. Die begriffliche Scheidung dieses Falles von den nicht durch Tributpflicht des städtischen Erwerbs, sondern außerstädtisch bedingten Renten kann nicht hindern, daß in der Realität beides in der Vergangenheit sehr stark ineinander überging. Oder die Großkonsumenten können Rentner sein, welche geschäftliche Einnahmen, heute vor allem Wertpapierzinsen und Dividenden oder Tantiemen dort verzehren: die Kaufkraft ruht dann hauptsächlich auf geldwirtschaftlich, vornehmlich kapitalistisch bedingten Rentenquellen (Beispiel: Arnhem). Oder sie ruht auf staatlichen Geldpensionen oder anderen Staatsrenten (etwa ein „Pensionopolis" wie Wiesbaden). In all diesen und zahlreichen ähnlichen Fällen ist die Stadt, je nachdem, mehr oder weniger, Konsumentenstadt. Denn für die Erwerbschancen ihrer Gewerbetreibenden und Händler ist die Ansässigkeit jener, untereinander ökonomisch verschieden gearteten, Großkonsumenten an Ort und Stelle ausschlaggebend.

Oder gerade umgekehrt: die Stadt ist *Produzentenstadt*, das Anschwellen ihrer Bevölkerung und deren Kaufkraft beruht also darauf, daß – wie etwa in Essen oder Bochum – Fabriken, Manufakturen oder Heimarbeitsindustrien in ihnen ansässig sind, welche auswärtige Gebiete versorgen: der moderne Typus, oder daß in Form des Handwerks Gewerbe am Ort bestehen, deren Waren nach auswärts versendet werden: der asiatische, antike und mittelalterliche Typus. Die Konsumenten für den örtlichen Markt stellen teils, als Großkonsumenten, die Unternehmer – wenn sie, was nicht immer der Fall, ortsansässig sind –, teils und namentlich, als Massenkonsumenten, die Arbeiter und Handwerker und, teilweise als Großkonsumenten, die durch sie indirekt gespeisten Händler und Grundrentenbezieher. Wie diese *Gewerbestadt*, so stellt sich schließlich der Konsumentenstadt auch die *Händlerstadt* gegenüber, eine Stadt also, bei welcher die Kaufkraft ihrer Großkonsumenten darauf beruht, daß sie entweder fremde Produkte am örtlichen Markt mit Gewinn detaillieren (wie die Gewandschneider im Mittelalter) oder heimische oder doch (wie bei den Häringen der Hansa) von heimischen Produzenten gewonnene Waren mit Gewinn nach außen absetzen, oder fremde Produkte erwerben und mit oder ohne Stapelung am Orte selbst nach auswärts absetzen (Zwischenhandelsstädte). Oder – und das ist natürlich sehr oft der Fall – daß sie alles dies kombinieren: die „Commenda" und „Societas maris" der Mittelmeerländer bedeuteten zum erheblichen Teil, daß ein „tractator" (reisender Kaufmann) mit dem von ortsansässigen Kapitalisten ganz oder teilweise ihm kommanditierten Kapital einheimische oder auf dem einheimischen Markt gekaufte Produkte nach den Märkten der Levante fuhr – oft genug dürfte er auch ganz in Ballast dorthin gefahren sein –, jene dort verkaufte, mit dem Erlös orientalische Waren kaufte und auf den heimischen Markt brachte, wo sie verkauft, der Erlös aber nach vereinbartem Schlüssel zwischen dem tractator und dem Kapitalisten geteilt wurde. Auch die Kaufkraft und Steuerkraft der Handelsstadt beruht also jedenfalls, wie bei der Produzentenstadt, und im Gegensatz zur Konsumentenstadt, auf ortsansässigen *Erwerbs*betrieben. An diejenigen der Händler lehnen sich die Speditions- und Transportgewerbe und die zahlreichen sekundären Groß- und Kleinerwerbschancen an. Jedoch vollziehen sich bei ihr die Erwerbsgeschäfte, welche diese Betriebe konstituieren, nur beim örtlichen Detaillieren gänzlich am örtlichen Markt, beim Fernhandel dagegen zum erheblichen oder größeren Teil auswärts. Etwas prinzipiell Ähnliches bedeutet es, wenn eine moderne Stadt (London, Paris, Berlin) Sitz der nationalen oder internationalen Geldgeber und Großbanken oder (Düsseldorf) Sitz großer Aktiengesellschaften oder Kartellzentralen ist. Überwiegende Teile der Gewinnste aus Betrieben fließen ja heute überhaupt, mehr wie je, an andere Orte als die, in denen der sie abwerfende Betrieb liegt. Und andererseits wieder werden stetig wachsende Teile von Gewinnsten von den Bezugsberechtigten nicht an dem großstädtischen Ort ihres geschäftlichen Sitzes konsumiert, sondern auswärts, teils in Villenvororten, teils aber und noch mehr in ländlichen Villeggiaturen, internationalen Hotels usw. verzehrt. Parallel damit entstehen die nur oder doch fast nur aus Geschäftshäusern bestehenden „Citystädte" oder (und meist) Stadtbezirke. Es ist hier nicht die Absicht, eine weitere Spezialisierung und Kasuistik, wie sie eine streng ökonomische Städtetheorie zu leisten hätte, vorzuführen. Es braucht kaum gesagt zu werden, daß die empirischen Städte fast durchweg Mischtypen darstellen und daher nur nach ihren jeweils vorwiegenden ökonomischen Komponenten klassifiziert werden können.

Die Beziehung der Städte zur *Landwirtschaft* war keineswegs eindeutig. Es gab und gibt „Ackerbürgerstädte", d. h. Orte, welche als Stätten des Marktverkehrs und Sitz der typischen städtischen Gewerbe sich von dem Durchschnitt der Dörfer weit entfernen, in denen aber eine breite Schicht ansässiger Bürger ihren Bedarf an Nahrungsmitteln eigenwirtschaftlich decken und sogar auch für den Absatz produzieren. Gewiß ist das Normale, daß die Stadteinwohner, je größer die Stadt ist, um so weniger über eine irgendwie im Verhältnis zu ihrem Nahrungsbedarf stehende und ihnen zur Nahrungsmittelproduktion vorbehaltene Ackerflur, meist auch: daß sie über keine hinlängliche, ihnen vorbehaltene Weide- und Waldnutzung zu verfügen pflegen, in der Art, wie ein „Dorf" sie besitzt. Der größten deutschen Stadt des Mittelalters: Köln, fehlte z. B. auch die bei keinem normalen damaligen Dorf fehlende „Allmende" fast gänzlich und offenbar von Anfang an. Allein andere deutsche und ausländische mittelalterliche Städte hatten zum mindesten beträchtliche Viehweiden und Waldungen, die ihren Bürgern als solchen zu Gebote standen. Und sehr große Ackerfluren als Zubehör des städtischen Weichbildes sind, und zwar in der Vergangenheit, je mehr wir nach Süden und rückwärts in die Antike gehen, desto mehr, vorgekommen. Wenn wir heute den typischen „Städter" im ganzen mit Recht als einen Menschen ansehen, der seinen eigenen Nahrungsmittelbedarf *nicht* auf eigenem Ackerboden deckt, so gilt für die Masse der typischen Städte (Poleis) des Altertums ursprünglich geradezu das Gegenteil. Wir werden sehen, daß der antike Stadt*bürger* vollen Rechts, im Gegensatz zum mittelalterlichen, ursprünglich geradezu dadurch charakterisiert war: daß er einen Kleros, fundus (in Israel: chelek), ein volles Ackerlos, welches ihn ernährte, sein eigen nannte: der antike Vollbürger ist „Ackerbürger".

Und erst recht fand sich landwirtschaftlicher Besitz in den Händen der Großverbandschichten der Städte, sowohl des Mittelalters – auch hier freilich im Süden weit mehr als im Norden – wie der Antike. Landbesitz von gelegentlich ganz exorbitanter Größe findet sich weithin zerstreut in den mittelalterlichen oder antiken Stadtstaaten, entweder von der Stadtobrigkeit mächtiger Städte als solcher politisch oder auch grundherrlich beherrscht oder im grundherrlichen Besitz einzelner vornehmer Stadtbürger: die chersonesische Herrschaft des Miltiades oder die politischen und grundherrlichen Besitzungen mittelalterlicher Stadtadelsfamilien, wie der genuesischen Grimaldi in der Provence und über See, sind Beispiele dafür. Indessen diese interlokalen Besitzungen und Herrschaftsrechte einzelner Stadt*bürger* waren in aller Regel kein Gegenstand der städtischen Wirtschaftspolitik als solcher, obwohl ein eigentümliches Mischverhältnis überall da entsteht, wo der Sache nach jener Besitz den einzelnen von der Stadt, zu deren mächtigsten Honoratioren sie gehörten, garantiert wird, er mit indirekter Hilfe der Stadtmacht erworben und behauptet, die Stadtherrschaft an seiner ökonomischen oder politischen Nutzung beteiligt ist, – wie dies in der Vergangenheit häufig war.

Die Art der Beziehung der Stadt als Träger des Gewerbes und Handels zum platten Land als Lieferanten der Nahrungsmittel bildet nun einen Teil eines Komplexes von Erscheinungen, welche man „Stadtwirtschaft" genannt und als eine besondere „Wirtschaftsstufe" der „Eigenwirtschaft" einerseits, der „Volkswirtschaft" andererseits (oder einer Mehrheit von in ähnlicher Art gebildeten Stufen) entgegengestellt hat. Bei diesem Begriff sind aber wirtschafts*politische* Maßregeln mit rein wirtschaftlichen Kategorien in eins gedacht. Der Grund liegt darin, daß die bloße Tatsache des zusammengedrängten Wohnens von Händlern und Gewerbetreibenden und die regelmäßige Deckung von Alltagsbedürfnissen auf dem Markt *allein* den Begriff der „Stadt" nicht erschöpfen. Wo dies der Fall ist, wo also innerhalb der geschlossenen Siedelungen *nur* das Maß der landwirtschaftlichen Eigenbedarfsdeckung oder – was damit nicht identisch ist – der landwirtschaftlichen Produktion im Verhältnis zum nicht landwirtschaftlichen Erwerb und das Fehlen und Bestehen von Märkten Unterschiede konstituiert, da werden wir von Gewerbe- und Händlerortschaften und von „Marktflecken" reden, aber nicht von einer „Stadt". Daß die Stadt nicht nur eine Anhäufung von Wohnstätten, sondern außerdem ein *Wirtschaftsverband* ist, mit eigenem Grundbesitz, Einnahmen- und Ausgabenwirtschaft, unterscheidet sie ebenfalls noch nicht vom Dorf, welches das gleiche kennt, so groß der qualitative Unterschied sein kann. Endlich war es auch an sich nicht der Stadt eigentümlich, daß sie, in der Vergangenheit wenigstens, nicht nur Wirtschaftsverband, sondern auch wirtschafts*regulierender* Verband war. Denn auch das Dorf kennt Flurzwang, Weideregulierung, Verbot des Exports von Holz und Streu und ähnliche Wirtschaftsregulierungen: eine Wirtschafts*politik* des Verbandes als solche also. Eigentümlich war nur die in den Städten der Vergangenheit vorkommende Art und vor allem: die Gegenstände dieser wirtschaftspolitischen Regulierung von Verbands wegen und der Umfang von charakteristischen Maßregeln, welche sie umschloß. Diese „Stadtwirtschaftspolitik" nun rechnete allerdings in einem erheblichen Teil ihrer Maßnahmen mit der Tatsache, daß unter den Verkehrsbedingungen der Vergangenheit die Mehrzahl aller *Binnen*städte – denn von den Seestädten galt das gleiche nicht, wie die Getreidepolitik von Athen und Rom beweisen – auf die Versorgung der Stadt durch die Landwirtschaft des unmittelbaren Umlandes angewiesen war, daß eben dies Gebiet den naturgemäßen Absatzspielraum der Mehrzahl der städtischen Gewerbe – nicht etwa: aller – darstellte und daß der dadurch als naturgemäß gegebene lokale Austauschprozeß auf dem städtischen *Markt* nicht die einzige, aber eine seiner normalen Stätten fand, insbesondere für den Einkauf der Nahrungsmittel. Sie rechnete ferner damit, daß der weit überwiegende Teil der gewerblichen Produktion technisch als Handwerk, organisatorisch als spezialisierter kapitalloser oder kapitalschwacher Kleinbetrieb mit eng begrenzter Zahl der in längerer Lehrzeit geschulten Gehilfen, ökonomisch endlich entweder als Lohnwerk oder als preiswerkliche Kundenproduktion verlief und daß auch der Absatz der ortsansässigen Detaillisten in hohem Maße Kundenabsatz war. Die im spezifischen Sinn sogenannte „Stadtwirtschaftspolitik" nun war wesentlich dadurch gekennzeichnet, daß sie im Interesse der Sicherung der Stetigkeit und Billigkeit der Massenernährung und der Stabilität der Erwerbschancen der Gewerbetreibenden und Händler diese damals in weitgehendem Maß naturgegebenen Bedingungen der stadtsässigen Wirtschaft durch Wirtschaftsregulierung zu fixieren suchte. Aber weder hat, wie wir sehen werden, diese Wirtschaftsregulierung den einzigen Gegenstand und Sinn städtischer Wirtschaftspolitik gebildet, noch hat sie da, wo wir sie geschichtlich finden, zu *allen* Zeiten, sondern wenigstens in ihrer vollen Ausprägung nur in bestimmten Epochen: unter der politischen

Zunftherrschaft, bestanden, noch endlich läßt sie sich schlechthin allgemein als Durchgangsstadium aller Städte nachweisen. In jedem Fall aber repräsentiert nicht diese Wirtschafts*politik* eine universelle Stufe der *Wirtschaft*. Sondern es läßt sich nur sagen: daß der städtische lokale *Markt* mit seinem Austausch zwischen landwirtschaftlichen und nicht landwirtschaftlichen Produzenten und ansässigen Händlern auf der Grundlage der Kundenbeziehung und des kapitallosen spezialisierten Kleinbetriebs eine Art von tauschwirtschaftlichem Gegenbild darstellt, gegen die auf planmäßig umgelegte Arbeits- und Abgabenleistungen spezialisierten abhängigen Wirtschaften, in Verbindung mit dem auf Kumulation und Kooperation von Arbeit im Herrenhof ruhenden, im Inneren tauschlosen *Oikos*, und daß die *Regulierung* der Tausch- und Produktionsverhältnisse in der Stadt das Gegenbild darstellt für die *Organisation* der Leistungen der im Oikos vereinigten Wirtschaften.

Dadurch, daß wir bei diesen Betrachtungen von einer „städtischen Wirtschaftspolitik", einem „Stadtgebiet", einer „Stadtobrigkeit" sprechen mußten, zeigt sich schon, daß der Begriff der „Stadt" noch in eine andere Reihe von Begriffen eingegliedert werden kann und muß als in die bisher allein besprochenen ökonomischen Kategorien: in die *politischen*. Träger der städtischen Wirtschaftspolitik kann zwar auch ein Fürst sein, zu dessen politischem Herrschaftsgebiet die Stadt mit ihren Einwohnern als Objekt gehört. Dann wird Stadtwirtschafts*politik*, wenn überhaupt, nur *für* die Stadt und ihre Einwohner, nicht *von* ihr getrieben. Aber das muß nicht der Fall sein. Und auch wenn es der Fall ist, muß dabei dennoch die Stadt als ein in irgendeinem Umfang autonomer Verband: eine „Gemeinde" mit besonderen politischen und Verwaltungseinrichtungen in Betracht kommen.

Festzuhalten ist jedenfalls: daß man den bisher erörterten *ökonomischen* von dem *politisch-administrativen* Begriff der Stadt durchaus scheiden muß. Nur im letzteren Sinn gehört zu ihr ein besonderes Stadt*gebiet*. – Im politisch-administrativen Sinn kann dabei eine Ortschaft als Stadt gelten, welche diesen Namen ökonomisch nicht beanspruchen könnte. Es gab im Mittelalter im Rechtssinn „Städte", deren Insassen zu $^{9}/_{10}$ oder mehr, jedenfalls aber zu einem weit größeren Bruchteile als sehr viele im Rechtssinn als „Dörfer" geltende Orte, nur von eigener Landwirtschaft lebten. Der Übergang von einer solchen „Ackerbürgerstadt" zur Konsumenten-, Produzenten- oder Handelsstadt ist natürlich völlig flüssig. Nur pflegt allerdings in jeder vom Dorf administrativ unterschiedenen und als „Stadt" behandelten Ansiedelung ein Punkt: die Art der Regelung der Grundbesitzverhältnisse, sich von der ländlichen Grundbesitzverfassung zu unterscheiden. Bei den Städten im ökonomischen Sinne des Worts ist dies durch die besondere Art von Rentabilitätsgrundlage bedingt, welche städtischer Grundbesitz darbietet: Hausbesitz also, bei dem das sonstige Land nur Zubehör ist. Administrativ aber hängt die Sonderstellung des städtischen Grundbesitzes vor allem mit abweichenden Besteuerungsgrundsätzen, meist aber zugleich mit einem für den politisch-administrativen Begriff der Stadt entscheidenden Merkmal zusammen, welches ganz jenseits einer rein ökonomischen Analyse steht: daß die Stadt im Sinn der Vergangenheit, der Antike wie des Mittelalters, innerhalb wie außerhalb Europas, eine besondere Art von *Festung* und *Garnisonsort* war. Der Gegenwart ist dieses Merkmal der Stadt gänzlich abhanden gekommen. Aber auch in der Vergangenheit bestand es nicht überall. In Japan z. B. in aller Regel nicht. Administrativ gesprochen kann man infolgedessen aber auch mit Rathgen bezweifeln, ob es dort überhaupt „Städte“ gab. In China umgekehrt war jede Stadt mit riesigen Mauergürteln umgeben. Aber dort scheinen auch sehr viele ökonomisch rein ländliche Ortschaften, die auch administrativ nicht Stadt, d. h. (wie später zu erwähnen) in China: nicht Sitz staatlicher Behörden sind, von jeher Mauern besessen zu haben. In manchen Mittelmeergebieten, z. B. Sizilien, ist ein außerhalb der städtischen Mauern wohnender Mensch, also auch ein landsässiger Landarbeiter, so gut wie unbekannt gewesen: eine Folge von jahrhundertelanger Unsicherheit. In Althellas glänzte umgekehrt die Polis Sparta durch ihre Mauerlosigkeit, für welche aber andererseits das Merkmal: „Garnisonsort“ zu sein, in spezifischem Sinn zutraf: deshalb gerade, weil sie das ständige offene Kriegslager der Spartiaten war, verschmähte sie die Mauern. Wenn man noch immer streitet, wie lange Athen mauerlos gewesen sei, so enthielt es doch in der Akropolis, wie außer Sparta wohl alle Hellenenstädte, eine Felsenburg, ganz ebenso wie die Orte Ekbatana und Persepolis königliche Burgen mit sich daran anlehnenden Ansiedelungen waren. Normalerweise gehört jedenfalls zur orientalischen wie zur antikmittelländischen Stadt und ebenso zum normalen mittelalterlichen Stadtbegriff die Burg oder Mauer.

Die Stadt war weder die einzige noch die älteste Festung. Im umstrittenen Grenzgebiet oder bei chronischem Kriegszustand befestigt sich jedes Dorf. So haben die Slavensiedelungen, deren nationale Form schon früh das Straßendorf gewesen zu sein scheint, offenbar unter dem Druck der ständigen Kriegsgefahr im Elbe- und Odergebiet die Form des heckenumzogenen Rundlings mit nur einem verschließbaren Eingang, durch welchen nachts das Vieh in die Mitte getrieben wurde, angenommen. Oder man hat jene überall in der Welt, im israelitischen Ostjordanland wie in Deutschland, verbreiteten Höhenumwallungen angelegt, in welche Waffenlose sich und das Vieh flüchteten. Die sog. „Städte“ Heinrichs I. im deutschen Osten waren lediglich systematische Befestigungen dieser Art. In England gehörte zu jeder Grafschaft in angelsächsischer Zeit eine „burh“ (borough), nach der sie ihren Namen führte, und hafteten die Wacht- und Garnisondienste als älteste spezifisch „bürgerliche“ Last an bestimmten Personen und Grundstücken. Falls sie nicht in normalen Zeiten ganz leer lagen, sondern Wächter oder Burgmannen als ständige Garnison gegen Lohn oder Land erhielten, führen von diesem Zustand gleitende Übergänge zur angelsächsischen burh, einer „Garnisonsstadt“ im Sinne der Maitlandschen Theorie, mit „burgenses“ als Einwohnern, deren Name hier wie sonst davon herrührt, daß ihre politische Rechtsstellung, ebenso wie die damit zusammenhängende rechtliche Natur ihres – also des spezifisch bürgerlichen – Grund- und Hausbesitzes durch die Pflicht der Erhaltung und Bewachung der Befestigung determiniert war. Historisch sind aber in aller Regel nicht palisadierte Dörfer oder Notbefestigungen die wichtigsten Vorläufer der Stadtfestung, sondern etwas anderes. Nämlich: die herrschaftliche Burg, eine Festung, die von einem Herrn mit den entweder ihm, als Beamten unterstellten oder ihm persönlich als Gefolge, zugehörenden Kriegern, zusammen mit seiner und deren Familie und dem zugehörigen Gesinde, bewohnt wurde.

Der militärische Burgenbau ist sehr alt, zweifellos älter als der Kriegswagen und auch als die militärische Benutzung des Pferdes. Wie der Kriegswagen überall einmal, im Altchina der klassischen Lieder, im Indien der Veden, in Ägypten und Mesopotamien, in dem Kanaan, dem Israel des Deboralieds, in der Zeit der homerischen Epen, bei den Etruskern und Kelten und bei den Iren die Entwicklung der ritterlichen und königlichen Kriegsführung bestimmt hat, so ist auch der Burgenbau und das Burgfürstentum universell verbreitet gewesen. Die altägyptischen Quellen kennen die Burg und den Burgkommandanten, und es darf als sicher gelten, daß die Burgen ursprünglich ebenso viele Kleinfürsten beherbergten. In Mesopotamien geht der Entwicklung der späteren Landeskönigtümer, nach den ältesten Urkunden zu schließen, ein burgsässiges Fürstentum voraus, wie es im westlichen Indien in der Zeit der Veden bestand, in Iran in der Zeit der ältesten Gathas wahrscheinlich ist, während der politischen Zersplitterung in Nordindien, am Ganges, offenbar universell herrschte: – der alte Kshatriya, den die Quellen als eine eigentümliche Mittelfigur zwischen König und Adeligen zeigen, ist offenbar ein Burgfürst. In der Zeit der Christianisierung bestand es in Rußland, in Syrien in der Zeit der Thutmosedynastie und in der israelitischen Bundeszeit (Abimelech), und auch die altchinesische Literatur läßt es als ursprünglich sehr sicher vermuten. Die hellenischen und kleinasiatischen Seeburgen bestanden sicherlich universell, soweit der Seeraub reichte: es muß eine Zwischenzeit besonders tiefer Befriedung gewesen sein, welche die kretischen befestigungslosen Paläste an Stelle der Burgen erstehen ließ. Burgen wie das im peloponnesischen Kriege wichtige Dekeleia waren einst Festungen adliger Geschlechter. Nicht minder beginnt die mittelalterliche Entwicklung des politisch selbständigen Herrenstandes mit den „castelli“ in Italien, die Selbständigkeit der Vasallen in Nordeuropa mit ihren massenhaften Burgenbauten, deren grundlegende Wichtigkeit durch die Feststellung von Below's erläutert wird: noch in der Neuzeit hing die individuelle Landstandschaft in Deutschland daran, daß die Familie eine Burg besaß, sei es auch eine noch so dürftige Ruine einer solchen. Die Verfügung über die Burg bedeutete eben militärische Beherrschung des Landes, und es fragte sich nur: wer sie in der Hand hatte, ob der einzelne Burgherr für sich selbst, oder eine Konföderation von Rittern, oder ein Herrscher, der sich auf die Zuverlässigkeit seines darin sitzenden Lehensmannes oder Ministerialen oder Offiziers verlassen durfte.

Die Festungsstadt nun, in dem ersten Stadium ihrer Entwicklung zu einem *politischen* Sondergebilde, war oder enthielt in sich oder lehnte sich an eine Burg, die Festung eines Königs oder adligen Herrn oder eines Verbandes von solchen, die oder der entweder selbst dort residierten oder eine Garnison von Söldnern oder Vasallen oder Dienstleuten dort hielten. Im angelsächsischen England war das Recht, ein „haw“, ein befestigtes Haus, in einer „burh“ zu besitzen, ein Recht, welches durch Privileg bestimmten Grundbesitzern des Umlandes verliehen war, wie in der Antike und im mittelalterlichen Italien das Stadthaus des Adligen neben seiner ländlichen Burg stand. Dem militärischen Stadtherrn sind die Inwohner oder Anwohner der Burg, seien es alle oder bestimmte Schichten, als Bürger (burgenses) zu bestimmten militärischen Leistungen, vor allem zu Bau und Reparatur der Mauern, Wachtdienst und Verteidigung, zuweilen auch noch zu anderen militärisch wichtigen Diensten (Botendienst z. B.) oder Lieferungen verpflichtet. Weil und soweit er am Wehrverbande der Stadt teilnimmt, ist in diesem letzteren Fall der Bürger Mitglied seines Standes. Besonders deutlich hat dies Maitland für England herausgearbeitet: die Häuser der „burh“ sind – das bildet den Gegensatz gegen das Dorf – im Besitz von Leuten, denen vor allem andern die Pflicht obliegt, die Befestigung zu unterhalten. Neben dem königlich oder herrschaftlich garantierten Marktfrieden, der dem Markt der Stadt zukommt, steht der militärische Burgfrieden. Die befriedete Burg und der militärisch-politische Markt der Stadt: Exerzierplatz und Versammlungsort des

Heeres und deshalb der Bürgerversammlung auf der einen Seite, und andererseits der befriedete ökonomische Markt der Stadt, stehen oft in plastischem Dualismus nebeneinander. Nicht überall örtlich geschieden. So war die attische „pnyx" weit jünger als die „agora", welche ursprünglich sowohl dem ökonomischen Verkehr wie den politischen und religiösen Akten diente. Aber in Rom stehen seit alters comitium und campus Martius neben den ökonomischen fora, im Mittelalter die Piazza del Campo in Siena (Tournierplatz und heute noch Stätte des Wettrennens der Stadtviertel) auf der vorderen, neben dem Mercato auf der hinteren Seite des Munizipalpalastes, und analog in islamischen Städten die Kasbah, das befestigte Lager der Kriegerschaft, örtlich gesondert neben dem Bazar, im südlichen Indien die (politische) Notablenstadt neben der ökonomischen Stadt. Die Frage der Beziehung zwischen der Garnison, der politischen Festungsbürgerschaft einerseits und der ökonomischen, bürgerlich erwerbenden Bevölkerung andererseits, ist nun eine oft höchst komplizierte, immer aber *entscheidend* wichtige Grundfrage der städtischen Verfassungsgeschichte. Daß, wo eine Burg ist, sich auch Handwerker für die Deckung der Bedürfnisse des Herrenhaushalts und der Kriegerschaft ansiedeln oder angesiedelt werden, daß die Konsumkraft eines kriegerischen Hofhalts und der Schutz, den er gewährt, die Händler anlockt, daß andererseits der Herr selbst ein Interesse an der Heranziehung dieser Klassen hat, weil er dann in der Lage ist, sich Geldeinnahmen zu verschaffen, entweder indem er den Handel und das Gewerbe besteuert oder indem er durch Kapitalvorschuß daran teilnimmt oder den Handel auf eigene Rechnung betreibt oder gar monopolisiert, daß er ferner von Küstenburgen aus als Schiffsbesitzer oder als Beherrscher des Hafens am gewaltsamen und friedlichen Seegewinn sich Anteil schaffen kann, ist klar. Ebenso sind seine im Ort ansässigen Gefolgen und Vasallen dazu in der Lage, wenn er es ihnen freiwillig oder, weil er auf ihre Gutwilligkeit angewiesen ist, gezwungen gestattet. In althellenischen Städten, wie in Kyrene, finden wir auf Vasen den König dem Abwägen von Waren (Silphion) assistieren; in Ägypten steht am Beginn der historischen Nachrichten die Handelsflotte des unterägyptischen Pharao. Weit über die Erde verbreitet, namentlich, wenn auch nicht ganz ausschließlich, in Küstenorten (nicht nur: in „Städten"), wo der Zwischenhandel besonders leicht kontrolliert werden konnte, war nun der Vorgang: daß neben dem Monopol des Häuptlings oder Burgfürsten das Interesse der am Ort ansässigen Kriegergeschlechter an eigener Teilnahme am Handelsgewinn und ihre Macht, sich eine solche zu sichern, wuchs und das Monopol des Fürsten (wenn es bestanden hatte) sprengte. Geschah dies, dann pflegte überall der Fürst nur noch als primus inter pares zu gelten oder schließlich gänzlich in den gleichberechtigten Kreis der in irgendeiner Form, sei es nur mit Kapital, im Mittelalter besonders mit Kommendakapital, am friedlichen Handel, sei es mit ihrer Person am Seeraub und Seekrieg sich beteiligenden, mit Grundbesitz ansässigen Stadtsippen eingegliedert, oft nur kurzfristig gewählt, jedenfalls in seiner Macht einschneidend beschränkt zu werden. Ein Vorgang, der sich ganz ebenso in den antiken Küstenstädten seit der homerischen Zeit, bei dem bekannten allmählichen Übergang zur Jahresmagistratur, wie ganz ähnlich mehrfach im frühen Mittelalter vollzogen hat: so namentlich in Venedig gegenüber dem Dogentum und – nur mit sehr verschiedenen Frontstellungen, je nachdem ein königlicher Graf oder Vicomte oder ein Bischof oder wer sonst Stadtherr war – auch in anderen typischen Handelsstädten. Dabei sind nun die städtischen kapitalistischen Handelsinteressenten, die Geldgeber des Handels, die spezifischen Honoratioren der Stadt in der Frühzeit der Antike wie des Mittelalters, prinzipiell von den ansässigen oder ansässig gewordenen Trägern des Handels-„Betriebs“, den eigentlichen Händlern zu sondern, so oft natürlich beide Schichten ineinander übergingen. Doch greifen wir damit schon späteren Erörterungen vor.

Im Binnenlande können Anfangs- oder End- oder Kreuzungspunkte von Fluß- oder Karawanenstraßen (wie z. B. Babylon) Standorte ähnlicher Entwicklungen werden. Eine Konkurrenz macht dem weltlichen Burg- und Stadtfürsten dabei zuweilen der Tempelpriester und priesterliche Stadtherr. Denn die Tempelbezirke weithin bekannter Götter bieten dem interethnischen, also politisch ungeschützten Handel sakralen Schutz, und an sie kann sich daher eine stadtartige Ansiedelung anlehnen, welche ökonomisch durch die Tempeleinnahmen ähnlich gespeist wird wie die Fürstenstadt durch die Tribute an den Fürsten.

Ob und wieweit nun das Interesse des Fürsten an Geldeinnahmen durch die Erteilung von Privilegien für Gewerbetreibende und Händler, welche einem vom Herrenhof *unabhängigen*, vom Herrn besteuerten, Erwerbe nachgingen, überwog, oder ob umgekehrt sein Interesse an der Deckung seines Bedarfs durch möglichst *eigene* Arbeitskräfte und an der Monopolisierung des Handels in eigener Hand stärker war, und welcher Art im ersten Fall jene Privilegien waren, lag im Einzelfall sehr verschieden: bei der Heranziehung Fremder durch solche Privilegien hatte der Herr ja auch auf die Interessen und die für ihn selbst wichtige ökonomische Prästationsfähigkeit der schon ansässigen, von ihm politisch oder grundherrlich Abhängigen in sehr verschiedenem Sinn und Grade Rücksicht zu nehmen. Zu allen diesen Verschiedenheiten der möglichen Entwicklung trat aber noch die sehr verschiedene *politisch-militärische* Struktur desjenigen Herrschaftsverbandes, innerhalb dessen die Stadtgründung oder Stadtentwicklung sich vollzog. Wir müssen die daraus folgenden Hauptgegensätze der Städteentwicklung betrachten.

Nicht jede „Stadt“ im ökonomischen und nicht jede, im politisch-administrativem Sinn einem Sonderrecht der Einwohner unterstellte, Festung war eine „*Gemeinde*“. Eine Stadtgemeinde im vollen Sinn des Wortes hat als Massenerscheinung vielmehr nur der Okzident gekannt. Daneben ein Teil des vorderasiatischen Orients (Syrien und Phönizien, vielleicht Mesopotamien) und dieser nur zeitweise und sonst in Ansätzen. Denn dazu gehörte, daß es sich um Siedelungen mindestens relativ stark gewerblich-händlerischen Charakters handelte, auf welche folgende Merkmale zutrafen: 1. die Befestigung – 2. der Markt – 3. eigenes Gericht und mindestens teilweise eigenes Recht – 4. Verbandscharakter und damit verbunden 5. mindestens teilweise Autonomie und Autokephalie, also auch Verwaltung durch Behörden, an deren Bestellung die Bürger als solche irgendwie beteiligt waren. Solche Rechte pflegen sich in der Vergangenheit durchweg in die Form von *ständischen Privilegien* zu kleiden. Ein gesonderter Bürger*stand* als ihr Träger war daher das Charakteristikum der Stadt im politischen Sinn. An diesem Maßstab in seinem vollen Umfang gemessen waren freilich auch die Städte des okzidentalen Mittelalters nur teilweise und diejenigen des 18. Jahrhunderts sogar nur zum ganz geringen Teil wirklich „Stadtgemeinden“. Aber diejenigen Asiens waren es, vereinzelte mögliche Ausnahmen abgerechnet, soviel heute bekannt, überhaupt nicht oder nur in Ansätzen. Zwar Märkte hatten sie alle und Festungen waren sie ebenfalls. Die chinesischen großen Sitze des Gewerbes und Handels waren sämtlich, die kleinen meist, befestigt, im Gegensatz zu Japan. Die ägyptischen, vorderasiatischen, indischen Sitze von Handel und Gewerbe waren es ebenfalls. Gesonderte Gerichts*bezirke* waren die großen Handels- und Gewerbesitze jener Länder gleichfalls nicht selten. Sitz der Behörden der großen politischen Verbände waren sie in China, Ägypten, Vorderasien, Indien immer, – während dies der charakteristischste Typus der okzidentalen Städte des frühen Mittelalters namentlich im Norden gerade *nicht* war. Ein besonderes, den Stadtbürgern *als solchen* eignendes, materielles oder Prozeßrecht aber oder autonom von ihnen bestellte Gerichte waren den asiatischen Städten unbekannt. Sie kannten es nur insofern, als die Gilden und (in Indien) Kasten, welche tatsächlich vorzugsweise oder allein in einer Stadt ihren Sitz hatten, Träger von solchen Sonderrechtsbildungen und Sondergerichten waren. Aber dieser städtische Sitz jener Verbände war *rechtlich* zufällig. Unbekannt oder nur in Ansätzen bekannt war ihnen die autonome Verwaltung, vor allem aber – das ist das Wichtigste – der *Verbands*charakter der Stadt und der Begriff des Stadtbürgers im Gegensatz zum Landmann. Auch dafür waren nur Ansätze vorhanden. Der chinesische Stadtinsasse gehörte rechtlich seiner Sippe und durch diese seinem Heimatsdorf an, in welchem der Ahnentempel stand und zu dem er die Verbindung sorgfältig aufrechterhielt, ebenso wie der russische, in der Stadt erwerbende, Dorfgenosse rechtlich „Bauer“ blieb. Der indische Stadtinsasse außerdem: Mitglied seiner Kaste. Die Stadteinwohner waren freilich eventuell, und zwar der Regel nach, Mitglieder auch lokaler Berufsverbände, Gilden und Zünfte, spezifisch städtischen Sitzes. Sie gehörten schließlich als Mitglieder den Verwaltungsbezirken: Stadtvierteln, Straßenbezirken an, in welche die obrigkeitliche Polizei die Stadt zerlegte, und hatten innerhalb dieser bestimmte Pflichten und zuweilen auch Befugnisse. Der Stadt- oder Straßenbezirk konnte insbesondere leiturgisch im Wege der Friedensbürgschaft für die Sicherheit der Personen oder anderer polizeilicher Zwekke kollektiv haftbar gemacht werden. Aus diesem Grunde konnten sie zu Gemeinden mit gewählten Beamten oder mit erblichen Ältesten zusammengeschlossen sein: so in Japan, wo über den Straßengemeinden mit ihrer Selbstverwaltung als höchste Instanz ein oder mehrere Zivilverwaltungskörper (Machi-Bugyo) standen. Ein Stadt*bürger*recht aber im Sinne der Antike und des Mittelalters gab es nicht, und ein Korporationscharakter der Stadt als solcher war unbekannt. Sie war freilich eventuell auch als Ganzes ein gesonderter Verwaltungsbezirk, so, wie dies auch im Merowinger- und Karolingerreiche der Fall war. Weit entfernt aber davon, daß etwa, wie im mittelalterlichen und antiken Okzident, die Autonomie und die Beteiligung der Einwohner an den Angelegenheiten der lokalen Verwaltung in der Stadt, also in einem gewerblich-kommerziell gearteten, relativ großen Ort, stärker entwickelt gewesen wäre als auf dem Lande, traf vielmehr regelmäßig das gerade Umgekehrte zu. Auf dem Dorf war z. B. in China die Konföderation der Ältesten in vielen Dingen fast allmächtig und insoweit also der Taotai auf die Kooperation mit ihnen faktisch angewiesen, obwohl das Recht davon nichts wußte. Die Dorfgemeinschaft Indiens und der russische Mir hatten höchst eingreifende Zuständigkeiten, die sie, der Tatsache nach, bis in die neueste Zeit, in Rußland bis zur Bureaukratisierung unter Alexander III., so gut wie völlig autonom erledigten. In der ganzen vorderasiatischen Welt waren die „Ältesten“ (in Israel „sekenim“), das heißt ursprünglich: die Sippenältesten, später: die Chefs der Honoratiorensippen, Vertreter und Verwalter der Ortschaften und des örtlichen Gerichtes. Davon war in der asiatischen Stadt, weil sie regelmäßig der Sitz der hohen Beamten oder Fürsten des Landes war, gar keine Rede; sie lag direkt unter den Augen ihrer Leibwachen. Sie war aber fürstliche *Festung* und wurde daher von fürstlichen Beamten (in Israel: sarim) und Offizieren verwaltet, die auch die Gerichtsgewalt hatten. In Israel kann man den Dualismus der Beamten und Ältesten in der Königszeit deutlich verfolgen. In dem bureaukratischen Königreich siegte überall der königliche Beamte. Gewiß war er nicht allmächtig. Er mußte vielmehr mit der Stimmung der Bevölkerung in einem oft erstaunlichen Maß rechnen. Der chinesische Beamte vor allem war gegenüber den lokalen Verbänden: den Sippen und Berufsverbänden, *wenn* sie sich im Einzelfalle zusammenschlossen, regelmäßig völlig machtlos und verlor bei jeder ernstlichen gemeinsamen Gegenwehr sein Amt. Obstruktion, Boykott, Ladenschließen und Arbeitsniederlegungen der Handwerker und Kaufleute im Fall konkreter Bedrükkung waren schon alltäglich und setzten der Beamtenmacht Schranken. Aber diese waren völlig unbestimmter Art. Andrerseits finden sich in China wie in Indien bestimmte Kompetenzen der *Gilden* oder andrer Berufsverbände oder doch die faktische Notwendigkeit für die Beamten, mit ihnen sich ins Einvernehmen zu setzen. Es kam vor, daß die Vorstände dieser Verbände weitgehende Zwangsgewalten auch gegen Dritte ausübten. Bei alledem aber handelt es sich – normalerweise – lediglich um Befugnisse oder faktische Macht einzelner bestimmter Verbände bei einzelnen bestimmten Fragen, die ihre konkreten Gruppeninteressen berühren. Nicht aber – normalerweise – existiert irgendein gemeinsamer Verband mit Vertretung einer Gemeinde der Stadt*bürger* als solcher. Dieser Begriff fehlt eben gänzlich. Es fehlen vor allem spezifisch *ständische* Qualitäten der städtischen Bürger. Davon findet sich in China, Japan, Indien überhaupt nichts und nur in Vorderasien Ansätze.

In Japan war die ständische Gliederung rein feudal: die Samurai (berittenen) und Kasi (unberittenen Ministerialen) standen den Bauern (no) und den teilweise in Berufsverbänden zusammengeschlossenen Kaufleuten und Handwerkern gegenüber. Aber der Begriff „Bürgertum" fehlte ebenso wie der Begriff der „Stadtgemeinde". In China war in der Feudalzeit der Zustand der gleiche, seit der bureaukratischen Herrschaft aber stand der examinierte Literat der verschiedenen Grade dem Illiteraten gegenüber, und daneben finden sich die mit ökonomischen Privilegien ausgestatteten Gilden der Kaufleute und Berufsverbände der Handwerker. Aber der Begriff: Stadtgemeinde und Stadtbürgertum fehlte auch dort. „Selbstverwaltung" hatten in China wie in Japan wohl die Berufsverbände, nicht aber die Städte, sehr im Gegensatz zu den Dörfern. In China war die Stadt Festung und Amtssitz der kaiserlichen Behörden, in Japan gab es „Städte" in diesem Sinn überhaupt nicht. In Indien waren die Städte Königs- oder Amtssitze der königlichen Verwaltung, Festungen und Marktorte. Ebenso finden sich Gilden der Kaufleute und außerdem die in starkem Maße mit Berufsverbänden zusammenfallenden Kasten, beide mit sehr starker Autonomie, vor allem eigener Rechtssetzung und Justiz. Aber die erbliche Kastengliederung der indischen Gesellschaft mit ihrer rituellen Absonderung der Berufe gegeneinander schließt die Entstehung eines „Bürgertums" ebenso aus wie die Entstehung einer „Stadtgemeinde". Es gab und gibt mehrere Händlerkasten und sehr viele Handwerkerkasten mit massenhaften Unterkasten. Aber weder konnte irgendeine Mehrheit von ihnen zusammengenommen dem okzidentalen Bürgerstand gleichgesetzt werden, noch konnten sie sich zu etwas der mittelalterlichen Zunftstadt Entsprechendem zusammenschließen, da die Kastenfremdheit jede Verbrüderung hemmte. Zwar in der Zeit der großen Erlösungsreligionen finden wir, daß die Gilden, mit ihren erblichen Schreschthi (Ältesten) an der Spitze, sich in vielen Städten zu einem Verband zusammenschließen, und es gibt als Rückstand von damals bis heute noch einige Städte (Ahmadabad) mit einem gemeinsamen städtischen Schreschth, dem okzidentalen Bürgermeister entsprechend, an der Spitze. Ebenso gab es in der Zeit vor den großen bureaukratischen Königtümern einige Städte, die politisch autonom und von einem Patriziat regiert wurden, welches sich aus den Sippen, die Elefanten zum Heer stellten, rekrutierte. Aber das ist später so gut wie völlig verschwunden. Der Sieg der rituellen Kastenfremdheit sprengte den Gildenverband, und die königliche Bureaukratie, mit den Brahmanen verbündet, fegte diese Ansätze, bis auf jene Reste in Nordwestindien, hinweg.

In der vorderasiatisch-ägyptischen Antike sind die Städte Festungen und königliche oder Amtssitze mit Marktprivilegien der Könige. Aber in der Zeit der Herrschaft der Großkönigreiche fehlt ihnen Autonomie, Gemeindeverfassung und ständisch privilegiertes Bürgertum. In Ägypten bestand im Mittleren Reich Amtsfeudalität, im Neuen Reich bureaukratische Schreiberverwaltung. Die „Stadtprivilegien" waren Verleihungen an die feudalen oder präbendalen Inhaber der Amtsgewalt in den betreffenden Orten (wie die alten Bischofsprivilegien in Deutschland), nicht aber zugunsten einer autonomen Bürgerschaft. Wenigstens bisher sind nicht einmal Ansätze eines „Stadtpatriziats" nachweisbar. In Mesopotamien und Syrien, vor allem Phönizien, findet sich dagegen in der Frühzeit das typische Stadtkönigtum der See- und Karawanenhandelsplätze, teils geistlichen, teils aber (und meist) weltlichen Charakters, und dann die ebenso typische aufsteigende Macht patrizischer Geschlechter im „Stadthaus" („bitu" in den Tell-el-Amarna-Tafeln) in der Zeit der Wagenkämpfe. Der kanaanäische Städtebund war eine Einung der wagenkämpfenden stadtsässigen Ritterschaft, welche die Bauern in Schuldknechtschaft und Clientel hält; wie in der Frühzeit der hellenischen Polis. Ähnlich offenbar in Mesopotamien, wo der „Patrizier", d. h. der grundbesitzende, ökonomisch wehrfähige Vollbürger vom Bauern geschieden ist, Immunitäten und Freiheiten der Hauptstädte vom König verbrieft sind. Aber mit steigender Macht des Militärkönigtums schwand das auch hier. Politisch autonome Städte, ein Bürgerstand wie im Okzident finden sich in Mesopotamien später so wenig wie städtisches Sonderrecht neben dem königlichen Gesetz. Nur die Phöniker behielten den Stadtstaat mit der Herrschaft des mit seinem Kapital am Handel beteiligten grundsässigen Patriziats. Die Münzen mit der Ära der ‘am Zor, ‘am Karthechdeschoth in Tyros und Karthago deuten schwerlich auf einen herrschenden „Demos", und sollte es doch der Fall sein, so aus später Zeit. In Israel wurde Juda ein Stadtstaat: aber die Sekenim (Ältesten), die in der Frühzeit als Häupter der patrizischen Sippen in den Städten die Verwaltung leiteten, traten unter der Königsherrschaft zurück; die Gibborim (Ritter) wurden königliche Gefolgsleute und Soldaten, und gerade in den großen Städten regierten, im Gegensatz zum Lande, die königlichen Sarim (Beamten). Erst nach dem Exil taucht die „Gemeinde" (kahal) oder „Genossenschaft" (cheber) auf konfessioneller Grundlage als Institution auf, aber unter der Herrschaft der Priestergeschlechter.

Immerhin finden sich hier, am Mittelmeerrande und am Euphrat, erstmalig wirkliche Analogien der antiken Polis; etwa in dem Stadium, in welchem Rom sich zur Zeit der Rezeption der Gens Claudia befand. Immer herrscht ein stadtsässiges Patriziat, dessen Macht auf primär im Handel erworbenen und sekundär in Grundbesitz und persönlichen Schuldsklaven und in Sklaven angelegten Geldvermögen, militärisch auf kriegerischer Ausbildung im Ritterkampf ruhte, oft untereinander in Fehde, dagegen interlokal verbreitet und verbündet, mit einem König als primus inter pares, oder mit Schofeten oder Sekenim – wie der römische Adel mit Konsuln – an der Spitze und bedroht durch die Tyrannis von charismatischen Kriegshelden, welche sich auf geworbene Leibwachen (Abimelech, Jephthah, David) stützen. Dies Stadium ist vor der hellenistischen Zeit nirgends, oder doch nie dauernd, überschritten.

Es herrschte offenbar auch in den Städten der arabischen Küste zur Zeit Muhammeds und blieb in den islamischen Städten bestehen, wo nicht, wie in den eigentlichen Großstaaten, die Autonomie der Städte und ihr Patriziat völlig vernichtet wurde. Sehr vielfach scheint freilich unter islamischer Herrschaft der antik-orientalische Zustand fortbestanden zu haben. Es findet sich dann ein labiles Autonomieverhältnis der Stadtgeschlechter gegenüber den fürstlichen Beamten. Der auf Teilnahme an den städtischen Erwerbschancen ruhende, meist in Grundbesitz und Sklaven angelegte Reichtum der stadtsässigen Geschlechter war dabei Träger ihrer Machtstellung, mit welcher die Fürsten und ihre Beamten auch ohne alle formalrechtliche Anerkennung hier für die Durchführbarkeit ihrer Anordnungen oft ebenso rechnen mußten wie der chinesische Taotai mit der Obstruktion der Sippenältesten der Dörfer und der Kaufmannskorporationen und anderer Berufsverbände der Städte. Die „Stadt“ aber war dabei im allgemeinen keineswegs notwendig zu einem in irgendeinem Sinn selbständigen Verband zusammengeschlossen. Oft das Gegenteil. Nehmen wir ein Beispiel. Die arabischen Städte, etwa Mekka, zeigen noch im Mittelalter und bis an die Schwelle der Gegenwart das typische Bild einer Geschlechtersiedelung. Die Stadt Mekka war, wie Snouck Hurgronjes anschauliche Darstellung zeigt, umgeben von den „Bilad“: grundherrlichem, von Bauern, Klienten und im Schutzverhältnis stehenden Beduinen besetzten Bodenbesitz der einzelnen „Dewi“, der von Ali abstammenden hasanidischen und anderen adligen Sippen. Die Bilad lagen im Gemenge. „Dewi“ war jede Sippe, von der ein Ahn einmal „Scherif“ war. Der Scherif seinerseits gehörte seit 1200 durchweg der alidischen Familie Katadas an, sollte nach dem offiziellen Recht vom Statthalter des Khalifen (der oft ein Unfreier, unter Harun al Raschid einmal ein Berbersklave war) eingesetzt werden, wurde aber tatsächlich aus der qualifizierten Familie durch Wahl der in Mekka ansässigen Häupter der Dewi bestimmt. Deshalb und weil der Wohnsitz in Mekka Gelegenheit zur Teilnahme an der Ausbeutung der Pilger bot, wohnten die Sippenhäupter (Emire) in der Stadt. Zwischen ihnen bestanden jeweils „Verbindungen“, d. h. Einverständnisse über die Wahrung des Friedens und den Teilungsschlüssel für jene Gewinnchancen. Aber diese Verbindungen waren jederzeit kündbar, und ihre Aufsagung bedeutete den Beginn der Fehde außerhalb wie innerhalb der Stadt, zu welcher sie sich ihrer Sklaventruppen bedienten. Die jeweils Unterlegenen hatten die Stadt zu meiden, doch galt, infolge der trotzdem bestehenden Interessengemeinschaft der feindlichen Geschlechter gegenüber den Außenstehenden, die bei Strafe allgemeiner Empörung auch der eigenen Anhänger festgehaltene Courtoisie: die Güter und das Leben der Familien und die Klienten der Verbannten zu schonen. In der Stadt Mekka bestanden in der Neuzeit als offizielle Autoritäten: 1. nur auf dem Papier der von den Türken eingerichtete kollegiale Verwaltungsrat (Medschlis), – 2. als eine effektive Autorität: der türkische Gouverneur; er vertrat jetzt die Stelle des „Schutzherrn“ (früher meist: der Herrscher von Ägypten), – 3. die 4 Kadis der orthodoxen Riten, stets vornehme Mekkaner, der vornehmste (schafiitische) jahrhundertelang aus einer Familie, vom Scherif entweder ernannt oder vom Schutzherrn vorgeschlagen, – 4. der Scherif, zugleich Haupt der städtischen Adelskorporation, – 5. die Zünfte, vor allem die Fremdenführer, daneben der Fleischer, Getreidehändler und andere, – 6. die Stadtviertel mit ihren Ältesten. Diese Autoritäten konkurrierten mannigfach miteinander ohne feste Kompetenzen. Eine klagende Prozeßpartei suchte sich die Autorität aus, welche ihr am günstigsten und deren Macht gegenüber dem Verklagten am durchgreifendsten schien. Der Statthalter konnte die Anrufung des mit ihm in allen Sachen, wo geistliches Recht involviert war, konkurrierenden Kadi nicht hindern. Der Scherif galt dem Einheimischen als die eigentliche Autorität; auf seine Gutwilligkeit war der Gouverneur speziell bei allem, was die Beduinen und die Pilgerkarawanen anging, schlechthin angewiesen, und die Korporation des Adels war hier wie in anderen arabischen Gebieten speziell in den Städten ausschlaggebend. Eine an okzidentale Verhältnisse erinnernde Entwicklung zeigt sich darin, daß im 9. Jahrhundert, beim Kampf der Tuluniden und Saffariden in Mekka, die Stellungnahme der reichsten Zünfte: der Fleischer- und der Getreidehändlerzunft, ausschlaggebend wurde, während noch zu Muhammeds Zeit unbedingt nur die Stellungnahme der vornehmen koreischitischen Geschlechter militärisch und politisch in Betracht gekommen wäre. Aber ein Zunftregiment ist nie entstanden; die aus den Gewinstanteilen der stadtsässigen Geschlechter gespeisten Sklaventruppen haben jenen wohl immer wieder die ausschlaggebende Stellung gesichert, ähnlich wie auch im Okzident im Mittelalter die faktische Macht in den italienischen Städten immer wieder in die Hände der ritterlichen Geschlechter als der Träger der militärischen Macht zu gleiten die Tendenz hatte. Jeglicher, die Stadt zu einer korporativen Einheit zusammenschließende Verband fehlte in Mekka, und darin liegt der charakteristische Unterschied gegen die synoikisierten Poleis des Altertums sowohl wie das „commune“ schon des frühen italienischen Mittelalters. Aber im übrigen haben wir allen Anlaß, diese arabischen Zustände – wenn man die vorigen spezifisch islamischen Züge fortläßt oder ins Christliche transponiert – als durchaus und für die Zeit *vor* der Entstehung des Gemeindeverbandes als so gut wie völlig typisch auch für andere, speziell die okzidentalen Seehandelsstädte anzusehen.

Soweit die gesicherte Kenntnis asiatischer und orientalischer Siedelungen, welche ökonomischen Stadtcharakter trugen, reicht, war jedenfalls der normale Zustand der: daß nur die Geschlechtersippen und eventuell neben ihnen die Berufsverbände, nicht aber Stadtbürgerschaften als solche, Träger eines Verbandshandelns sind. Natürlich sind die Übergänge auch hier flüssige. Aber gerade die allergrößten, Hunderttausende und zuweilen Millionen von Einwohnern umfassenden, Siedelungszentren zeigen diese Erscheinung. Im mittelalterlichen byzantinischen Konstantinopel sind die Vertreter der *Stadtviertel*, die zugleich (wie noch in Siena die Pferderennen) die Zirkusrennen finanzierten, die Träger der Parteiungen: der Nika-Aufstand unter Justinian entstammte dieser lokalen Spaltung der Stadt. Auch in dem Konstantinopel des islamischen Mittelalters – also bis in das 19. Jahrhundert – finden sich neben den rein militärischen Verbänden der Janitscharen und der Sipahi und den religiösen Organisationen der Ulema und der Derwische nur Kaufmannsgilden und -zünfte als Vertreter bürgerlicher Interessen, aber keine Stadtvertretung. Das war schon in dem spätbyzantinischen Alexandrien insofern ähnlich, als neben den konkurrierenden Gewalten des auf die sehr handfesten Mönche gestützten Patriarchen und des auf die kleine Garnison gestützten Statthalters offenbar nur Milizen der einzelnen Stadtviertel existierten, innerhalb derer die Zirkusparteien der rivalisierenden „Grünen" und „Blauen" die führenden Organisationen darstellten.

II. Die Stadt des Okzidents.

Im auffallendsten Gegensatz namentlich zu den asiatischen Zuständen stand nun die Stadt des mittelalterlichen Okzidents, und zwar ganz speziell die Stadt des Gebiets nördlich der Alpen da, wo sie in idealtypischer Reinheit entwickelt war. Sie war ein Marktort wie die asiatische und orientalische Stadt, Sitz von Handel und Gewerbe wie jene, Festung wie jene. Kaufmannsgilden und Handwerkerzünfte fanden sich hier wie dort, und daß diese autonome Satzungen für ihre Mitglieder schufen, war durch die ganze Welt, nur gradweise verschieden, verbreitet. Ebenso enthielt die antike wie die mittelalterliche Stadt des Okzidents – in letzterer allerdings mit einigen später zu machenden Vorbehalten – in sich Fronhöfe und Sitze von Geschlechtern mit außerstädtischem grundherrlichen und daneben oft mit großem städtischen Bodenbesitz, der aus den Erträgnissen der Teilnahme der Geschlechter an den Gewinnchancen der Stadt vergrößert wurde. Ebenso kannte die okzidentale Stadt des Mittelalters überwiegend Schutzherren und Beamte eines politischen Herrn, welche in ihren Mauern Befugnisse verschiedenen Umfangs ausübten. Ebenso wich hier, wie fast in der ganzen Welt, das Recht, welches für Hausgrundstücke galt, von dem des landwirtschaftlichen Bodens natürlich irgendwie ab. Aber wenigstens für die mittelalterliche Stadt des Okzidents war der Unterschied des Bodenrechts ein, von Übergangserscheinungen abgesehen, kaum je fehlendes Essentiale: prinzipiell frei veräußerliches, ganz zinsfreies oder nur mit festem Zins belastetes vererbliches Bodeneigentum in der Stadt, in der mannigfachsten Weise grundherrliches oder der Dorf- oder Markgemeinde gegenüber oder nach beiden Richtungen gebundenes Bauernland draußen. Das war in Asien und in der Antike nicht in gleicher Regelmäßigkeit der Fall. Diesem immerhin nur relativen Gegensatz des Bodenrechts entsprach aber ein absoluter Gegensatz der persönlichen Rechtslage.

Überall, im frühen Mittelalter, der Antike, dem vorderasiatischen und dem ferneren Osten war die Stadt eine durch Zuzug und Zusammenfluß von außen entstandene und, bei den sanitären Verhältnissen der Unterschichten, nur durch fortwährend neuen Zustrom vom Lande sich erhaltende Zusammensiedelung. Überall enthält sie daher Elemente gänzlich verschiedener ständischer Stellung. Examinierte Amtsanwärter und Mandarinen neben den als Banausen verachteten Illiteraten und den (wenigen) unreinen Berufen in Ostasien, alle Arten von Kasten in Indien, sippenmäßig organisierte Geschlechtergenossen neben landlosen Handwerkern in Vorderasien und der Antike, Freigelassene, Hörige und Sklaven neben adeligen Grundherren und deren Hofbeamten und Dienstleuten, Ministerialen oder Soldkriegern, Priestern und Mönchen in der frühmittelalterlichen Stadt. Herrenhöfe aller Art konnten in der Stadt liegen oder auch das Stadtgebiet als Ganzes zur Grundherrschaft eines Herrn gehören, innerhalb der Stadt selbst Reparatur und Bewachung der Mauern einer Schicht von Burgmannen oder anderen durch Burglehen oder andere Rechte Privilegierten anvertraut sein. Die schärfsten ständischen Unterschiede gliederten namentlich die Stadtinsassen der mittelländischen Antike. In geringem Maße aber auch noch die des frühen Mittelalters und ebenso Rußlands bis an die Schwelle der Gegenwart, auch noch nach der Aufhebung der Leibeigenschaft: der aus Dörfern stammende Stadtinsasse war dem Dorfe schollenpflichtig und konnte vom Mir durch Entziehung des Passes zur Rückkehr genötigt werden. Freilich weist die sonstige, außerstädtische, ständische Schichtung innerhalb der Stadt fast überall gewisse Modifikationen auf. In Indien so, daß die Entstehung bestimmter spezifisch städtischer Verrichtungen auch die Bildung von Kasten zur Folge haben mußte, welche also der Tatsache, wenn auch nicht dem Recht nach, den Städten spezifisch waren. In Vorderasien, der Antike, dem frühen Mittelalter und in Rußland vor der Leibeigenenbefreiung vor allem so: daß die breiten Schichten der stadtsässigen Unfreien oder Hörigen in der Stadt faktisch, wenn auch zunächst nicht rechtlich, ihrem Herrn nur einen Zins zahlten, im übrigen aber eine der Tatsache nach ökonomisch selbständige Kleinbürgerklasse darstellten bzw. diese mit den rechtlich freien Kleinbürgern gemeinsam bildeten. Der Umstand, daß die Stadt ein Markt war, mit relativ ständiger Gelegenheit durch Handel oder Handwerk Geld zu verdienen, veranlaßte eben zahlreiche Herren, ihre Sklaven und Hörigen nicht im eigenen Haus oder Betrieb als Arbeitskräfte, sondern als Rentenfonds auszunützen, sie also als Handwerker oder Kleinhändler anzulernen und dann, eventuell (so in der Antike) mit Betriebsmitteln ausgestattet, gegen Leibzins in der Stadt dem Erwerb nachgehen zu lassen. Bei öffentlichen Bauten Athens finden wir daher Sklaven und Freie in der gleichen Akkordgruppe gegen Lohn engagiert. Freie und unfreie, als Institoren des Herrn oder mit „merx peculiaris" faktisch ganz selbständig schaltende Kleinbürger stehen im Gewerbe und Kleinhandel der Römerzeit nebeneinander, gehören den gleichen Mysteriengemeinden an. Die Chance, sich freikaufen zu können, steigerte die ökonomische Leistung speziell der unfreien Kleinbürger, und es ist daher kein Zufall, daß in der Antike und in Rußland gerade in den Händen von Freigelassenen sich ein großer Teil der ersten, durch rationalen Dauerbetrieb gewerblicher oder kommerzieller Art erworbenen Vermögen ansammelte. Die okzidentale Stadt war so schon in der Antike wie in Rußland ein Ort des Aufstiegs aus der Unfreiheit in die Freiheit durch das Mittel geldwirtschaftlichen Erwerbs. Noch wesentlich stärker nun gilt das gleiche für die mittelalterliche Stadt, zumal die Binnenstadt, und zwar je länger desto mehr. Denn hier verfolgte, im Unterschied von fast allen andern uns bekannten Entwicklungen, die Bürgerschaft der Städte in aller Regel ganz bewußt eine darauf gerichtete Stände*politik*. Bei reichlichem Erwerbsspielraum bestand in der Frühzeit dieser Städte ein gemeinsames Interesse ihrer Insassen an der Ausnutzung derselben zwecks Erweiterung der Absatz- und Erwerbschancen jedes einzelnen durch Erleichterung des Zuzugs von außen und deshalb auch ein solidarisches Interesse daran, daß nicht jeder soeben in der Stadt wohlhabend gewordene Hörige von seinem Herrn – wie es von seiten schlesischer Adeligen noch im 18., von russischen noch im 19. Jahrhundert mehrfach geschehen ist – etwa zu Hausknechts- oder Stalldiensten requiriert wurde, sei es auch nur, um so ein Loskaufsgeld von ihm zu erpressen. Die Stadtbürgerschaft usurpierte daher – und dies war die eine große, der Sache nach *revolutionäre* Neuerung der mittelalterlich-okzidentalen gegenüber allen anderen Städten – die Durchbrechung des Herrenrechts. In den mittel- und nordeuropäischen Städten entstand der bekannte Grundsatz:

„Stadtluft macht frei", – d. h. nach einer verschieden großen, stets aber relativ kurzen Frist verlor der Herr eines Sklaven oder Hörigen das Recht, ihn als Gewaltunterworfenen in Anspruch zu nehmen. Der Satz ist in sehr verschiedenem Grade durchgedrungen. Sehr oft mußten sich andererseits Städte zu dem Versprechen bequemen, Unfreie nicht aufzunehmen, und mit Engerwerden des Nahrungsspielraums ist diese Schranke ihnen auch oft willkommen gewesen. Allein als Regel setzte jener Grundsatz sich dennoch durch. Die ständischen Unterschiede schwanden also in der Stadt, wenigstens soweit sie Verschiedenheit von gewöhnlicher Freiheit und Unfreiheit bedeuteten. Andererseits entwickelte sich innerhalb zahlreicher, ursprünglich auf politischer Gleichstellung der Ansiedler untereinander und freier Wahl der Stadtbeamten ruhender Stadtansiedelungen im europäischen Norden vielfach eine Honoratiorenschicht: die ständische Differenzierung der kraft ihrer ökonomischen Unabhängigkeit und Macht die Ämter monopolisierenden Ratsgeschlechter gegen die andern Bürger. Und ferner finden wir in zahlreichen, besonders südlichen, aber auch nördlichen reichen Städten (auch deutschen) von Anfang an – wie in der Antike – das Nebeneinander von „Reitern", Leuten, die einen Stall halten (einen „Rennstall" würden wir heute sagen, denn an die Turnierzwecke ist dabei gedacht), den „Constaffeln", als einem spezifischen Stadtadel und den gemeinen Bürgern, also: in ständischer Scheidung. Dem aber steht nun eine andere Entwicklung gegenüber, welche die ständische Gemeinsamkeit der Stadtbürger als solchen, galten sie nun als Adel oder Nichtadel, gegenüber dem Adel außerhalb der Stadt steigerte. Mindestens in Nordeuropa wurde gegen Ende des Mittelalters die Adelsqualität des stadtsässigen, am Erwerb beteiligten und – was vor allem geltend gemacht wurde – mit den Zünften im Stadtregiment zusammensitzenden Patriziats von seiten des ritterlichen Landadels nicht mehr anerkannt, dem Patriziat also Turnier- und Stiftsfähigkeit, Konnubium und Lehensfähigkeit abgesprochen (die letztere in Deutschland mit den nur zeitweiligen Ausnahmen der privilegierten Reichsstadtbürger). Von diesen beiden Tendenzen zu einer relativen ständischen Nivellierung und umgekehrt zu einer stärkeren Differenzierung in der Stadt haben im allgemeinen die letzteren das Übergewicht behalten. Am Ende des Mittelalters und bei Beginn der Neuzeit werden fast alle Städte, italienische, englische und französische ebenso wie deutsche, soweit sie nicht – wie in Italien – monarchische Stadtstaaten geworden waren, durch einen Ratspatriziat oder eine Bürgerkorporation beherrscht, welche nach außen exklusiv war, nach innen eine Honoratiorenherrschaft bedeutete, selbst dort, wo aus der Zeit des Zunftregiments die Pflicht für diese Honoratioren, formell einer Zunft zuzugehören, noch fortbestand.

Die Abschneidung der ständischen Zusammenhänge nach außen hin zum außerstädtischen Adel wurde nur in den Stadtkorporationen Nordeuropas ziemlich rein durchgeführt, während im Süden, zumal in Italien, umgekehrt mit aufsteigender Macht der Städte fast aller Adel stadtsässig wurde, wie wir dies wesentlich verstärkt auch in der Antike finden, wo die Stadt ja ursprünglich gerade als Sitz des Adels entstand. Antike und, in geringerem Maß, südeuropäisch-mittelalterliche Städte bilden hierin also gewissermaßen Übergangsstadien von der asiatischen zur nordeuropäischen Stadt.

Zu diesen Unterschieden tritt nun aber als entscheidend hinzu die Qualität der antiken sowohl wie der typischen mittelalterlichen Stadt als eines *anstaltsmäßig vergesellschafteten*, mit besonderen und charakteristischen Organen ausgestatteten Verbandes von „Bürgern“, welche in dieser ihrer Qualität einem nur ihnen zugänglichen *gemeinsamen Recht* unterstehen, also ständische „Rechtsgenossen“ sind. Diese Eigenschaft als einer ständisch gesonderten „Polis“ oder „Commune“ war, soviel bekannt, in allen anderen Rechtsgebieten, außer den mittelländischen und okzidentalen, nur in den Anfängen vorhanden. Am ehesten wohl noch in Mesopotamien, Phönizien und in Palästina in der Zeit der Kämpfe der israelitischen Eidgenossen mit dem kanaanäischen Stadtadel und vielleicht noch in manchen Seestädten anderer Gebiete und Zeiten. So existierte in den Städten der von Cruickshank und nach ihm von Post geschilderten Fanti-Neger der Goldküste ein „Rat“ unter dem Vorsitz eines Stadtkönigs als primus inter pares, dessen Mitglieder 1. die „Kabossiere“: die Häupter der durch Reichtum und ständische Lebensführung (Gastlichkeit und Aufwand) ausgezeichneten Geschlechter, 2. die gewählten Obmänner der als militärische Verbände mit Wahl der Obmänner und mit Ältesten organisierten, gegeneinander ganz selbständigen, oft genug in Fehde miteinander liegenden Stadtviertel, 3. die erblichen Polizeiamtmänner (Pynine) der Stadtviertel bildeten und in dessen Hand Gericht und Verwaltung lagen. Ähnliche Vorstufen der Polis- oder Communekonstitution dürften sich in Asien und Afrika mehrfach gefunden haben. Aber von einem ständischen „Stadtbürgerrecht“ verlautet nichts.

Dagegen war die vollentwickelte antike und mittelalterliche Stadt vor allem ein als *Verbrüderung* konstituierter oder so gedeuteter Verband, dem daher auch das entsprechende religiöse Symbol: ein Verbandskult der Bürger als solcher, also ein Stadtgott oder Stadtheiliger, der für die Bürger als solcher da ist, nicht zu fehlen pflegt. Ein solcher fehlt zwar auch in China nicht (oft ein apotheosierter Mandarin). Aber er behielt dort den Charakter eines Funktionsgottes im Pantheon. Der Verband der Stadtgemeinde im Okzident als solcher hatte ferner: *Besitz*, über den ihre Organe verfügten. Wenn dagegen der berühmte Streit der Aliden mit der Gemeinde über die „Gärten von Fadak“ – der erste ökonomische Anlaß der Abspaltung der Schia – ein Streit über Geschlechts- oder Gemeindeeigentum war, so war die „Gemeinde“, in deren Namen die Vertreter der Khalifen jenen Grundbesitz in Anspruch nahmen, die religiöse Gemeinschaft des Islam, nicht eine politische „Gemeinde“ von Mekka, welche gar nicht existierte. Allmenden von städtischen Siedelungen mögen anderwärts ebenso existiert haben wie für Dorfgemeinden. Ebenso gab es spezifisch städtische Steuerquellen der Fürsten. Aber ein Finanzwesen einer Stadtgemeinde nach Art der antiken oder mittelalterlichen Stadt ist von anderwärts nicht bekannt, höchstens Ansätze dazu mag es gegeben haben.

Für die gemeinsamen Eigentümlichkeiten der mittelländischen Städte im Unterschied zu den asiatischen war zunächst und vor allem das Fehlen der magisch-animistischen Kasten- und Sippengebundenheit der freien Stadtinsassen mit ihren Tabuierungen grundlegend. In China war es die exogame und endophratrische Sippe, in Indien seit dem Siege der Patrimonialkönige und Brahmanen überdies noch die endogame und tabuistisch exklusive Kaste, welche jeglichen Zusammentritt zu einer auf allgemeiner sakraler und bürgerlicher Rechtsgleichheit, Konnubium, Tischgemeinschaft, Solidarität nach außen, ruhenden Stadtbürgervergesellschaftung hinderten, in Indien infolge des tabuistischen Kastenabschlusses noch weit stärker als in China, – wie denn, *auch* infolgedessen, Indien eine, rechtlich angesehen, zu 90 % landsässige Bevölkerung gegenüber der immerhin weit größeren Bedeutung der Städte in China aufwies. Die Insassen einer indischen Stadt haben als solche gar keine Möglichkeit gemeinsamer Kultmahle, die chinesischen infolge ihrer Sippenorganisation und der alles überwiegenden Bedeutung des Ahnenkults keinen Anlaß dazu. Soweit, daß auch die private Speisegemeinschaft ganz ausgeschlossen ist, gehen allerdings nur tabuistisch gebundene Völker wie die Inder und (in weitbegrenztem Umfang) die Juden. Bei den Indern wirkt schon jeder Blick eines Kastenfremden in die Küche verunreinigend. Aber noch in der Antike waren die sakralen Handlungen der Sippe für Nichtsippengenossen ebenso schlechthin unzugänglich wie der chinesische Ahnenkult. Demgegenüber war schon für die antike Polis nach der Überlieferung eine Komponente des (realen oder fiktiven) Akts der „Zusammenhausung" (Synoikismos) der Ersatz der für die Kultmahle der eingemeindeten Verbände dienenden Einzelprytaneen durch das ursprünglich für jede Polis unentbehrliche Prytaneion der Stadt, des Symbols der Tischgemeinschaft der Stadtbürgersippen als Folge von deren Verbrüderung. Freilich lag der antiken Polis offiziell zunächst die Gliederung in Sippen und ihnen übergeordneten, rein personalen und oft (mindestens der Fiktion nach) auf Abstammungsgemeinschaft ruhenden, je einen nach außen wiederum streng exklusiven Kultverband bildenden, Gemeinschaften zugrunde. Die antiken Städte waren in der, praktisch keineswegs bedeutungslosen, Anschauung ihrer Zugehörigen zunächst gewillkürte Vergesellschaftungen und Konföderationen von Personenverbänden teils primär sippenhaften, teils, wie wahrscheinlich die Phratrien, primär militärischen Charakters, die dann in den späteren Einteilungen der Städte nach verwaltungstechnischen Gesichtspunkten schematisiert wurden. Daher waren die Städte der Antike sakral exklusiv nicht nur nach außen, sondern auch nach innen, gegen jeden, der keiner der konföderierten Sippen zugehörte: den Plebejer; und eben deshalb blieben sie eben immerhin doch auch in sich selbst in zunächst weitgehend exklusive Kultverbände gegliedert. In diesem Charakter als adliger Sippenkonföderation nun glichen den antiken Städten noch ziemlich weitgehend auch die südeuropäischen Städte im frühen Mittelalter, vor allem Seestädte, aber nicht nur solche. Innerhalb ihrer Mauern hatte jede adlige Sippe ihre eigene Festung für sich oder auch gemeinsam mit andern, in welchem Fall deren Benutzung (wie in Siena) eingehend geregelt war, die Geschlechterfehden wüteten in der Stadt mindestens ebenso heftig wie draußen, und manche der ältesten Stadteinteilungen (z. B. in „alberghi") waren vermutlich solche in feudale Machtbezirke. Dagegen fehlte – und dies war höchst wichtig – hier jeder noch in der Antike vorhandene Rest von *sakraler* Exklusivität der Sippen gegeneinander und nach außen: eine Folge des historisch denkwürdigen, von Paulus im Galaterbrief mit Recht in den Vordergrund gerückten Vorgangs in Antiochien, wo Petrus mit den unbeschnittenen Brüdern (rituelle) Speisegemeinschaft pflegte. Diese rituelle Exklusivität hatte sich schon in den antiken Städten bis zu völligem Schwinden abgeschwächt. Die sippenlose Plebs setzte die rituelle Gleichstellung im Prinzip durch. In den mittelalterlichen, zumal in den mittel- und nordeuropäischen Städten bestand diese Abschwächung von Anfang an, und verloren die Sippen sehr bald alle Bedeutung als Konstituenzien der Stadt. Diese wurde eine Konföderation der *einzelnen* Bürger (Hausväter), so daß auch die Einbezogenheit des Stadtbürgers in außerstädtische Gemeinschaften hier praktisch jede Bedeutung gegenüber der Stadtgemeinde einbüßte. Schon die antike Polis wurde so in der Vorstellung ihrer Bürger zunehmend eine anstaltsmäßige „*Gemeinde*".

Endgültig entstand der „Gemeinde"-Begriff in der Antike im Gegensatz zum „Staat" allerdings erst durch ihre Eingliederung in den hellenistischen oder römischen Großstaat, welche ihr auf der anderen Seite die politische Selbständigkeit nahm. Die mittelalterliche Stadt dagegen war ein „commune" von Anfang ihres Bestehens an, einerlei, wieweit man sich dabei den Rechtsbegriff der „Korporation" als solchen sofort zum klaren Bewußtsein brachte.

Im Okzident fehlten eben die Tabuschranken des indisch-äquatorialen Gebiets und die totemistischen, ahnenkultischen und kastenmäßigen magischen Klammern der Sippenverbände, welche in Asien die Verbrüderung zu einer einheitlichen Körperschaft hemmten. Der konsequente Totemismus und die kasuistische Durchführung der Sippenexogamie sind gerade dort und sicherlich als ziemlich späte Produkte entstanden, wo es zu großen politisch-militärischen und vor allem städtischen Verbandsbildungen nie kam. Die antiken Religionen kennen höchstens Spuren davon, sei es nun als „Reste" oder auch als verkümmerte „Ansätze". Die Gründe dafür lassen sich, soweit sie nicht intern religiös waren, nur unbestimmt vermuten. Das überseeische Reislaufen und Seeräuberleben der Frühzeit, die militärischen Aventiuren und massenhaften binnenländischen und überseeischen Kolonialgründungen, welche unvermeidlich intime Dauerverbände zwischen gänzlich Stamm- oder doch Sippenfremden stifteten, sprengten offenbar ebenso unvermeidlich die Festigkeit jener sippenexklusiven, religiösen und magischen, Bande. Und mochte man sie auch in der Antike überall, der Tradition gemäß, künstlich durch Einteilung der neugegründeten Gemeinden in gentilicische Verbände und Phratrien wieder herstellen, – nicht der Gentilverband, sondern der Militärverband der Polis war jetzt doch die grundlegende Einheit. Die jahrhundertelangen Wanderungen erobernder Kriegsverbände der Germanen vor und in der Völkerwanderungszeit, ihr Reislaufen und ihre Aventiurenzüge unter selbstgewählten Führern waren ebensoviele Hemmungen gegen das Aufkommen tabuistischer und totemistischer Bindungen. Mochte man auch bei ihnen die Siedelung, wie überliefert wird, tunlichst nach realen oder fiktiven Sippen vornehmen, – der Ding- und Militärverband der Hundertschaft, die Hufenverfassung als Grundlage der Lastenumlegung, später die Beziehung zum Fürsten: Gefolgschaft und Vasallentum blieben das Entscheidende, nicht irgendwelche, vielleicht gerade infolge jener Umstände niemals zur Entwicklung gelangten, magischen Bande der Sippe. Und das Christentum, welches nun die Religion dieser in allen ihren Traditionen tief erschütterten Völker wurde und wohl gerade infolge der Schwäche oder des Fehlens der magischen und tabuistischen Schranken bei ihnen dazu werden konnte, entwertete und zerbrach alle solche Sippenbande in ihrer religiösen Bedeutsamkeit endgültig. Die oft recht bedeutende Rolle, welche die kirchliche Gemeinde bei der verwaltungstechnischen Einrichtung der mittelalterlichen Städte gespielt hat, ist nur eines von vielen Symptomen für das starke Mitspielen dieser, die Sippenbande auflösenden und dadurch für die Bildung der mittelalterlichen Stadt grundlegend wichtigen Eigenschaften der christlichen Religion. Der Islam hat die Landsmannschaften der arabischen Stämme und die Sippenbande, wie die ganze Geschichte der inneren Konflikte des älteren Khalifats zeigt, nicht wirklich überwunden, weil er zunächst eine Religion eines erobernden, nach Stämmen und Sippen gegliederten Heeres blieb.

Machen wir uns die praktischen Unterschiede nochmals ganz klar. Die Stadt war zwar überall in der Welt in starkem Maß Zusammensiedelung von bisher

Orts*fremden*. Der chinesische wie der mesopotamische und ägyptische und gelegentlich sogar noch der hellenistische Kriegsfürst legt die Stadt an und verlegt sie wieder, siedelt nicht nur darin an, wer sich ihm freiwillig bietet, sondern raubt nach Bedarf und Möglichkeit das Menschenmaterial zusammen. Am stärksten in Mesopotamien, wo die Zwangssiedler zunächst den Kanal zu graben haben, der die Entstehung der Stadt in der Wüste ermöglicht. Weil er dabei mit seinem Amtsapparat und seiner Beamtenverwaltung ihr absoluter Herr bleibt, entsteht entweder gar kein Gemeinde*verband* oder nur dürftige Ansätze eines solchen. Die Zusammengesiedelten bleiben oft konnubial getrennte Sonderstämme. Oder, wo dies nicht der Fall ist, bleiben die Zuzügler Mitglieder ihrer bisherigen Orts- und Sippenverbände. Nicht nur der chinesische Stadtinsasse gehörte normalerweise zu seiner ländlichen Heimatsgemeinde, sondern auch breite Schichten der nicht hellenischen Bevölkerung des hellenistischen Orients, wie ja noch die neutestamentliche Legende die Geburt des Nazareners in Bethlehem damit motiviert, daß die Sippe des Vaters dort, in der deutschen Übersetzung des Heliand gesprochen: ihr „Hantgemal" gehabt habe, also – meint die Legende – auch dort zu schätzen gewesen sei. Die Lage des in die russischen Städte zuwandernden Bauern war bis vor kurzem keine andere: sie behielten ihr Recht auf Land sowohl wie ihre Pflicht, auf Verlangen der Dorfgemeinde dort an den Lasten teilzunehmen, in ihrem Heimatort. Es entstand also kein Stadt*bürgerrecht*, sondern nur ein Lasten- und Privilegienverband der jeweils Stadtsässigen. Auf Sippenverbänden ruhte auch der hebräische Synoikismos: Die Rekonstitution der Polis Jerusalem durch Esra und Nehemia läßt die Überlieferung sippschaftsweise, und zwar durch Zusammensiedelung von Delegationen jeder politisch vollberechtigten landsässigen Sippe erfolgen. Nur die sippenlose und politisch rechtlose Plebs wird nach Ortsangehörigkeit gegliedert. Auch in der antiken Polis war zwar der Einzelne Bürger, aber ursprünglich immerhin nur als Glied seiner Sippe. Jeder hellenische und römische Synoikismos und jede kolonisatorische Eroberung verlief in der Frühantike mindestens der Fiktion nach ähnlich wie die Neukonstituierung von Jerusalem, und selbst die Demokratie konnte an dem Schema der Zusammensetzung der Bürgerschaft durch Sippen (gentes), aus diesen zusammengesetzten Phratrien und durch diese gebildeten Phylen, lauter rein personalen kultischen Verbänden also, zunächst nicht rütteln, sondern diese tatsächlich vom gesippten Adel beherrschten Verbände nur durch indirekte Mittel politisch unschädlich zu machen suchen. Einen Kultmittelpunkt seiner Sippe (Ζεὺς Ἑρκεῖος) mußte in Athen nachweisen können, wer amtsfähig für die legitimen Ämter sein wollte. Daß Städte durch Zusammensiedelung Einheimischer mit Stammfremden entstehen, wußte auch die römische Legende sehr gut; sie werden dann durch rituale Akte zu einer religiösen Gemeinde mit einem eigenen Gemeindeherd und einem Gott als Gemeindeheiligen auf der Burg verbrüdert, aber dabei in gentes, curiae (= Phratrien), tribus (= Phylen) gegliedert. Diese für jede antike Stadt ursprünglich selbstverständliche Zusammensetzung wurde sehr früh – wie schon die runden Zahlen der Verbände (aus 3, 30 oder 12 gebildet) zeigen – rein künstlich zum Zweck der Lastenumlegung hergestellt. Immerhin blieb die Zugehörigkeit Kennzeichen des zur Teilnahme am Kult und allen denjenigen Ämtern, welche der Qualifikation zum Verkehr mit den Göttern, in Rom der „auspicia", bedurften, berechtigten Vollbürgers. Sie war eben *rituell* unentbehrlich. Denn ein *legitimer* Verband mußte auf der rituellen Grundlage der überlieferten, rituell gerichteten Verbandsformen: Sippe, Wehrverband (Phratrie), politischer Stammesverband (Phyle) beruhen oder dies doch fingieren. – Das war nun bei den mittelalterlichen Stadtgründungen namentlich des Nordens durchaus anders. Der Bürger trat wenigstens bei Neuschöpfungen als Einzelner in die Bürgerschaft ein. Als Einzelner schwur er den Bürgereid. Die persönliche Zugehörigkeit zum örtlichen Verband der Stadt, und nicht die Sippe oder der Stamm, garantierte ihm seine persönliche Rechtsstellung als Bürger. Die Stadtgründung schloß auch hier oft nicht nur ursprünglich orts-, sondern eventuell auch stammfremde Händler mit ein. Jedenfalls bei Neugründungen kraft Privilegs für Zuwanderer. – In geringerem Maß natürlich bei der Umwandlung alter Ansiedelungen in Stadtgemeinden. Dann natürlich traten z. B. nicht etwa die in Köln erwähnten, aus dem ganzen Umkreis des Okzidents von Rom bis Polen stammenden Kaufleute in die dortige städtische Schwurgemeinschaft ein, deren Gründung vielmehr gerade von den einheimischen besitzenden Schichten ausging. Aber auch solche Einbürgerungen ganz Fremder kamen vor. Eine prinzipielle, den asiatischen Gastvolksverhältnissen entsprechende Sonderstellung innerhalb der mittelalterlichen Städte nahmen hier höchst charakteristischerweise nur die Juden ein. Denn obwohl z. B. in oberrheinischen Urkunden der Bischof hervorhebt, daß er „um des größeren Glanzes der Stadt willen" Juden herbeigerufen habe, und obwohl die Juden in den Kölner Schreinsurkunden als Grundbesitzer im Gemenge mit Christen auftraten, hinderte schon der dem Okzident fremde rituelle Ausschluß der konnubialen und die tatsächliche Behinderung der Tischgemeinschaft der Juden mit Nichtjuden, vor allem aber: das Fehlen der Abendmahlsgemeinschaft, die Verbrüderung. Auch die mittelalterliche Stadt war ein Kultverband. Die Stadtkirche, der Stadtheilige, die Teilnahme der Bürger am Abendmahl, die offiziellen kirchlichen Feiern der Stadt verstanden sich von selbst. Aber das Christentum hatte der *Sippe* jegliche rituelle Bedeutung genommen. Die Christengemeinde war ihrem innersten Wesen nach ein konfessioneller Verband der gläubigen Einzelnen, nicht ein ritueller Verband von Sippen. Daher blieben die Juden von Anfang an außerhalb des Bürgerverbands. Wenn so auch die Stadt des Mittelalters des kultischen Bandes bedurfte und zu ihren Konstituierungen oft (vielleicht: immer) kirchliche Parochien gehörten, so war sie dennoch, wie die antike Stadt auch, eine weltliche Gründung. Nicht *als* kirchliche Verbände wirkten die Parochien mit und nicht durch ihre kirchlichen Vertreter, sondern neben der rein weltlichen städtischen Schöffenbank waren es die *Laien*vorstände der kirchlichen Parochialgemeinden und eventuell die Gilden der Kaufleute, welche auf seiten der Bürger die *formal*rechtlich entscheidenden Akte vornahmen. Kirchengemeindliche Vollwertigkeit statt der, wie in der Antike, rituell vollwertigen Sippe war Voraussetzung der Qualifikation zum Bürger. Der Unterschied gegen asiatische Verhältnisse war im Anfang der Entwicklung noch kein grundsätzlicher. Der dem Ortsheiligen des Mittelalters entsprechende Lokalgott und die rituelle Gemeinschaft der Vollbürger war als unumgänglicher Bestandteil jeder Stadt den vorderasiatischen Städten der Antike bekannt. Aber die Verpflanzungspolitik der Menschen erobernden Großkönige hat das offenbar durchbrochen und die Stadt zu einem reinen Verwaltungsbezirk gemacht, in welchem alle Insassen ohne Unterschied der Stammes- und rituellen Zusammengehörigkeit die gleichen Lebenschancen hatten. Dies geht aus den Schicksalen der ins Exil verschleppten Juden hervor: nur die staatlichen Ämter, welche Schriftbildung und offenbar auch rituelle Qualifikation erforderten, scheinen ihnen verschlossen gewesen zu sein. „Gemeindebeamte" gab es in den Städten offenbar nicht. Die einzelnen Fremdstämmigen hatten, wie die exilierten Juden, ihre Ältesten und Priester, waren also „Gaststämme". In Israel vor dem Exil standen die Metöken (gerim) außerhalb der rituellen Gemeinschaft (sie waren ursprünglich unbeschnitten) und zu ihnen gehörten fast alle Handwerker. Sie waren also Gaststämme wie in Indien. In Indien war die rituelle Verbrüderung der Stadtinsassen durch das Kastentabu ausgeschlossen. In China gehörte zu jeder Stadt ein Stadtgott (oft ein kultisch verehrter früherer Mandarin der Stadt). Bei allen asiatischen, auch den vorderasiatischen, Städten fehlte aber die *Gemeinde* oder war nur in Ansätzen vorhanden und stets nur als Verband von Sippen, der über die Stadt hinausreicht. Die konfessionelle Gemeinde der Juden aber nach dem Exil war rein theokratisch regiert.

Die Stadt des Okzidents, in speziellem Sinn aber die mittelalterliche, mit der wir uns vorerst allein befassen wollen, war nicht nur ökonomisch Sitz des Handels und Gewerbes, politisch (normalerweise) Festung und eventuell Garnisonort, administrativ ein Gerichtsbezirk, und im übrigen eine schwurgemeinschaftliche *Verbrüderung*. In der Antike galt als ihr Symbol das gemeinsame Mahl der Prytanen. Im Mittelalter war sie ein beschworenes „commune" und galt als „*Korporation*" im Rechtssinne. Zwar galt dies nicht sofort. Noch 1313 konnten – worauf Hatschek hinweist – englische Städte keine „franchise" erwerben, weil sie, modern gesprochen, keine „Rechtspersönlichkeit" hatten, und erst unter Eduard I. erscheinen Städte als Korporationen. Die Bürgerschaften der entstehenden Städte wurden überall, nicht nur in England, rechtlich von der politischen Gewalt, den Stadtherren, zunächst als eine Art von passivem leiturgischen Zweckverband behandelt, dessen durch Anteil am städtischen Grundbesitz qualifizierte Glieder spezifische Lasten und Pflichten und spezifische Privilegien genossen: Marktmonopole und Stapelrechte, Gewerbeprivilegien und Gewerbebannrechte, Anteilnahme am Stadtgericht, militärische und steuerliche Sonderstellung. Und überdies stellte sich der ökonomisch wichtigste Teil all dieser Privilegien dabei formalrechtlich zunächst meist gar nicht als ein Erwerb eines Verbandes der Bürgerschaft, sondern als ein solcher des politischen oder grundherrlichen Stadtherrn ein. Er, nicht der Bürger, erwirbt formell jene wichtigen Rechte, die tatsächlich den Bürgern direkt ökonomisch – ihm, dem Stadtherrn, aber indirekt finanziell, durch Abgaben der Bürger – zugute kommen. Denn sie sind z. B. in Deutschland in den ältesten Fällen Privilegien des Königs an einen Bischof, auf Grund deren dieser nun seinerseits seine stadtsässigen Untertanen als privilegiert behandeln durfte und behandelte. Zuweilen – so im angelsächsischen England – galt die Zulassung zur Ansiedelung am Markt als ein exklusives Privileg der benachbarten Grundherrn für ihre und nur ihre Hörigen, deren Erwerb sie ihrerseits besteuerten. Das Stadtgericht war entweder Königsgericht oder herrschaftliches Gericht, die Schöffen und andere Funktionäre nicht Repräsentanten der Bürger, sondern, auch wo die Bürger sie wählten, Beamte des Herrn, das Stadtrecht für diese Funktionäre des Herrn maßgebendes Statut des letzteren. Die „universitas civium", von der überall sehr bald geredet wird, war also zunächst heteronom und heterokephal, teils sowohl anderen politischen als (häufig) grundherrlichen Verbänden eingegliedert. Allein dies blieb nicht so. Die Stadt wurde eine, wenn auch in verschiedenem Maße, autonome und autokephale anstaltsmäßige Vergesellschaftung, eine aktive „Gebietskörperschaft", die städtischen Beamten gänzlich oder teilweise Organe dieser Anstalt. Für jene Entwicklung der mittelalterlichen Städte war nun aber allerdings wichtig, daß von Anfang an die privilegierte Stellung der Bürger als ein Recht auch des Einzelnen unter ihnen im Verkehr mit Dritten galt. Dies war eine Konsequenz nicht nur der dem Mittelalter ebenso wie der Antike ursprünglich eigenen personalrechtlichen Auffassung der Unterstellung unter ein gemeinsames „objektives" Recht als eines „subjektiven" Rechts, einer *ständischen* Qualität also der Betroffenen, sondern speziell im Mittelalter – wie namentlich Beyerle mit Recht hervorhebt – eine Konsequenz der in der germanischen Gerichtsverfassung noch nicht abgestorbenen Auffassung jedes Rechtsgenossen als eines „Dinggenossen", und das heißt eben: als eines aktiven Teilhabers an der Dinggemeinde, in welcher er das dem Bürger zukommende objektive Recht als Urteiler im Gericht selbst mitschafft – eine Institution, von der und deren Folgen für die Rechtsbildung wir früher gesprochen haben. Dies Recht *fehlte* den Gerichtseingesessenen in dem weitaus größten Teil der Städte der ganzen Welt. Nur in Israel finden sich Spuren davon. Wir werden bald sehen, wodurch diese Sonderstellung bedingt war. Entscheidend war für die Entwicklung der mittelalterlichen Stadt zum Verband aber, daß die Bürger in einer Zeit, als ihre ökonomischen Interessen zur anstaltsmäßigen Vergesellschaftung drängten, einerseits daran *nicht* durch magische oder religiöse Schranken gehindert waren, und daß andererseits auch *keine* rationale Verwaltung eines politischen Verbandes über ihnen stand. Denn wo auch nur einer von diesen Umständen vorlag, wie in Asien, da haben selbst sehr starke gemeinsame ökonomische Interessen die Stadtinsassen nicht zu mehr als nur transitorischem Zusammenschluß befähigt. Die Entstehung des autonomen und autokephalen Stadtverbandes aber im Mittelalter mit seinem verwaltenden Rat und einem „Konsul" oder „Major" oder „Bürgermeister" an der Spitze ist ein Vorgang, der sich von aller nicht nur asiatischen, sondern auch antiken Stadtentwicklung wesenhaft unterscheidet. In der Polis war, wie später noch zu erörtern, die spezifisch städtische Verfassung zunächst, und zwar am meisten da, wo die Polis ihre charakteristischsten Züge entfaltete, eine Umbildung der Gewalt einerseits des Stadtkönigs, andererseits der Sippenältesten zu einer Honoratiorenherrschaft der voll wehrhaften „Geschlechter". Gerade in denjenigen mittelalterlichen Städten dagegen, welche den spezifischen Typus der Zeit repräsentierten, war dies durchaus anders. Man muß freilich bei der Analyse des Vorgangs die formalrechtlich und die soziologisch und politisch entscheidenden Vorgänge auseinanderhalten, was bei dem Kampf der „Städtetheorien" nicht immer geschehen ist. Formalrechtlich wurde die Korporation der Bürger als solche und ihre Behörden durch (wirkliche oder fiktive) Privilegien der politischen und eventuell auch der grundherrlichen Gewalten „legitim" konstituiert. Diesem formalrechtlichen Schema entsprach der faktische Hergang allerdings teilweise. Aber oft und zwar gerade in den wichtigsten Fällen handelte es sich um etwas ganz anderes: eine, formalrechtlich angesehen, revolutionäre Usurpation. Freilich nicht überall. Man kann zwischen originärer und abgeleiteter Entstehung des mittelalterlichen Stadtverbandes unterscheiden. Bei originärer Entstehung war der Bürgerverband das Ergebnis einer politischen Vergesellschaftung der Bürger trotz der und *gegen* die „legitimen" Gewalten, richtiger: einer ganzen Serie von solchen Vorgängen. Die formalrechtlich entscheidende Bestätigung dieses Zustandes durch die legitimen Gewalten trat dann später – übrigens nicht einmal immer – hinzu. Abgeleitet entstand der Bürgerverband durch eine vertragsmäßige oder oktroyierte Satzung eines mehr oder minder weiten oder begrenzten Rechtes der Autonomie und Autokephalie seitens des Stadtgründers oder seiner Nachfolger, besonders häufig bei der Neugründung von Städten zugunsten der Neusiedler und deren Rechtsnachfolger. Die originäre Usurpierung durch einen akuten Vergesellschaftungsakt, eine Eidverbrüderung (Conjuratio), der Bürger war namentlich in den großen und alten Städten, wie etwa Genua und Köln, das Primäre. Im ganzen war eine Kombination von Hergängen der einen und der anderen Art die Regel. Die urkundlichen Quellen der Stadtgeschichte aber, welche naturgemäß die legitime Kontinuität stärker erscheinen lassen als sie war, erwähnen diese usurpatorischen Verbrüderungen regelmäßig gar nicht; es ist jedenfalls Zufall, wenn ihr Hergang urkundlich überliefert wird, so daß die abgeleitete Entstehung den wirklichen Tatsachen gegenüber wenigstens in schon bestehenden Städten sicherlich zu häufig erscheint. Von der Kölner „conjuratio" von 1112 spricht eine einzige lakonische Notiz. Rein formal mögen etwa in Köln die Schöffenbank der Altstadt und die Parochialvertretungen, namentlich die der Martinsvorstadt als der Neusiedelung der „mercatores", bei beurkundeten Akten ausschließlich in Aktion getreten sein, weil sie eben anerkannt „legitime" Gewalten waren. Und die Gegner, die Stadtherren, pflegten bei den Auseinandersetzungen natürlich ebenfalls formale Legitimitätsfragen, etwa (in Köln): daß Schöffen vorhanden seien, die den Eid nicht geleistet haben, und ähnliches vorzuschieben. Denn in dergleichen äußerten sich ja die usurpatorischen Neuerungen formal. Aber die gegen die Stadtautonomie gerichteten Erlasse der staufischen Kaiser sprechen eine andere Sprache: sie verbieten nicht nur diese und jene formalrechtlichen Einzelerscheinungen, sondern eben: die „conjurationes". Und es spricht hinlänglich für die Art der bei jenen Umwälzungen *faktisch* treibenden Gewalten, daß in Köln noch weit später die Richerzeche (Gilde der Reichen) – vom Legitimitätsstandpunkt aus ein rein privater Klub besonders wohlhabender Bürger – *nicht* etwa nur, wie selbstverständlich, die Mitgliedschaft in diesem Klub, sondern: das davon rechtlich ganz unabhängige Bürgerrecht zu erteilen sich mit Erfolg die Kompetenz zuschreiben durfte. Auch die Mehrzahl der größeren französischen Städte sind in einer im Prinzip ähnlichen Art durch eidliche Bürgerverbrüderungen zu ihrer Stadtverfassung gelangt.

Die eigentliche Heimat der conjurationes war aber offenbar Italien. Hier wurde die Stadtverfassung in der weit überwiegenden Mehrzahl aller Fälle originär durch conjuratio ins Leben gerufen. Und hier kann man daher auch – trotz aller Dunkelheit der Quellen – am ehesten den soziologischen Sinn der Stadteinung ermitteln. Ihre allgemeine Voraussetzung war die dem Okzident charakteristische teils feudale, teils präbendale Appropriation der Herrschaftsgewalten. Man hat sich die Zustände in den Städten vor der conjuratio zwar im einzelnen untereinander sehr verschieden, im ganzen aber als ziemlich ähnlich der eigentümlichen Anarchie der Stadt Mekka zu denken, welche eben deshalb oben etwas näher geschildert wurde. Massenhafte Herrschaftsansprüche stehen, einander kreuzend, nebeneinander. Bischofsgewalten mit grundherrlichem und politischem Inhalt, viskontile und andere appropriierte politische Amtsgewalten, teils auf Privileg, teils auf Usurpation beruhend, große stadtsässige Lehensträger oder freigewordene Ministerialen des Königs oder der Bischöfe (capitanei), landsässige oder stadtsässige Untervasallen (valvassores) der capitanei, allodialer Geschlechterbesitz verschiedensten Ursprunges, massenhafte Burgenbesitzer in eigenem und fremdem Namen, als privilegierte Stände mit starker Klientel von hörigen und freien Schutzbefohlenen, berufliche Einigungen der stadtsässigen Erwerbsklassen, hofrechtliche, lehenrechtliche, landrechtliche, kirchliche Gerichtsgewalten stehen nebeneinander. Zeitweilige Verträge – ganz entsprechend den „Verbindungen" der mekkanischen Geschlechter – unterbrachen die Fehden der wehrhaften Interessenten innerhalb und außerhalb der städtischen Mauern. Der offizielle legitime Stadtherr war entweder ein kaiserlicher Lehensmann oder, und meist, der Bischof, und dieser letztere hatte vermöge der Kombination weltlicher und geistlicher Machtmittel am meisten Chance, eine wirksame Herrschaftsgewalt durchzusetzen. Zu einem konkreten Zweck und meist auf Zeit oder bis auf weiteres, also kündbar, wurde nun auch jene conjuratio geschlossen, welche als „Compagna communis" (oder unter einem ähnlichen Namen) den politischen Verband der späteren „Stadt" vorbereitet. Zunächst finden sich noch gelegentlich deren mehrere innerhalb der gleichen Mauern; aber dauernde Bedeutung erlangen allerdings nur der eidliche Verband der „ganzen" Gemeinde, das heißt: aller derjenigen Gewalten, welche in dem betreffenden Augenblick *militärische* Macht innerhalb der Mauern innehatten oder beanspruchten und in der Lage waren, sie zu behaupten. In Genua wurde dieser Verband zunächst von 4 zu 4 Jahren erneuert. Gegen wen er sich richtete, war sehr verschieden. In Mailand schlossen ihn 980 die wehrhaften Stadtinsassen gegen den Bischof, in Genua scheint anfangs der Bischof mit den viskontilen Familien, welchen die weltlichen Herrenrechte (später als reine Zinsansprüche fortbestehend) appropriiert waren, ihm angehört zu haben, während die spätere Compagna communis allerdings hier wie anderwärts sich unter anderem auch gegen die Machtansprüche des Bischofs und der Visconti richtete. Das positive Ziel der Eidverbrüderung aber war zunächst die Verbindung der ortsangesessenen *Grundbesitzer* zu Schutz und Trutz, zu friedlicher Streitschlichtung untereinander und zur Sicherung einer den Interessen der Stadtinsassen entsprechenden Rechtspflege, ferner aber die *Monopolisierung der ökonomischen Chancen*, welche die Stadt ihren Insassen darbot: nur der Eidgenosse wurde zur Teilnahme am Handel der Stadtbürger, in Genua z. B. zur Teilnahme an der Kapitalanlage in Form der Kommenda im Überseehandel, zugelassen; sodann die Fixierung der Pflichten gegen den Stadtherrn: feste Pauschalsummen oder hohe Zinsen statt willkürlicher Besteuerung; und endlich die militärischen Organisationen zum Zweck der Erweiterung des politischen und ökonomischen Machtgebiets der Kommune nach außen. Kaum sind die Konjurationen entstanden, so beginnen demgemäß auch schon die Kriege der Kommunen gegeneinander, die zu Anfang des 11. Jahrhunderts bereits eine chronische Erscheinung sind. Nach innen erzwang die Eidverbrüderung den Beitritt der Masse der Bürgerschaft; die stadtsässigen, adligen und Patrizierfamilien, welche die Verbrüderung stifteten, nahmen dann die Gesamtheit der durch Grundbesitz qualifizierten Einwohner in Eid; wer ihn nicht leistete, mußte weichen. Irgendeine formale Änderung der bisherigen Amtsorganisation trat zunächst keineswegs immer ein. Bischof oder weltlicher Stadtherr behielten sehr oft ihre Stellung an der Spitze des Stadtbezirks, und verwalteten ihn nach wie vor durch ihre Ministerialen; nur das Vorhandensein der Bürgerversammlung ließ die große Umwälzung fühlbar werden. Aber das blieb nicht so. In den letzten Jahrzehnten des 11. Jahrhunderts traten überall die „consules" auf, jährlich gewählt, offiziell durch die Gesamtheit der Bürger, oder durch ein von ihnen gewähltes, in Wahrheit wohl immer das Wahlrecht usurpierendes Honoratiorengremium, dessen Zusammensetzung nur durch Akklamation bestätigt wurde, als Wahlmännerkolleg, stets mehrere, oft ein Dutzend und mehr. Die Konsuln, besoldete und mit Sportelrechten ausgestattete Beamte, rissen in Vollendung der revolutionären Usurpation, die ganze oder den Hauptteil der Gerichtsbarkeit und den Oberbefehl im Kriege an sich und verwalteten alle Angelegenheiten der Kommune. Hervorgegangen scheinen sie in der ersten Zeit meist oder doch sehr oft aus den vornehmen richterlichen Beamten der bischöflichen oder herrschaftlichen Kurie; nur daß jetzt durch die eidverbrüderte Bürgerschaft oder deren Vertretung die Wahl an die Stelle der Ernennung durch den Stadtherrn trat. Sie streng kontrollierend stand ihnen zur Seite ein Kollegium von „Sapientes", oft die „Credenza" genannt, gebildet teils aus den alten Schöffen, teils aus Honoratioren, welche die Konsuln selbst oder ein Wahlkollegium dazu bestimmten; der Sache nach waren es einfach die Häupter der militärisch und ökonomisch mächtigsten Familien, welche unter sich diese Stellungen verteilten. Die erste Bildung der Schwurverbrüderung wahrte noch die ständische Scheidung der verschiedenen Kategorien von capitanei (Hauptvasallen), Untervasallen, Ministerialen, Burgherren (castellani) und cives meliores, d. h. der ökonomisch Wehrfähigen; die Ämter und der Rat wurden unter sie proportional verteilt. Aber sehr bald schon trat der im Effekt gegen den Lehensverband als solchen sich wendende Charakter der Bewegung beherrschend hervor. Die Konsuln durften keine Lehen von einem Herrn nehmen, sich nicht als Vasallen kommendieren. Und eine der ersten, gewaltsam oder durch erzwungene oder erkaufte Privilegien der Kaiser und Bischöfe durchgesetzten, politischen Errungenschaften war die Schleifung der kaiserlichen, bischöflichen und stadtherrlichen *Burgen* innerhalb der Stadt, ihre Verlegung vor die Stadtmauer (so besonders in Privilegien der salischen Kaiser) und die Durchsetzung des Grundsatzes, daß innerhalb eines bestimmten Bezirks um die Stadt Burgen nicht gebaut werden und daß der Kaiser und andere Stadtherren ein Recht, in der Stadt sich einzuquartieren, nicht besitzen sollten. Die rechtliche Errungenschaft aber war die Schaffung einer besonderen städtischen *Prozedur*, unter Ausschaltung der irrationalen Beweismittel, namentlich des Zweikampfes (so in zahlreichen Privilegien des 11. Jahrhunderts) – das gleiche also, womit das englische und französische Königtum den Interessen der Bürger entgegenkam – ferner das Verbot, Stadtbürger vor außerstädtische Gerichte zu ziehen, und die Kodifikation eines besonderen rationalen *Rechtes* für die Stadtbürger, welches das Gericht der Konsuln anzuwenden hatte. So war aus dem zunächst von Fall zu Fall oder kurzfristig geschlossenen, rein personalen Eidverband ein dauernder politischer Verband geworden, dessen Zugehörige Rechtsgenossen eines besonderen ständischen Rechtes der Stadtbürger waren. Dies Recht aber bedeutete formal eine Austilgung des alten Personalitätsprinzips des Rechts, material aber eine Sprengung der Lehensverbände und des ständischen Patrimonialismus. Zwar noch nicht zugunsten des eigentlichen gebietskörperschaftlichen „Anstaltsprinzipes". Das Bürgerrecht war ein ständisches Recht der bürgerlichen Schwurgemeindegenossen. Ihm unterstand man kraft Zugehörigkeit zum Stande der Stadtbürger oder der von ihnen abhängigen Hintersassen. Noch im 16. Jahrhundert war da, wo die Herrschaft der adligen Geschlechter in den Städten aufrecht stand, in den meisten niederländischen Gemeinden z. B., die Vertretung in den Provinzial- und Generalständen keine Vertretung der Stadt als solcher, sondern eine solche des stadtsässigen Adels; das tritt darin hervor, daß neben der Vertretung dieser Geschlechter sehr häufig noch eine Vertretung der Zünfte oder anderer nicht adliger ständischer Schichten aus der gleichen Stadt sich fand, welche gesondert stimmte und mit der Vertretung der Geschlechter ihrer Stadt keineswegs zu einer gemeinsamen Stadtrepräsentation vereinigt war. In Italien fehlte diese spezielle Erscheinung. Aber im Prinzip war die Lage oft ähnlich. Der stadtsässige Adel sollte zwar, normalerweise wenigstens, aus dem Lehensverband gelöst sein (was aber keineswegs immer wirklich der Fall war), hatte aber neben seinen Stadthäusern Burgen und grundherrliche Besitzungen auswärts, war also neben seiner Teilhaberschaft am Kommunalverband noch als Herr oder Genosse in andere politische Verbände eingegliedert. In der ersten Zeit der italienischen Kommunen lag das Stadtregiment faktisch durchaus in den Händen ritterlich lebender Geschlechter, ganz einerlei ob formal die Vergesellschaftung ein anderes vorsah und ob gelegentlich auch tatsächlich die nicht adligen Bürger einen vorübergehenden Anteil am Regiment durchsetzten. Die militärische Bedeutung des ritterlichen Adels überwog. Im Norden, speziell in Deutschland spielten in noch stärkerem Maß als im Süden die alten Schöffengeschlechter eine entscheidende Rolle, behielten oft zunächst die Verwaltung der Stadt auch formell oder doch in ungeschiedener Personalunion in der Hand. Und je nach der Machtlage erzwangen auch die bisherigen Träger der stadtherrlichen, namentlich der bischöflichen, Verwaltung einen Anteil: die Ministerialen. Besonders da, wo die Usurpation gegenüber dem Stadtherrn nicht unbedingt durchdrang – und das war meist der Fall – setzte dieser, also meist der Bischof, eine Teilnahme für Ministerialen am städtischen Rat durch. In großen Städten wie Köln und Magdeburg hatte der Bischof seine Verwaltung ganz oder teilweise durch freie bürgerliche Schöffen geführt, welche nun aus beeideten Beamten des Bischofs beeidigte Vertreter der Kommunen zu werden die Tendenz zeigten, immer aber dabei die Repräsentanten der conjuratio sich beigesellten oder mit ihnen sich in die Verwaltung teilten. Neben die vom Grafen ernannten Schöffen der flandrischen, brabanter und der niederländischen Städte begannen im 13. Jahrhundert Ratsmänner oder Geschworene (jurati – schon der Name zeigt die usurpatorische Entstehung aus einer conjuratio an) oder „Bürgermeister" aus der Bürgerschaft für die Zwecke der Verwaltung zu treten, meist in gesonderten Kollegien, zuweilen mit ihnen zusammentretend. Sie waren Vertreter der zur Einung verbundenen Bürger, in Holland noch später als Korporation der „Vroedschap" fortbestehend. Überall hat man sich die Verhältnisse in der ersten Zeit als sehr schwankend und gerade die entscheidenden Punkte der faktischen Machtverteilung sehr wenig formal geregelt vorzustellen. Die persönlichen Beziehungen und Einflüsse und die Personalunion mannigfacher Funktionen taten das Entscheidende; eine formelle Sonderung einer „Stadtverwaltung" in unserem heutigen Sinn, eigene Bureaus und Rathäuser, fehlte. Wie in Italien durchweg die Bürgerschaft sich im Dom versammelte, die leitenden Komitees oder auch Bürger aber vermutlich zunächst in Privathäusern und in Klublokalen, so war es auch in Köln. Namentlich das letztere scheint sicher. In der Zeit der Usurpation war offenbar in Köln das „Haus der Reichen" (domus divitum) mit dem „Haus der Bürger" (domus civium), also dem Sitz der Verwaltung, ebenso in „Lokalunion", wie, nach Beyerles sicher richtiger Darlegung, die Führer des Klubs der Richerzeche mit den Inhabern der Schöffenstühle und anderer maßgebender Ämter in einer weitgehenden Personalunion gewesen und geblieben sein müssen. Ein stadtsässiges Rittertum von der Bedeutung des italienischen gab es hier nicht. In England und Frankreich spielten die Kaufmannsgilden die führende Rolle. In Paris waren die Vorstände der Wassergilde auch formal als Vertreter der Bürgerschaft anerkannt. Die Entstehung der Stadtgemeinden ist aber auch in Frankreich bei den meisten großen und alten Städten durchaus in der Regel wohl durch Usurpation seitens der Verbände der Bürger, der Kaufleute und stadtsässigen Rentner entweder mit den stadtsässigen Rittern – so im Süden – oder mit den confraternitates und Zünften der Handwerker – so im Norden des Landes – vor sich gegangen.

Ohne mit der „conjuratio" identisch zu sein, haben bei der Entstehung diese doch, speziell im Norden, in andern Einungen, eine bedeutende Rolle gespielt. Die Schwurbrüderschaften des germanischen Nordens weisen, entsprechend der noch geringern Entwicklung des Rittertums, ganz besonders archaische Züge auf, die den südeuropäischen Ländern im ganzen fehlten. Die Schwurbrüderschaften konnten für den Zweck der politischen Vergesellschaftung und Usurpation von Macht gegenüber den Stadtherrn neu geschaffen werden. Aber es konnte die Bewegung auch an die im Norden und in England massenhaft entstandenen Schutzgilden anknüpfen. Diese waren keineswegs primär zum Zweck der Einflußnahme auf politische Verhältnisse geschaffen worden. Sie ersetzten vielmehr ihren Mitgliedern zunächst das, was ihnen in der frühmittelalterlichen Stadt besonders häufig abging: den Anhalt an einer Sippe und deren Garantie. Wie diese dem Versippten, so gewährten sie ihm Hilfe bei persönlicher Verletzung oder Bedrohung und oft auch in ökonomischer Not, schlossen Streit und Fehde zwischen den Verbrüderten aus, und machten deren friedliche Schlichtung zu ihrer Aufgabe, übernahmen für den Genossen die Wehrgeldpflicht (in einem englischen Fall) und sorgten für seine Geselligkeitsbedürfnisse durch Pflege der noch aus heidnischer Zeit stammenden periodischen Gelage (ursprünglich Kultakte), ferner für sein Begräbnis unter Beteiligung der Brüderschaft, garantierten sein Seelenheil durch gute Werke, verschafften ihm auf gemeinsame Kosten Ablässe und die Gunst mächtiger Heiliger und suchten im übrigen natürlich gegebenenfalls gemeinsame, auch ökonomische, Interessen zu vertreten. Während die nordfranzösischen Stadteinungen vorwiegend als beschworene Friedenseinungen ohne die sonstigen Gildenattribute ins Leben traten, hatten die englischen und nordischen Stadteinungen regelmäßig Gildecharakter. In England war die Handelsgilde mit dem Monopol des Kleinverkaufs innerhalb der Stadt die typische Form der Stadteinung. Die deutschen Händlergilden waren der Mehrzahl nach spezialisiert nach Branchen (so die meist mächtige Gewandschneidergilde, die Krämergilde u. a.). Von da aus ist dann die Gilde als Organisationsform auf den Fernhandel übertragen worden, – eine Funktion, die uns hier nichts angeht.

Die Städte sind *nicht*, wie man vielfach geglaubt hat, „aus den Gilden entstanden", sondern – in aller Regel – umgekehrt die Gilden *in* den Städten. Die Gilden haben ferner auch nur zum kleinen Teil (namentlich im Norden, speziell in England, als „summa convivia") die Herrschaft in den Städten erlangt; die Regel war vielmehr, daß zunächst die mit den Gilden keineswegs identischen „Geschlechter" in den Städten die Herrschaft an sich zogen. Denn die Gilden waren auch nicht mit der conjuratio, der Stadteinung, identisch.

Die Gilden waren endlich niemals die einzigen Arten von Einung in den Städten. Neben ihnen standen einerseits die in ihrer beruflichen Zusammensetzung uneinheitlichen religiösen Einungen, andrerseits aber rein ökonomische, beruflich gegliederte Einungen: Zünfte. Die religiöse Einungsbewegung, die Schaffung von „confraternitates", ging das ganze Mittelalter hindurch neben den politischen, den gildenmäßigen und den berufsständischen Einungen her und kreuzte sich mit ihnen in mannigfachster Art. Sie spielten namentlich bei den Handwerkern eine bedeutende, mit der Zeit wechselnde Rolle. Daß zufällig die älteste urkundlich nachweisbare eigentliche fraternitas von Handwerkern in Deutschland: die der Bettziechenweber in Köln (1180), jünger ist als die entsprechende gewerbliche Einung, beweist an sich zwar nicht, daß zeitlich die berufliche Einung, richtiger: der spezifisch berufliche Zweck der Einung, überall der frühere und ursprüngliche gewesen sei. Allerdings scheint dies aber bei den gewerblichen Zünften die Regel gewesen zu sein, und dies erklärt sich vermutlich daraus, daß die Einungen der freien Handwerker, wenigstens außerhalb Italiens, ihr erstes Vorbild an der grundherrschaftlichen Einteilung der abgabepflichtigen Handwerker in Abteilungen mit Meistern an der Spitze fanden. Aber in andern Fällen bildete wohl auch die fraternitas den Ausgangspunkt der späteren beruflichen Einung. Wie noch in der letzten Generation die Entstehung jüdischer Arbeitergewerkschaften in Rußland mit dem Ankauf des dringendsten Bedarfsartikels für einen religiös vollwertigen Juden: einer Thorarolle, zu beginnen pflegte, so pflegten auch zahlreiche, der Sache nach berufliche Verbände gesellige und religiöse Interessen an die Spitze zu stellen oder doch, wenn sie ausgesprochene Berufseinungen waren, religiöse Anerkennung zu suchen, wie dies auch die meisten Gilden und überhaupt alle Einungen im Laufe des Mittelalters in der Regel getan haben. Das war keineswegs nur ein Schleier für massive materielle Interessen. Daß z. B. die ältesten Konflikte der späteren Gesellenverbände nicht über Arbeitsbedingungen, sondern über religiöse Etikettenfragen (Rangfolge bei Prozessionen und ähnliches) entstanden, zeigt vielmehr, wie stark religiös bedingt auch damals die soziale Bewertung des sippenlosen Bürgers war. Nur tritt gerade dabei sofort auch das, worauf es hier ankommt, der ungeheure Gegensatz gegen jeden tabuistischen kastenartigen Abschluß hervor, welcher die Verbrüderung zu einer Gemeinde ausgeschlossen hätte. Im ganzen standen diese religiösen und geselligen Bruderschaften, einerlei ob sie im Einzelfall die älteren oder die jüngeren waren, oft nur in faktisch annähernder Personalunion mit den offiziellen Berufsverbänden – Kaufmannsgilden und Handwerkerzünften –, von denen späterhin noch die Rede sein muß. Diese ihrerseits wieder waren weder, wie man wohl geglaubt hat, immer Abspaltungen aus einer ursprünglich einheitlichen Bürgergilde – das kam vor, aber andrerseits waren z. B. Handwerkereinungen zum Teil wesentlich älter als die ältesten conjurationes. Noch waren sie umgekehrt ihre Vorläufer – denn sie finden sich in der ganzen Welt, auch wo nie eine Bürgergemeinde entstanden ist. Sondern alle diese Einungen wirkten in der Regel wesentlich indirekt: durch jene Erleichterung des Zusammenschlusses der Bürger, welche aus der Gewöhnung an die Wahrnehmung gemeinsamer Interessen durch freie Einungen überhaupt entstehen mußte: durch Beispiel und Personalunion der führenden Stellung in den Händen der in der Leitung solcher Schwurverbände erfahrenen und durch sie sozial einflußreichen Persönlichkeiten. In jedem Fall war es an sich das Natürliche, und der weitere Verlauf bestätigt es, daß auch im

Norden überall die reichen, an der Selbständigkeit der Verkehrspolitik interessierten Bürger es waren, welche außer den adligen Geschlechtern an der Schaffung der conjuratio aktiv partizipierten, das Geld hergaben, die Bewegung in Gang hielten und die mit den Geschlechtern gemeinsam die Masse der übrigen in Eid und Pflicht nahmen; eben davon war offenbar das Recht der Bürgerrechtsverleihung durch die Richerzeche ein Rest. Wo überhaupt außer den Geschlechtern auch Verbände von erwerbenden Bürgern an der Bewegung beteiligt waren, kamen dafür von allen Einungen allerdings meist nur die Gilden der Kaufleute für die Stadteinung in Betracht. Noch unter Eduard II. wurde in England von den damals gegen die Kaufmannschaft aufsässigen Kleinbürgern geklagt: daß die „potentes" Gehorsamseide von den ärmeren Bürgern, speziell auch den Zünften, verlangten und kraft dieser usurpierten Macht Steuern auferlegten. Ähnlich hat sich der Vorgang sicher bei den meisten originär-usurpatorischen Stadtverbrüderungen abgespielt. Nachdem nun die sukzessiven Usurpationen in einigen großen Städten Erfolg gehabt hatten, beeilten sich aus „Konkurrenzrücksichten" diejenigen politischen Grundherren, welche neue Städte gründeten oder bestehenden neue Stadtprivilegien verliehen, einen allerdings sehr verschieden großen Teil jener Errungenschaften ihren Bürgern freiwillig und ohne erst die Entstehung einer formalen Einung abzuwarten, zuzusichern, so daß die Erfolge der Einungen die Tendenz hatten, sich universell zu verbreiten. Dies wurde namentlich dadurch befördert, daß die Siedlungsunternehmer oder auch die Siedlungsreflektanten, wo immer sie, durch Vermögensbesitz und soziales Ansehen, dem Stadtgründer gegenüber das nötige Gewicht dazu hatten, sich die Gewährung eines bestimmten Stadtrechtes, z. B. die Freiburger das Kölner, zahlreiche süddeutsche Bürgerschaften das Freiburger, östliche Städte das Magdeburger, in Bausch und Bogen kompetieren ließen und nun bei Streitigkeiten die Stadt, deren Recht gewährt worden war, als kompetent für die Auslegung des letzteren angerufen wurde. Auf je wohlhabendere Siedler der Stadtgründer reflektierte, desto erheblichere Konzessionen mußte er machen. Die 24 conjuratores fori in Freiburg z. B., denen Berthold von Zähringen die Erhaltung der Freiheiten der Bürger der neuen Stadt angelobt, spielen hier etwa die Rolle der „Richerzeche" in Köln, sind persönlich weitgehend privilegiert und haben als „consules" der Gemeinde zuerst das Stadtregiment in der Hand.

Zu den durch Verleihung bei der Gründung und Privilegierung der Städte durch Fürsten und Grundherrn verbreiteten Errungenschaften aber gehört vor allem überall: daß die Bürgerschaft als eine „Gemeinde" mit eigenem Verwaltungsorgan, in Deutschland dem „Rat", an der Spitze konstituiert wurde. Der „Rat" vor allem gilt in Deutschland als ein notwendiges Freiheitsrecht der Stadt, und die Bürger beanspruchten, ihn autonom zu besetzen. Zwar ist dies keineswegs kampflos durchgesetzt worden. Noch Friedrich II. hat 1232 alle Räte und Bürgermeister, die ohne Konsens der Bischöfe von den Bürgern eingesetzt waren, verboten, und der Bischof von Worms setzte für sich und seinen Stellvertreter den Vorsitz im Rat und das Ernennungsrecht der Ratsmitglieder durch. In Straßburg war die Ministerialenverwaltung des Bischofs Ende des 12. Jahrhunderts durch einen aus Ratsmännern der Bürger und 5 Ministerialen zusammengesetzten Rat ersetzt, und in Basel setzte der Bischof durch, daß der, wie Hegel annimmt, vom Kaiser selbst zugelassene Rat der Bürger vom Kaiser wieder verboten wurde. In zahlreichen süddeutschen Städten aber blieb der herrschaftlich ernannte oder doch herrschaftlich bestätigte Schultheiß lange Zeit der eigentliche Chef der Stadt, und die Bürgerschaft konnte dieser Kontrolle nur ledig werden, indem sie das Amt käuflich erwarb. Allein fast überall finden wir dort, daß neben dem Schultheiß in den Urkunden der Stadt zunehmend der „Bürgermeister" hervortritt und schließlich meist den Vorrang gewinnt. Er aber war dort im Gegensatz zum Schultheiß in aller Regel ein Vertreter der Bürgereinung, also ein ursprünglich usurpatorisch entstandener und nicht ein ursprünglich herrschaftlicher Beamter. Freilich aber war, entsprechend der andersartigen sozialen Zusammensetzung sehr vieler deutscher Städte, dieser im 14. Jahrhundert aufsteigende „Bürgermeister" oft schon nicht mehr ein Vertreter der „Geschlechter", also den „consules" Italiens entsprechend, – diesen entsprachen vielmehr die scabini non jurati, die consules und ähnliche Vertreter der Frühzeit in den großen Städten – sondern vielmehr ein Vertrauensmann der Berufseinung, gehörte also hier einem späteren Entwicklungsstadium an.

Die aktive Mitgliedschaft im Bürgerverband war zunächst überall an städtischen Grundbesitz geknüpft, der erblich und veräußerlich, fronfrei, zinsfrei oder nur mit festem Zins belastet, dagegen für städtische Zwecke schoßpflichtig – diese Pflicht wurde in Deutschland geradezu Merkmal des bürgerlichen Grundbesitzes – besessen wurde. Später traten andere schoßpflichtige Vermögensstücke, vor allem Geld oder Geldstoffbesitz daneben. Ursprünglich war überall der nicht mit jener Art von Grundbesitz angesessene Stadtinsasse nur Schutzgenosse der Stadt, mochte im übrigen seine ständische Stellung sein welche immer. Die Berechtigung zur Teilnahme an den städtischen Ämtern und am Rat hat Wandlungen durchgemacht. Und zwar in verschiedenem Sinne. Wir wenden uns dem nunmehr zu.

Es erübrigt vorher nur noch, vorläufig ganz allgemein, die Frage zu stellen: worauf denn nun es letztlich beruhte, daß im Gegensatz zu Asien die Städteentwicklung im Mittelmeerbecken und dann in Europa einsetzte. Darauf ist insofern bereits eine Antwort gegeben, als die Entstehung einer Stadt*verbrüderung*, einer städtischen *Gemeinde* also, durch die magische Verklammerung der Sippen und, in Indien, der Kasten gehemmt war. Die Sippen waren in China Träger der entscheidend wichtigen religiösen Angelegenheiten: des Ahnenkults, und deshalb unzerbrechlich; die Kasten in Indien aber waren Träger spezifischer Lebensführung, an deren Innehaltung das Heil bei der Wiedergeburt hing und die daher gegeneinander rituell exklusiv waren. Aber wenn dies Hindernis in Indien in der Tat absolut war, so die Sippengebundenheit in China und vollends in Vorderasien doch nur relativ. Und in der Tat tritt gerade für diese Gebiete etwas ganz anderes hinzu: der Unterschied der *Militär*verfassung, vor allem: ihrer ökonomisch-soziologischen Unterlagen. Die Notwendigkeit der Stromregulierung und Bewässerungspolitik hatte in Vorderasien (einschließlich Ägyptens) und (in nicht ganz so starkem, aber doch entscheidendem Maß) auch in China eine königliche *Bureaukratie* entstehen lassen – zunächst reine Baubureaukratie, von der aus dann aber die Bureaukratisierung der gesamten Verwaltung sich durchsetzte –, welche den König befähigte, mit Hilfe des Personals und der Einnahmen, die sie ihm verschafften, die Heeresverwaltung in eigene, bureaukratische Bewirtschaftung zu nehmen: der „Offizier" und der „Soldat", die ausgehobene, aus Magazinen ausgerüstete und verpflegte Armee wurde hier die Grundlage der militärischen Macht. Die Trennung des Soldaten von den Kriegsmitteln und die militärische Wehrlosigkeit der Untertanen war die Folge. Auf diesem Boden konnte keine politische, der Königsmacht gegenüber selbständige Bürgergemeinde erwachsen. Denn der Bürger war der Nichtmilitär. Ganz anders im Okzident. Hier erhielt sich, bis in die Zeit der römischen Kaiser, das Prinzip der *Selbstequipierung* der Heere, mochten sie nun bäuerlicher Heerbann, Ritterheer oder Bürgermilizen sein. Das aber bedeutete die militärische *Eigen*ständigkeit des einzelnen Heerfolgepflichtigen. In einem Heer mit Selbstequipierung gilt der – schon in Chlodwigs Stellung zu seinem Heerbann sich äußernde – Grundsatz: daß der Herr sehr weitgehend auf den guten Willen der Heeresteilnehmer angewiesen ist, auf deren Obödienz seine politische Macht ganz und gar beruht. Er ist jedem einzelnen von ihnen, auch kleinen Gruppen gegenüber, der Mächtigere. Aber allen oder größeren Verbänden einer Vielzahl von ihnen gegenüber, wenn solche entstehen, ist er machtlos. Es fehlt dem Herren dann der bureaukratische, ihm blind gehorchende, weil ganz von ihm abhängige Zwangsapparat, um ohne Einvernehmen mit den militärisch und ökonomisch eigenständigen Honoratioren, aus deren Reihen er ja seine eigenen Verwaltungsorgane: seine Würdenträger und Lokalbeamten rekrutieren muß, seinen Willen durchzusetzen, sobald die in Anspruch genommenen Schichten sich zusammenschließen. Solche Verbände aber bildeten sich stets, sobald der Herr mit neuen *ökonomischen* Forderungen, Forderungen von *Geld*zahlungen zumal, an die eigenständig wehrhaften Heerfolgepflichtigen herantrat. Die Entstehung der „Stände" im Okzident, und nur hier, erklärt sich daraus. Ebenso aber die Entstehung der korporativen und der autonomen Stadtgemeinden. Die Finanzmacht der Stadtinsassen nötigte den Herren, sich im Bedarfsfall an sie zu wenden und mit ihnen zu paktieren. Aber Finanzmacht hatten auch die Gilden in China und Indien und die „Geldleute" Babylons. Das legte dem König, um sie nicht zu verscheuchen, auch dort gewisse Rücksichten auf. Aber es befähigte die Stadtinsassen, und waren sie noch so reich, nicht, sich zusammenzuschließen und *militärisch* dem Stadtherren Widerpart zu halten. Alle conjurationes und Einungen des Okzidents aber, von der frühen Antike angefangen, waren Zusammenschlüsse der *wehrhaften* Schichten der Städte. Das war das positiv Entscheidende.

III. Die Geschlechterstadt im Mittelalter und in der Antike.

Da an der conjuratio in aller Regel alle Grundbesitzer der Stadt, nicht nur die führenden Honoratioren beteiligt waren, so galt offiziell meist die Bürgerversammlung, in Italien „parlamentum" genannt, als das höchste und souveräne Organ der Kommune. Daran ist formal oft festgehalten worden. Faktisch haben gerade in der ersten Zeit naturgemäß meist die Honoratioren gänzlich das Heft in der Hand gehabt. Sehr bald war oder wurde die Qualifikation zur Teilnahme an Ämtern und Rat auch formell einer begrenzten Zahl von „Geschlechtern" vorbehalten. Nicht selten galten sie von Anfang an als allein ratsfähig, ohne daß dies besonders festgelegt worden wäre. Wo dies anfangs nicht der Fall war, entwickelte es sich, wie namentlich in England deutlich zu beobachten ist, ganz naturgemäß daraus, daß, der bekannten Regel entsprechend, nur die ökonomisch Abkömmlichen an den Bürgerversammlungen regelmäßig teilnahmen und, vor allem, sich über den Gang der Geschäfte näher *besprachen*. Denn überall wurde zunächst die Mitwirkung bei den Verwaltungsgeschäften der Stadt als eine Last empfunden, welche nur erfüllt wurde, soweit eine öffentliche Pflicht dazu bestand. Im frühen Mittelalter hatte der Bürger zu den drei ordentlichen „Dingen“ des Jahres zu erscheinen. Von den ungebotenen Dingen blieb fort, wer nicht direkt politisch interessiert war. Vor allem die *Leitung* der Geschäfte fiel ganz naturgemäß den durch Besitz und – nicht zu vergessen – durch auf dem Besitz beruhende ökonomische *Wehrfähigkeit* und eigene militärische Macht Angesehenen zu. Daher hat, wie die späteren Nachrichten über den Verlauf der italienischen parlamenta beweisen, diese Massenversammlung nur ganz ausnahmsweise etwas anderes bedeutet als ein Publikum, welches durch Akklamation die Vorschläge der Honoratioren genehmigte oder auch dagegen tumultierte, nie aber, soviel für dieses Frühstadium bekannt, die Wahlen oder die Maßregeln der Stadtverwaltung wirklich dauernd entscheidend bestimmte. Die ökonomisch von den Honoratioren Abhängigen bildeten oft die Mehrheit. Dem entspricht es, daß später der Aufstieg des außerhalb der Honoratioren stehenden „popolo“ zur Macht überall mit der Verdrängung der allgemeinen tumultuarischen Bürgerversammlungen zugunsten einer durch Repräsentanten oder durch einen allmählich fest umschriebenen Kreis von qualifizierten Bürgern gebildeten engeren Versammlung parallel ging, ebenso wie andererseits wieder der Beginn der Tyrannis und der Sturz des Popolo durch die Einberufung der alten Parlamente, vor denen noch Savonarola die Florentiner warnte, bezeichnet wurde.

Der Tatsache, wenn auch oft nicht dem formalen Rechte nach, entstand jedenfalls die Stadt als ein von einem verschieden weiten Kreise von Honoratioren, von deren Eigenart später zu reden ist, geleiteter ständischer Verband oder wurde bald dazu. Entweder nun entwickelte sich diese faktische Honoratiorenherrschaft zu einer fest geregelten rechtlichen Monopolisierung der Stadtherrschaft durch die Honoratioren, oder umgekehrt: deren Herrschaft wurde durch eine Serie weiter folgender neuer Revolutionen geschwächt oder ganz beseitigt. Jene Honoratioren, welche die Stadtverwaltung monopolisierten, pflegt man als „die Geschlechter“, die Periode ihres verwaltenden Einflusses als die der „Geschlechterherrschaft“ zu bezeichnen. Diese „Geschlechter“ waren in ihrem Charakter nichts Einheitliches. Gemeinsam war ihnen allen: daß ihre soziale Machtstellung auf *Grundbesitz* und auf einem nicht dem eigenen *Gewerbebetrieb* entstammenden Einkommen ruhte. Aber im übrigen konnten sie ziemlich verschiedenen Charakter haben. Im Mittelalter nun war *ein* Merkmal der äußeren Lebensführung in spezifischem Maße ständebildend: die *ritterliche Lebensführung*. Sie gab die Turnierfähigkeit, die Lehensfähigkeit und alle Attribute ständischer Gleichordnung mit dem außerstädtischen Ritterstand überhaupt. Mindestens für Italien, aber in der Mehrzahl aller Fälle auch im Norden rechnete man nur diejenigen Schichten in den Städten zu den „Geschlechtern“, welchen dies Merkmal eignete. Sofern nicht etwas anderes im Einzelfall gesagt ist, wollen wir daher – bei Anerkennung der Flüssigkeit der Übergänge – auch im nachstehenden a potiori stets an dies Merkmal denken, wenn von den „Geschlechtern“ die Rede ist. Die Geschlechterherrschaft hat in einigen extremen Fällen zu einer spezifischen Stadtadelsentwicklung geführt, insbesondere da, wo nach antiker Art Überseepolitik von Handelsstädten die Entwicklung bestimmte. Das klassische Beispiel dafür ist *Venedig*.

Die Entwicklung Venedigs war zunächst bestimmt durch die Fortsetzung jener mit steigendem leiturgischen Charakter der spätrömischen und byzantinischen Staatswirtschaft steigenden Lokalisierung auch der Heeresrekrutierung, welche seit der Zeit Hadrians im Gange war. Die Soldaten der lokalen Garnisonen wurden zunehmend der örtlichen Bevölkerung entnommen, praktisch: von den Possessoren aus ihren Kolonen gestellt. Unter dem Dux standen als Kommandanten des Numerus die Tribunen. Auch ihre Gestellung war formell eine leiturgische Last, faktisch aber zugleich ein Recht der örtlichen Possessorengeschlechter, denen sie entnommen wurden, und wie überall wurde diese Würde faktisch in bestimmten Geschlechtern erblich, während der Dux bis in das 8. Jahrhundert von Byzanz aus ernannt wurde. Diese tribunizischen Geschlechter: Kriegsadel also, waren der Kern der ältesten Stadtgeschlechter. Mit dem Schrumpfen der Geldwirtschaft und der zunehmenden Militarisierung des byzantinischen Reiches trat die Gewalt des tribunizischen Adels gänzlich an die Stelle der römischen Kurien und Defensoren. Die erste Revolution, welche in Venedig zum Beginn der Stadtbildung führte, richtete sich wie in ganz Italien im Jahre 726 gegen die damalige bilderstürmerische Regierung und ihre Beamten und trug als dauernde Errungenschaft die Wahl des Dux durch tribunizischen Adel und Klerus ein. Alsbald aber begann ein drei Jahrhunderte dauerndes Ringen des Dogen, der seine Stellung zu einem erblichen patrimonialfürstlichen Stadtkönigtum zu entwickeln suchte, mit seinen Gegnern: dem Adel und dem Patriarchen, welcher seinerseits gegen die „eigenkirchlichen" Tendenzen des Dogen interessiert war. Gestützt wurde der Doge von den Kaiserhöfen des Ostens und Westens. Die Annahme des Sohnes zum Mitregenten, in welche, ganz nach der antiken Tradition, sich die Erblichkeit zu kleiden suchte, wurde von Byzanz begünstigt. Die Mitgift der deutschen Kaisertochter Waldrada verschaffte dem letzten Candianen noch einmal die Mittel, die fremdländische Gefolgschaft und vor allem: die Leibgarde, auf welche seit 811 die Dogenherrschaft gestützt wurde, zu vermehren. Der durchaus stadtkönigliche patrimoniale Charakter der Dogenherrschaft jener Zeit tritt plastisch in allen Einzelzügen hervor: der Doge war Großgrundherr und Großhändler, er monopolisierte (auch aus politischen Gründen) die Briefpost zwischen Orient und Okzident, die über Venedig ging, ebenso seit 960 den Sklavenhandel anläßlich der kirchlichen Zensuren gegen diesen. Er setzte Patriarchen, Äbte, Priester trotz kirchlicher Proteste ein und ab. Er war Gerichtsherr, freilich innerhalb der Schranken des dinggenossenschaftlichen Prinzips, welches unter fränkischem Einfluß auch hier durchdrang, ernannte den Richter und hob strittige Urteile auf. Die Verwaltung führte er teils durch Hausbeamte und Vasallen, teils unter Zuhilfenahme der Kirche. Das letztere besonders innerhalb der auswärtigen Ansiedlungen der Venezianer. Nicht nur durch Mitregentenernennung, sondern in einem Falle auch testamentarisch verfügte er über die Herrschaft wie über sein Hausvermögen, welches vom öffentlichen Gut nicht geschieden war. Er stellte im wesentlichen aus eigenen Mitteln die Flottenrüstung und hielt Soldtruppen und verfügte über die Fronleistungen der Handwerker an das Palatium, die er zuweilen willkürlich steigerte. Eine solche Steigerung, letzten Endes bedingt offenbar durch steigende Bedürfnisse der Außenpolitik, gab 1032 den äußeren Anlaß zu einer siegreichen Revolte, und diese bot der niemals verstummten Adelsopposition die Mittel, die Macht des Dogen zunehmend zu brechen. Wie überall unter den Verhältnissen der militärischen Selbstequipierung, war der Doge allen *einzelnen* andern Geschlechtern (oder auch Gruppen von ihnen) weit überlegen, nicht aber dem Verband *aller*. Und ein solcher entschied, damals wie heute, sobald der Doge mit *finanziellen* Ansprüchen an die Geschlechter herantrat. Unter zunächst ziemlich demokratischen Rechtsformen begann nunmehr die Herrschaft der auf dem Rialto ansässigen Stadtadelsgeschlechter. Der Anfang, das „erste Grundgesetz der Republik“, wie man es wohl genannt hat, war das Verbot der Mitregentenernennung, welches der Erblichkeit vorbeugte (wie in Rom). Alles andere besorgten dann die Wahlkapitulationen, durch welche der Doge – nach einer „ständestaatlichen“ Zwischenperiode, welche Rechte und Lasten zwischen ihm und dem Kommune ähnlich verteilte, wie anderwärts zwischen Landesherrn und Landschaft – formell zu einem streng kontrollierten, von hemmendem Zeremoniell umgebenen, besoldeten Beamten, sozial also zu einem primus inter pares der Adelskorporation herabgedrückt wurde. Man hat mit Recht beobachtet (Lenel), daß die Machtstellung des Dogen, wie sie durch seine Außenbeziehungen gestützt worden war, auch von der auswärtigen Politik her eingeschränkt wurde, auf deren Führung der Rat der Sapientes (1141 nachgewiesen) die Hand legte. Schärfer als bisher darf aber hervorgehoben werden, daß es hier ebenso wie anderwärts vor allem die *Finanz*bedürfnisse der kriegerischen Kolonial- und Handelspolitik waren, welche die Heranziehung des Patriziats zur Verwaltung unumgänglich machten, ebenso wie später auf dem Festland die Finanzbedürfnisse der geldwirtschaftlich geführten fürstlichen Kriege die steigende Macht der Stände begründeten. Das Chrysobullon des Kaisers Alexios bedeutete das Ende der griechischen Handelsherrschaft und die Entstehung des Handelsmonopols der Venezianer im Osten gegen Übernahme des Seeschutzes und häufiger Gewährung von Finanzhilfe für das Ostreich. Ein etwa steigender Teil des staatlichen, kirchlichen und privaten Vermögens der Venetianer wurde im griechischen Reiche rententragend im Handel, in Ergasterien aller Art, in Staatspachten und auch in Bodenbesitz angelegt. Die zu ihrem Schutz entfaltete Kriegsmacht Venedigs führte zur Teilnahme an dem Eroberungskrieg der Lateiner und zur Gewinnung der berühmten „Drei Achtel“ (quarta pars et dimidia) des lateinischen Reiches. Nach den Ordnungen Dandolos wurde aller Kolonialerwerb rechtlich sorgsam als zugunsten des Kommune und seiner Beamten, nicht aber des Dogen, gemacht behandelt, dessen Ohnmacht damit besiegelt war. Staatsschulden und dauernde Geldausgaben des Kommune waren die selbstverständliche Begleiterscheinung dieser Außenpolitik. Diese Finanzbedürfnisse konnten wiederum nur durch Mittel des Patriziats gedeckt werden, das hieß aber: desjenigen Teils des alten tribunizischen, zweifellos durch neuen Adel verstärkten, Grundherrenstandes, welcher durch seine Stadtsässigkeit befähigt war, in der typischen Art: durch Hergabe von Kommenda- und anderem Erwerbs-Kapital am Handel und an den anderen Gelegenheiten ertragbringender Vermögensanlage teilzunehmen. In seinen Händen konzentrierte sich geldwirtschaftliche Vermögensbildung und politische Macht. Daher entstand parallel mit der Depossedierung des Dogen auch die Monopolisierung aller politischen Macht durch die vom Patriziat beherrschte Stadt Venedig im Gegensatz zu dem politisch zunehmend entrechteten Lande. Die Placita des Dogen waren nominell bis in das 12. Jahrhundert aus dem ganzen Dukat von den (ursprünglich: tribunizischen) Honoratioren beschickt worden. Aber mit der Entstehung des 1143 zuerst urkundlich erscheinenden „commune Venetiarum“ hörte das tatsächlich auf, und der Rat und die von den Cives gewählten Sapientes, denen der Doge den Eid leistete, scheinen seitdem durchaus dem auf dem Rialto ansässigen Großgrundbesitz, welcher an überseeischer Kapitalverwertung ökonomisch interessiert war, angehört zu haben. Die fast überall in den Geschlechterstädten bestehende Scheidung eines „großen", beschließenden, und eines „kleinen", verwaltenden, Rates der Honoratioren findet sich 1187. Die faktische Ausschaltung der Bürgerversammlung aller Grundbesitzer, deren Akklamation offiziell bis in das 14. Jahrhundert fortbestand, die Nominierung des Dogen durch ein aus den Nobiles gebildetes enges Wahlmännerkollegium und die tatsächliche Beschränkung der Auslese der Beamten auf die als ratsfähig geltenden Familien bis zur formellen Schließung ihrer Liste (1297–1315 durchgeführt: das später sogenannte Goldene Buch) waren nur Fortsetzungen dieser in ihren Einzelheiten hier nicht interessierenden Entwicklung. Die gewaltige ökonomische Übermacht der an den überseeischen politischen und Erwerbschancen beteiligten Geschlechter erleichterte diesen Prozeß der Monopolisierung der Macht in ihren Händen. Verfassungs- und Verwaltungstechnik Venedigs sind berühmt wegen der Durchführung einer patrimonialstaatlichen Tyrannis des Stadtadels über ein weites Land- und Seegebiet bei strengster gegenseitiger Kontrolle der Adelsfamilien untereinander. Ihre Disziplin wurde nicht erschüttert, weil sie, wie die Spartiaten, die gesamten Machtmittel zusammenhielten unter so strenger Wahrung des Amtsgeheimnisses wie nirgends sonst. Diese Möglichkeit war zunächst bedingt durch die jedem Mitglied des an gewaltigen Monopolgewinnen interessierten Verbandes täglich vor Augen liegende Solidarität der Interessen nach außen und innen, welche die Einfügung des einzelnen in die Kollektivtyrannis erzwang. Technisch durchgeführt aber wurde sie: 1. durch die konkurrierende Gewaltenteilung mittelst konkurrierender Amtsgewalten in den Zentralbehörden; die verschiedenen Kollegien der Spezialverwaltung, fast alle zugleich mit gerichtlichen und Verwaltungsbefugnissen versehen, konkurrierten in der Kompetenz weitgehend miteinander; – 2. durch die arbeitsteilige Gewaltenteilung zwischen den stets dem Adel entnommenen Beamten im Herrschaftsgebiete: gerichtliche, militärische und Finanzverwaltung waren stets in den Händen verschiedener Beamter; – 3. durch die Kurzfristigkeit aller Ämter und ein missatisches Kontrollsystem; – 4. seit dem 14. Jahrhundert durch den politischen Inquisitionshof des „Rates der Zehn": einer Untersuchungskommission ursprünglich für einen einzelnen Verschwörungsfall, die aber zu einer ständigen Behörde für politische Delikte wurde und schließlich das gesamte politische und persönliche Verhalten der Nobili überwachte, nicht selten Beschlüsse des großen Rates kassierte, kurz eine Art von tribunizischer Gewalt in Händen hatte, deren Handhabung in einem schleunigen und geheimen Verfahren ihre Autorität an die erste Stelle in der Gemeinde rückte. Als furchtbar galt sie nur dem Adel, dagegen war sie die bei weitem populärste Behörde bei den von der politischen Macht ausgeschlossenen Untertanen, für welche sie das einzige, aber sehr wirksame Mittel erfolgreicher Beschwerde gegen die adligen Beamten darbot, weit wirksamer als der römische Repetundenprozeß.

Mit dieser, einen besonders reinen und extremen Fall der geschlechterstädtischen Entwicklung bildenden Monopolisierung aller Gewalt über das große, zunehmend auch auf dem italienischen Festland sich ausdehnende und militärisch zunehmend durch Söldner behauptete Machtgebiet zugunsten des Kommune und innerhalb seiner zugunsten des Patriziats ging nun von Anfang an eine andere Erscheinung parallel. Die steigenden Ausgaben der Gemeinde, welche die Abhängigkeit von dem Geldgeberpatriziat begründeten, entstanden außer durch Truppensold, Flotten- und Kriegsmaterialersatz auch durch eine tiefgreifende

Änderung der Verwaltung. Ein dem Okzident eigentümlicher Helfer war nämlich dem Patriziat in seinen Kämpfen gegen den Dogen in der erstarkenden kirchlichen Bureaukratie entstanden. Die Schwächung der Dogengewalt ging nicht zufällig gleichzeitig mit der Trennung von Staat und Kirche infolge des Investiturstreites vor sich, wie ja die italienischen Städte durchweg von diesem Zerbrechen einer der bisher festesten, aus dem Eigenkirchenrecht stammenden Stützen der patrimonialen und feudalen Gewalten Vorteile zogen. Die Ausschaltung der noch bis in das 12. Jahrhundert durch Pachtung der Verwaltung der auswärtigen Kolonien direkt den weltlichen Machtapparat ersetzenden und ersparenden Kirchen und Klöster aus der Verwaltung, wie sie die Folge ihrer Loslösung von der politischen Gewalt sein mußte, nötigte zur Schaffung eines besoldeten Laienbeamtentums zunächst für die auswärtigen Kolonien. Auch diese Entwicklung fand in Dandolos Zeit ihren vorläufigen Abschluß. Das System der kurzfristigen Ämter, bedingt einerseits durch politische Rücksichten, aber auch durch den Wunsch, die Ämter im Turnus möglichst vielen zufallen zu lassen, die Beschränkung auf den Kreis der adligen Familien, die unbureaukratische, streng kollegiale Verwaltung der regierenden Hauptstadt selbst, dies alles waren Schranken der Entwicklung eines rein berufsmäßigen Beamtentums, wie sie aus ihrem Charakter als Honoratiorenherrschaft folgen mußten.

In dieser Hinsicht verlief die Entwicklung in den übrigen italienischen Kommunen schon zur Zeit der Geschlechterherrschaft wesentlich anders. In Venedig gelang die dauernde Monopolisierung und Abschließung der Stadtadelszunft nach außen: die Aufnahme neuer Familien unter die zur Teilnahme am großen Rat Berechtigten erfolgte nur auf Beschluß der Adelskorporation auf Grund politischer Verdienste und hörte später ganz auf. Und ferner gelang im Zusammenhang damit die gänzliche Unterdrückung aller Fehden zwischen den Mitgliedern des Stadtadels, welche sich durch die ständige gemeinsame Gefährdetheit von selbst verboten. In den anderen Kommunen war in der Zeit der Geschlechterherrschaft davon keine Rede: die Orientierung an der überseeischen Monopolstellung war nirgends so eindeutig und als Grundlage der ganzen Existenz des Adels so für jeden einzelnen eindringlich wie in Venedig in der entscheidenden Zeit. Die Folge der überall sonst wütenden Kämpfe innerhalb des Stadtpatriziats aber war, daß eine gewisse Rücksichtnahme auf die übrigen Honoratiorenschichten sich dem Adel auch in der Zeit ungebrochener Herrschaft auferlegte. Und ferner schlossen die Geschlechterfehden und das tiefe Mißtrauen der großen Sippen gegeneinander auch die Schaffung einer rationalen Verwaltung nach Art der venetianischen aus. Fast überall standen Jahrhunderte hindurch mehrere mit Bodenbesitz und Klientelanhang besonders begüterte Familien einander gegenüber, von denen jede, mit zahlreichen anderen minder Begüterten verbündet, die anderen und deren Verbündete von den Ämtern und Erwerbschancen der Stadtverwaltung ausschließen und wenn möglich ganz zu vertreiben suchte. Ähnlich wie in Mekka war fast ständig ein Teil des Adels für amtsunfähig erklärt, verbannt, im Gegensatz zu der arabischen Courtoisie oft auch geächtet und seine Güter unter Sequester, bis ein Umschwung der politischen Lage den Herrschenden das gleiche Schicksal brachte. Interlokale Interessengemeinschaften ergaben sich von selbst. Die Parteibildung der Guelfen und Ghibellinen war allerdings zum Teil reichspolitisch und sozial bedingt: die Ghibellinen waren in der großen Mehrzahl der Fälle die alten Kronvasallenfamilien oder wurden von ihnen geführt. Zum anderen und dauernden Teile aber waren sie durch Interessengegensätze zwischen konkurrierenden Städten und vor allem innerhalb dieser zwischen den interlokal organisierten Adelsparteien geschaffen. Diese Organisationen, vor allem die der guelfischen Partei, waren feste Verbände mit Statuten und Kriegsmatrikeln, welche für den Fall des Aufgebots den Ritterschaften der einzelnen Städte die Stellung bestimmter Kontingente auferlegten, ganz wie etwa die deutschen Römerzugsmatrikeln. Allein wenn in militärischer Hinsicht die Leistung der trainierten Ritterschaft entscheidend war, so konnten doch für die *Finanzierung* der Kämpfe schon in der Geschlechterzeit die nicht ritterlichen Bürger nicht entbehrt werden. Ihre Interessen an einer rationalen Rechtspflege auf der einen Seite und die Eifersucht der Adelsparteien gegeneinander auf der andern schufen nun die Italien und einigen angrenzenden Gebieten eigentümliche Entwicklung eines sozusagen im Umherziehen fungierenden vornehmen Berufsbeamtentums: des *Podestats*, der die anfängliche Verwaltung durch die dem Ortsadel entnommenen, formell gewählten, faktisch durch wenige Familien monopolisierten und umstrittenen „Consules" ersetzte.

Gerade die Zeit der schweren Kämpfe der Kommunen mit den staufischen Kaisern, welche die Notwendigkeit inneren Zusammenschlusses und finanzieller Anspannung besonders steigerte, sah das Entstehen dieser Institution. Die erste Hälfte des 13. Jahrhunderts war ihre Blütezeit. Der Podesta war weit überwiegend ein aus einer fremden Gemeinde berufener, kurzfristig mit der höchsten Gerichtsgewalt bekleideter, vornehmlich fest und infolgedessen im Vergleich mit den Consules hoch besoldeter Wahlbeamter, ganz überwiegend ein Adeliger, aber mit Vorliebe ein solcher mit juristischer Universitätsbildung. Seine Wahl lag entweder in den Händen der Räte oder, wie in Italien für alle Wahlen typisch, eines eigens dafür bestimmten Honoratiorenausschusses. Über die Berufung wurde oft mit seiner Heimatgemeinde, welche sie zu genehmigen hatte, zuweilen auch direkt um Bezeichnung der Person ersucht wurde, verhandelt. Die Gewährung war ein politisch freundlicher, die Absage ein unfreundlicher Akt. Zuweilen fand geradezu ein Podestaaustausch statt. Die Berufenen selbst verlangten nicht selten die Stellung von Geiseln für gute Behandlung, feilschten um Bedingungen wie ein moderner Professor, lehnten bei nicht verlockenden Angeboten ab. Der Berufene hatte ein rittermäßiges Gefolge und vor allem seine Hilfskräfte, nicht nur das Subalternpersonal, sondern oft auch Rechtsgelehrte, Beigeordnete und Vertreter, oft einen ganzen Stab, selbst zu bestreiten und mitzubringen. Seine wesentliche Aufgabe war, gemäß dem Zweck der Berufung, die Wahrung der öffentlichen Sicherheit und Ordnung, vor allem des Friedens in der Stadt, daneben oft das Militärkommando, immer aber: die Rechtspflege. Alles unter der Kontrolle des Rates. Auf die Gesetzgebung war sein Einfluß überall ziemlich beschränkt. Nicht nur die Person des Podesta wurde in aller Regel grundsätzlich gewechselt, sondern anscheinend absichtsvoll auch der Bezugsort. Auf der andern Seite legten die entsendenden Kommunen, wie es scheint, Wert darauf, ihre Bürger in möglichst vielen Stellungen auswärts amtieren zu sehen, – wie Hanauer mit Recht vermutet, teils aus politischen Gründen, teils auch aus ökonomischen: die in der Fremde hohe Bezahlung bildete eine wertvolle Pfründenchance des einheimischen Adels. Die wichtigsten Seiten des Instituts lagen in folgenden Richtungen: einmal in der Entstehung dieses vornehmen Berufsbeamtentums überhaupt. Hanauer weist für das 4. Jahrzehnt des 13. Jahrhunderts allein für 16 von 60 Städten 70 Personen nach, die 2, 20 die ein halbes Dutzend und mehr Podestate bekleidet hatten, und die Ausfüllung eines Lebens mit solchen war nicht selten. In den hundert Jahren seiner Hauptblüte rechnet er in den etwa 60 Kommunen 5400 zu besetzende Podestate. Und andererseits gab es Adelsfamilien, welche stets erneut Kandidaten dafür stellten. Dazu trat aber noch die bedeutende Zahl der notwendigen rechtsgebildeten Hilfskräfte. Zu dieser Einschulung eines Teils des Adels für die Verwertbarkeit in einer streng sachlichen, von der öffentlichen Meinung des Amtsortes naturgemäß besonders scharf kontrollierten Verwaltung trat aber das zweite wichtige Moment. Damit die Rechtspflege durch die fremdbürtigen Podesta möglich sei, mußte das anzuwendende Recht kodifiziert, rational gestaltet und interlokal ausgeglichen sein. Wie anderwärts die Interessen der Fürsten und Beamten an deren interlokaler Verwertbarkeit, so trug also hier dies Institut zur rationalen Kodifikation des Rechtes und speziell zur Ausbreitung des römischen Rechtes bei.

Der Podesta in seiner typischen Gestaltung war eine in der Hauptsache auf die Mittelmeergebiete beschränkte Erscheinung. Einzelne Parallelen finden sich auch im Norden. So in Regensburg (1334) die Ausschließung der Einheimischen vom Bürgermeisteramt und die Berufung eines auswärtigen Ritters, welchem dann 100 Jahre lang lauter auswärtige Bürgermeister im Amt folgten: eine Epoche relativ weitgehender innerer Ruhe der vorher durch Geschlechterfehden und Kämpfe mit vertriebenen Adligen zerrissenen Stadt.

Wenn in Venedig die Stadtadelsbildung aus einer ausgeprägten Honoratiorenherrschaft ohne wesentlichen Bruch hervorwuchs und in den übrigen italienischen Kommunen die Geschlechterherrschaft an der Spitze der Entwicklung stand, so vollzog sich die Entwicklung eines geschlossenen Stadtpatriziats im *Norden* teilweise auf abweichender Basis und auch aus ziemlich entgegengesetzten Motiven. Ein in typischer Art extremer Fall ist die Entwicklung der *englischen* Stadtoligarchie. Maßgebend für die Art der Entwicklung der Stadtverfassung war hier die Macht des Königtums. Diese stand zwar gegenüber den Städten keineswegs von Anfang an so fest wie später. Nicht einmal nach der normannischen Eroberung. Wilhelm der Eroberer hat nach der Schlacht bei Hastings den Versuch einer gewaltsamen Eroberung von London nicht durchgeführt, sondern, wissend, daß der Besitz dieser Stadt seit langem über die Krone Englands entschied, durch Vertrag die Huldigung der Bürger erlangt. Denn obwohl in der Stadt unter den Angelsachsen der Bischof und der vom König ernannte „Portreeve" die legitimen Autoritäten waren, an welche sich denn auch die Charter des Eroberers wendet, wog die Stimme des Londoner Patriziats bei fast jeder angelsächsischen Königswahl entscheidend mit. Die Auffassung der Bürger ging sogar dahin, daß die englische Königswürde ohne ihre freie Zustimmung nicht die Herrschaft über ihre Stadt in sich schließe, und noch in der Zeit Stephans gaben sie in der Tat den Ausschlag. Aber schon der Eroberer hatte nach der Huldigung sich seinen Tower in London gebaut. Die Stadt blieb seitdem ebenso wie andere Städte dem König im Prinzip nach dessen Ermessen schatzungspflichtig.

Die militärische Bedeutung der Städte sank in der Normannenzeit infolge der Vereinheitlichung des Reiches, des Aufhörens der Bedrohung von außen her und des Aufstiegs der großen landgesessenen Barone. Die Feudalherren bauten jetzt ihre befestigten Schlösser außerhalb der Städte. Damit begann hier die, wie wir später sehen werden, für den außeritalienischen Okzident charakteristische

Scheidung der feudalen Militärgewalten vom Bürgertum. Ganz im Gegensatz zu den italienischen Städten haben die englischen damals die Herrschaft über das platte Land, welche sie vorher oft in Gestalt ausgedehnter Stadtmarken besessen zu haben scheinen, so gut wie ganz eingebüßt. Sie wurden wesentlich *ökonomisch* orientierte Körperschaften. Hier wie überall begannen die Barone ihrerseits Städte zu gründen, unter Gewährung von Privilegien höchst verschiedenen Umfangs. Nirgends aber hören wir von gewaltsamen Kämpfen der Stadtbürgerschaft gegen den König oder andere Stadtherren. Nichts von Usurpationen, durch welche die Burg des Königs oder anderer Stadtherren gewaltsam gebrochen oder jener, wie in Italien, genötigt worden wäre, sie aus der Stadt zu verlegen. Nichts davon, daß im Kampf gegen ihn ein Bürgerheer geschaffen, gewaltsam eine eigene Gerichtsbarkeit von gewählten Beamten an Stelle der ernannten königlichen Richter und ein eigenes kodifiziertes Recht ins Leben gerufen worden wäre. Gewiß sind kraft königlicher Verleihung auch in England besondere Stadtgerichte entstanden, welche das Privileg hatten, dem Stadtbürger ein rationales Prozeßverfahren ohne Zweikampf zu gewähren und welche andererseits für sich die Neuerungen der Königsprozesse, namentlich die Jury, ablehnten. Aber die Rechtsschöpfung selbst blieb ausschließlich in den Händen des Königs und der königlichen Gerichte. Die gerichtliche Sonderstellung der Stadt gewährte ihr der König, um sie gegenüber der Macht des Feudaladels auf seiner Seite zu haben: insofern profitierten auch sie von den typischen Kämpfen innerhalb des Feudalismus. Wichtiger aber als diese gerichtlichen Privilegien war die – und dies zeigt die überragende Stellung des Königs – fiskalische Verwaltungsautonomie der Städte, welche sie allmählich zu gewinnen wußten. Vom Standpunkt der Könige aus war die Stadt bis auf die Tudorzeit vor allem Besteuerungsobjekt. Die Bürgerprivilegien: die „gratia emendi et vendendi" und die Verkehrsmonopole hatten als Korrelat die spezifische bürgerliche Steuerpflicht. Die Steuern aber wurden verpachtet, und die vermögendsten königlichen Beamten waren neben den reichen Bürgern naturgemäß die wichtigsten Pachtreflektanten. Zunehmend gelang es den Bürgern, ihre Konkurrenten aus dem Felde zu schlagen und von dem König die eigene Einhebung der Steuern gegen Pauschalsummen zu erpachten („firma burgi"), durch Sonderzahlungen und Geschenke sich weitere Privilegien, vor allem die eigene Wahl des Sheriffs, zu sichern. Trotz der, wie wir sehen werden, ausgeprägt seigneurialen Interessenten, welche wir vielfach in der Stadtbürgerschaft finden, waren doch rein ökonomische und finanzwirtschaftliche Interessen für die Stadtkonstitution ausschlaggebend. Die conjuratio der kontinentalen Stadtbürger findet sich freilich auch in englischen Städten. Aber sie nahm hier ganz typisch die Form der Bildung einer monopolistischen *Gilde* an. Nicht überall. In London z. B. fehlte sie. Aber in zahlreichen anderen Städten wurde die Gilde als Garantin der fiskalischen Leistungen der Stadt die entscheidende Einung in der Stadt. Oft erteilte sie, ganz wie die Richerzeche in Köln, das Bürgerrecht. In Mediatstädten war meist sie es, welche eine eigene Gerichtsbarkeit über ihre Genossen, aber als Gildegenossen, nicht als Stadtbürger, erlangte. Fast überall war sie faktisch, wenn auch nicht rechtlich, der die Stadt regierende Verband. Denn Bürger war nach wie vor, wer die dem König geschuldeten Bürgerlasten (Schutz-, Wach- und Gerichtsdienst- und Schatzungspflicht) mit den Bürgern teilte. Keineswegs nur Ortsansässige waren Bürger. Im Gegenteil gehörte in aller Regel gerade die benachbarte Grundbesitzerschaft, die gentry, dem Bürgerverband an. Speziell die Londoner Gemeinde hatte im 12. Jahrhundert fast alle großen Adligen, Bischöfe und Beamten des Landes zu Mitgliedern, weil alle in London, am Sitz des Königs und der Behörden, mit Stadthäusern ansässig waren: eine sowohl als Parallele wie, noch mehr, durch die hier höchst plastische Abweichung von den Verhältnissen der römischen Republik charakteristische Erscheinung. Wer nicht imstande war, an den Lasten der Steuergarantie der Bürgerschaft teilzunehmen, sondern die königlichen Steuern von Fall zu Fall zahlte, also insbesondere die Unvermögenden, schloß sich damit aus dem Kreise der Aktivbürger aus. Alle Privilegien der Stadt beruhten auf königlicher und grundherrlicher Verleihung, die freilich eigenmächtig interpretiert wurde. Das war zwar in Italien ebenfalls sehr oft der Fall. Aber die Entwicklung verlief in England gegenüber der italienischen darin gänzlich heterogen: daß die Städte zu privilegierten Korporationen innerhalb des Ständestaats wurden – nachdem nämlich der Korporationsbegriff vom englischen Recht überhaupt rezipiert worden war –, deren Organe bestimmte *einzelne* Rechte, abgeleitet aus Erwerb kraft besonderen Rechtstitels, in Händen hatten, genau so wie andere einzelne Rechte einzelnen Baronen oder Handelskorporationen durch Privileg appropriiert waren. Von einer privilegierten „company" zu einer Gilde und zur Stadtkorporation war der Übergang flüssig. Die ständische Sonderrechtsstellung der Bürger setzte sich also aus Privilegienbündeln zusammen, die sie innerhalb des ständischen, halb feudalen, halb patrimonialen Reichsverbandes erworben hatten. Nicht aber flossen sie aus der Zugehörigkeit zu einem mit politischer Herrschaft vergesellschafteten, nach außen selbständigen Verbande. In großen Zügen verlief also die Entwicklung so: daß die Städte zunächst von den Königen mit leiturgischen Pflichten, nur: anderen als denen der Dörfer, belastete Zwangsverbände waren, dann in den massenhaften, ökonomisch und ständisch privilegierten Neugründungen der Könige und Grundherren prinzipielle Gleichheit der Rechte aller auf Grund spezieller Privilegien mit Stadtgrundbesitz ansässigen Bürger mit einer begrenzten Autonomie herrschte, und daß weiterhin die zunächst privaten Gilden als Garanten der Finanzleistungen zugelassen und durch königliche Privilegien anerkannt und schließlich die Stadt mit Korporationsrecht beliehen wurde. Eine Kommune im kontinentalen Sinne war London. Hier hatte Heinrich I. die eigene Wahl des Sheriffs zugestanden, und hier findet sich seit Ende des 12. Jahrhunderts, von König Johann anerkannt, die Kommune als Bürgerverband, unter dem, ebenso wie der Sheriff, gewählten Mayor und den „Skivini" (Schöffen): diese letzteren seit Anfang des 13. Jahrhunderts mit einer gleich großen Zahl von gewählten Councillors zum Rat vereinigt. Die Pachtung des Sheriffsamts für Middlesex durch die Kommune begründete deren Herrschaft über die Umlandbezirke. Seit dem 14. Jahrhundert führt der Bürgermeister von London den Titel Lord. Die Masse der übrigen Städte aber waren oder richtiger wurden nach zeitweisen Ansätzen zu politischer Gemeindebildung einfache Zwangsverbände mit bestimmten spezifischen Privilegien und fest geregelten korporativen Autonomierechten. Die Entwicklung der Zunftverfassung wird erst später zu erörtern sein, schon hier aber kann festgestellt werden: an dem Grundcharakter der Stellung der Städte änderte auch sie nichts. Der König war es, der den Streit zwischen zünftiger und honoratiorenmäßiger Stadtverfassung schlichtete. Ihm blieben die Städte pflichtig, die Schatzung zu gewähren, bis die ständische Entwicklung im Parlament *kollektive* Garantien gegen willkürliche Besteuerung schuf, welche keine einzelne Stadt und auch nicht die Städte gemeinsam aus eigener Kraft zu erringen vermocht hatten. Das aktive Stadtbürgerrecht aber blieb ein erbliches, durch Einkaufen in bestimmte Verbände erwerbbares Recht von Korporationsmitgliedern. Der Unterschied gegen die Entwicklung auf dem Kontinent war, obwohl teilweise nur graduell, dennoch infolge des englischen Korporationsrechtes von großer prinzipieller Bedeutung: der gebietskörperschaftliche *Gemeinde*begriff entstand in England nicht.

Der Grund dieser Sonderentwicklung lag in der niemals gebrochenen und nach der Thronbesteigung der Tudors immer weiter steigenden Macht der königlichen Verwaltung, auf der die politische Einheit des Landes und die Einheit der Rechtsbildung beruhte. Die königliche Verwaltung war zwar ständisch scharf kontrolliert und stets angewiesen auf die Mitwirkung der Honoratioren. Aber eben dies hatte die Folge, daß die ökonomischen und politischen Interessenten sich nicht an der einzelnen geschlossenen Stadtgemeinde, sondern durchaus an der Zentralverwaltung orientierten, von dort her ökonomische Gewinnchancen und soziale Vorteile, Monopolgarantien und Abhilfe gegen Verletzung der eigenen Privilegien erwarteten. Die Könige, finanziell und für die Führung der Verwaltung ganz von den privilegierten Schichten abhängig, fürchteten diese. Aber ihre politischen Mittel orientierten sich ebenfalls an der zentralen Parlamentsherrschaft. Sie suchten ganz wesentlich nur im Interesse ihrer Parlamentswahlpolitik die Stadtverfassung und die personale Zusammensetzung der städtischen Räte zu beeinflussen, stützten daher die Honoratiorenoligarchie. Die Stadthonoratioren ihrerseits hatten von der Zentralverwaltung und nur von ihr die Garantie ihrer Monopolstellung gegenüber den nicht privilegierten Schichten zu gewärtigen. In Ermangelung eines eigenen bureaukratischen Apparats waren die Könige gerade wegen des Zentralismus auf die Mitwirkung der Honoratioren angewiesen. Es ist in England vorwiegend der *negative* Grund: die – trotz ihrer relativ hohen rein technischen Entwicklung – Unfähigkeit der feudalen Verwaltung, eine wirklich dauernde Beherrschung des Landes ohne stete Stütze der ökonomisch mächtigen Honoratioren zu behaupten, welche die Macht der Bürger mehr begründete als deren eigene militärische Kraft. Denn die eigene Militärmacht der großen Mehrzahl der englischen Städte war im Mittelalter relativ unbedeutend gewesen. Die Finanzmacht der Stadtbürger war um so größer. Aber sie kam innerhalb des ständischen Zusammenschlusses der „Commons" kollektiv im *Parlament*, als *Stand* der privilegierten Stadtinteressenten zur Geltung, und um dieses drehte sich daher jedes über die Ausnutzung der wirtschaftlichen Vorteile des lokalen Monopols hinausreichende Interesse. Hier zuerst findet sich also ein interlokaler, *nationaler* Bürger*stand*. Die steigende Macht des Bürgertums innerhalb der königlichen Friedensrichterverwaltung und im Parlament, also seine Macht im ständischen Honoratiorenstaat hinderte das Entstehen einer starken politischen Selbständigkeitsbewegung der *einzelnen* Kommunen als solcher: – nicht die lokalen, sondern die *inter*lokalen Interessen wurden Grundlage der politischen Einigung des Bürgertums – und begünstigte auch den bürgerlich-kaufmännischen Charakter der englischen Stadtoligarchie. Die Städte Englands zeigen daher bis etwa in das 13. Jahrhundert eine der deutschen ähnliche Entwicklung. Von da an aber findet sich ihre zunehmende Einmündung in eine Herrschaft der „*Gentry*", welche niemals wieder gebrochen worden ist, im Gegensatz zu der mindestens relativen Demokratie der kontinentalen Städte. Die Ämter, vor allem das des Alderman, ursprünglich auf jährlicher Wahl beruhend, wurden zum erheblichen

Teil lebenslänglich und sehr häufig faktisch durch Kooptation oder durch Patronage benachbarter Grundherren besetzt. Die Verwaltung der Könige aber stützte aus den angegebenen Gründen diese Entwicklung, ähnlich wie die antike römische Verwaltung die Oligarchie der Grundaristokratie in den abhängigen Städten stützte.

Wiederum anders als in England einerseits, in Italien andrerseits lagen die Bedingungen der Entwicklung auf dem nordeuropäischen *Kontinent*. Hier hatte die Entwicklung des Patriziats zwar teilweise an die schon bei der Entstehung des Bürgerverbandes bestehenden ständischen und ökonomischen Unterschiede angeknüpft. Auch bei Neugründungsstädten war dies der Fall. Die 24 conjuratores fori in Freiburg waren von Anfang an in Steuersachen privilegiert und zu consules berufen. Aber in den meisten Neugründungsstädten, auch vielen der von Natur zur Plutokratie der Kaufleute neigenden Seestädte des Nordens, ist die formelle Abgrenzung der Ratsfähigkeit erst allmählich erfolgt, meist in der typischen Art, daß das sehr häufige Vorschlagsrecht des einmal amtierenden Rates oder die faktische Gewöhnung daran, die Ansicht der amtierenden Räte über ihre Nachfolger zu befolgen oder einfach deren soziales Gewicht bei der Ratswahl in Verbindung mit dem sachlichen Bedürfnis: geschäftserfahrene Männer im Rate zu behalten, zur faktischen Ergänzung des Rates durch Kooptation führte und damit die Ratskollegien einem festen Kreis privilegierter Familien auslieferte. Es ist erinnerlich, wie leicht selbst unter modernen Verhältnissen sich ähnliches ereignen kann: die Ergänzung des Hamburger Senates befand sich trotz des Wahlrechts der Bürgerschaft in der letzten Zeit gelegentlich auf dem Wege zu einer ähnlichen Entwicklung. Die Einzelheiten können hier nicht verfolgt werden. Überall jedenfalls machten sich jene Tendenzen geltend, und nur das Maß, in welchem sie auch formell rechtlich sich ausprägten, war verschieden.

Die Geschlechter, welche die Ratsfähigkeit monopolisierten, konnten diese überall solange leicht behaupten, als ein starker Interessengegensatz gegen die ausgeschlossenen Bürger *nicht* bestand. Sobald dagegen Konflikte mit den Interessen der Außenstehenden entstanden oder deren durch Reichtum und Bildung wachsendes Selbstgefühl und ihre Abkömmlichkeit für Verwaltungsgeschäfte so stark stiegen, daß sie den Ausschluß von der Macht ideell nicht mehr ertrugen, lag die Möglichkeit neuer Revolutionen nahe. Deren Träger waren abermals beschworene Einigungen von Bürgern. Hinter diesen aber standen oder mit ihnen direkt identisch waren: die *Zünfte*. Dabei hat man sich zunächst zu hüten, den Ausdruck „Zunft“ vornehmlich oder gar ausschließlich mit „Handwerkerzunft“ zu identifizieren. Keineswegs ist die Bewegung gegen die Geschlechter in der ersten Zeit in erster Linie eine solche der Handwerkerschaft. Erst im weiteren Verlauf der Entwicklung traten, wie zu erörtern sein wird, die Handwerker in der Bewegung selbständig hervor, in der ersten Zeit waren sie fast überall geführt von den nicht handwerkerlichen Zünften. Der höchst verschiedene Erfolg der Zunftrevolutionen konnte, wie wir sehen werden, im äußersten Fall dazu führen, daß der Rat aus den Zünften allein zusammengesetzt und die Vollbürgerqualität ausschließlich an Zunftmitgliedschaft gebunden wurde.

Erst dieser Aufstieg der Zünfte bedeutete (in der Regel) praktisch die Erringung der Herrschaft oder doch einer Teilnahme an der Herrschaft von seiten „bürgerlicher“ Klassen im ökonomischen Sinne des Wortes. Wo die Zunftherrschaft in irgendeinem Umfang durchgedrungen ist, fiel die Zeit, in welcher dies geschah, regelmäßig mit der Epoche der höchsten Machtentfaltung der Stadt nach außen und ihrer größten politischen Selbständigkeit nach innen zusammen.

Es fällt nun die Ähnlichkeit dieser „demokratischen" Entwicklung mit dem Schicksal der *antiken* Städte ins Auge, deren meiste eine ähnliche Epoche des Emporwachsens als Adelsstädte, beginnend etwa mit dem 7. Jahrhundert v. Chr., und des raschen Aufstiegs zur politischen und ökonomischen Macht, verbunden mit der Entwicklung der Demokratie oder doch der Tendenz dazu, durchlebt haben. Diese Ähnlichkeiten sind vorhanden, obwohl die antike Polis auf der Grundlage einer durchaus anderen Vergangenheit entstand. Wir haben zunächst die antike *Geschlechterstadt* mit der mittelalterlichen zu vergleichen.

Die mykenische Kultur im griechischen Mutterland setzte, mindestens in Tiryns und Mykene selbst, ein patrimoniales Fronkönigtum orientalischen Charakters, wenn auch weit kleinerer Dimensionen, voraus. Ohne Anspannung der Fronarbeit der Untertanen sind diese bis in die klassische Zeit beispiellosen Bauten nicht denkbar. An den Rändern des damaligen hellenischen Kulturkreises nach dem Orient zu (Kypros) scheint sogar eine Verwaltung bestanden zu haben, welche ein eigenes Schriftsystem ganz nach ägyptischer Art zu Rechnungen und Listenführung verwendete, also eine patrimonial-bureaukratische Magazinverwaltung gewesen sein muß, – während später die Verwaltung noch der klassischen Zeit in Athen beinahe ganz mündlich und schriftlos war. Spurlos ist nun später, wie jenes Schriftsystem, so auch diese Fronkultur verschwunden. Die Ilias kennt im Schiffskatalog Erbkönige, welche über größere Gebiete herrschen, deren jedes mehrere, zuweilen zahlreiche später als Städte bekannte Orte umfaßt, die wohl sämtlich als Burgen gedacht sind und von denen ein Herrscher wie Agamemnon dem Achilleus einige zu Lehen zu geben bereit ist. Neben dem König standen in Troja die vom Kriegsdienst durch Alter befreiten Greise aus adligen Häusern als Berater. Als Kriegskönig gilt dort Hektor, während Priamos selbst zu Vertragsschlüssen herbeigeholt werden muß. Ein Schriftstück, vielleicht aber nur in Symbolen, wird nur ein einziges Mal erwähnt. Sonst schließen alle Verhältnisse eine Fronverwaltung und ein Patrimonialkönigtum völlig aus. Das Königtum ist gentilcharismatisch. Aber auch dem stadtfremden Aeneas kann die Hoffnung zugeschrieben werden, wenn er den Achilleus töte, das Amt des Priamos zu erhalten. Denn das Königtum gilt als amtsartige „Würde", nicht als Besitz. Der König ist Heerführer und am Gericht gemeinsam mit den Adligen beteiligt, Vertreter den Göttern und Menschen gegenüber, mit Königsland ausgestattet, hat aber, namentlich in der Odyssee, eine wesentlich nur häuptlingsartige, auf persönlichem Einfluß, nicht auf geregelter Autorität beruhende Gewalt; auch die Kriegsfahrt, fast stets eine Seefahrt, hat für die adligen Geschlechter mehr den Charakter gefolgschaftlicher Aventiure als eines Aufgebots: Die Genossen des Odysseus heißen ebenso Hetairoi wie die spätere mazedonische Königsgefolgschaft. Die langjährige Abwesenheit des Königs gilt keineswegs als Quelle ernster Unzuträglichkeiten; in Ithaka ist ein König inzwischen gar nicht vorhanden. Sein Haus hat Odysseus dem Mentor befohlen, der mit der Königswürde nichts zu schaffen hat. Das Heer ist ein Ritterheer, Einzelkämpfe entscheiden die Schlacht. Das Fußvolk tritt ganz zurück. In einigen Teilen der homerischen Gedichte tritt der städtische politische Markt hervor: wenn Ismaros „Polis" heißt, so könnte das „Burg" bedeuten; aber es ist jedenfalls die Burg nicht eines einzelnen, sondern der Kikonen. Auf dem Schilde des Achilleus aber sitzen die Ältesten – der durch Besitz und Wehrhaftigkeit hervorragenden Honoratiorensippen – auf dem Markt und sprechen Recht; das Volk begleitet als Gerichtsumstand die Parteireden mit Beifall. Die Beschwerde des Telemachos wird auf dem Markt Gegenstand einer vom Herold geregelten Diskussion unter den wehrhaften Honoratioren. Die Adligen einschließlich der Könige sind dabei, wie die Umstände ergeben, Grundherren und Schiffsbesitzer, welche zu Wagen in den Kampf ziehen. Aber nur wer in der Polis ansässig ist, hat Anteil an der Gewalt. Daß König Laërtes sich auf sein Landgut zurückgezogen hat, bedeutet, daß er im Altenteil sitzt. Wie bei den Germanen schließen sich die Söhne der Honoratiorengeschlechter als Gefolgschaft (Hetairoi) den Aventiuren eines Helden – in der Odyssee: des Königssohns – an. Der Adel schreibt sich bei den Phäaken das Recht zu, das Volk zu den Kosten von Gastgeschenken heranzuziehen. Daß alle Landbewohner als Hintersassen oder Knechte der stadtsässigen Adligen angesehen würden, ist nirgends gesagt, obwohl freie Bauern nie erwähnt werden. Die Behandlung der Figur des Thersites beweist jedenfalls, daß auch der gemeine – d. h. der nicht zu Wagen in den Kampf ziehende – Heerespflichtige es gelegentlich wagt, gegen die Herren zu reden; nur gilt das als Frechheit. Auch der König aber tut Hausarbeiten, zimmert sein Bett, gräbt den Garten. Seine Kriegsgefährten sitzen selbst am Ruder. Die gekauften Sklaven andererseits dürfen hoffen, zu einem „kleros" zu gelangen: der später in Rom so scharfe Unterschied zwischen den Kaufsklaven und den mit Land beliehenen Klienten gilt also noch nicht. Die Beziehungen sind patriarchal, Eigenwirtschaft deckt allen normalen Bedarf. Die eigenen Schiffe dienen dem Seeraub, der Handel ist Passivhandel, dessen aktive Träger damals noch die Phöniker sind. Zweierlei wichtige Erscheinungen sind außer dem „Markt" und der Stadtsässigkeit des Adels vorhanden: einmal der später das ganze Leben beherrschende „Agon": er entstand naturgemäß aus dem ritterlichen Ehrbegriff und der militärischen Schulung der Jugend auf den Übungsplätzen. Äußerlich organisiert findet er sich vor allem beim Totenkult der Kriegshelden (Patroklos). Er beherrscht schon damals die Lebensführung des Adels. Dann: die bei aller Deisidämonie gänzlich ungebundene Beziehung zu den Göttern, deren dichterische Behandlung Platon später so peinlich anmutet. Diese Respektlosigkeit der Heldengesellschaft konnte nur im Gefolge von Wanderungen, namentlich Überseewanderungen, in Gebieten entstehen, in welchen sie nicht mit alten Tempeln und an Gräbern zu leben hatten. Während die Adelsreiterei der historischen Geschlechterpolis den homerischen Gedichten fehlt, scheint auffallenderweise der später disziplinierte, in Reih und Glied gebannte, Hoplitenkampf erwähnt zu sein: ein Beweis, wie stark verschiedene Zeiten in den Dichtungen ihre Spuren hinterließen. –

Die historische Zeit kennt, bis zur Entwicklung der Tyrannis, außerhalb Spartas und weniger anderer Beispiele (Kyrene) das gentilcharismatische Königtum nur in Resten oder in der Erinnerung (dies in vielen Städten von Hellas und in Etrurien, Latium und Rom), und zwar stets als Königtum über eine *einzelne* Polis, auch damals gentilcharismatisch, mit sakralen Befugnissen, aber im übrigen, mit Ausnahme von Sparta und der römischen Überlieferung, nur mit Ehrenvorrechten gegenüber dem zuweilen ebenfalls als „Könige" bezeichneten Adel ausgestattet. Das Beispiel Kyrenes zeigt, daß der König die Quelle seiner Macht: seinen Hort, auch hier dem Zwischenhandel, sei es durch Eigenhandel, sei es durch entgeltliche Kontrolle und Schutz, verdankte. Vermutlich hat der Ritterkampf mit seiner militärischen Selbständigkeit der, eigene Wagen und Gefolgschaften haltenden und eigene Schiffe besitzenden, Adelsgeschlechter das Monopol des Königs gebrochen, nachdem auch die großen orientalischen Reiche, mit denen sie in Beziehungen standen, sowohl die ägyptische wie die hethitische Macht, zerfallen und andere große Königsherrschaften, wie das Lyderreich, noch nicht entstanden, der Monopolhandel und der Fronstaat der orientalischen Könige also, dem die mykenische Kultur im kleinen entsprach, zusammengebrochen waren. Dieser Zusammenbruch der ökonomischen Grundlage der Königsmacht hat vermutlich auch die sog. dorische Wanderung ermöglicht. Es begannen nunmehr die Wanderungen der seekriegerischen Ritterschaft nach der kleinasiatischen Küste, auf welcher Homer hellenische Ansiedlungen noch nicht kennt und an welcher damals starke politische Verbände nicht existierten. Und es begann zugleich damit der Aktivhandel der Hellenen.

Die beginnende historische Kunde zeigt uns die typische Geschlechterstadt der Antike. Sie war durchweg *Küstenstadt*: bis in die Zeit Alexanders und der Samniterkriege gab es keine Polis weiter als eine Tagereise vom Meer. Außerhalb des Bereiches der Polis gab es nur das Wohnen in Dörfern (κῶμαι) mit labilen politischen Verbindungen von „Stämmen" (ἔθνη). Eine Polis, die aus eigenem Antrieb oder von Feinden aufgelöst wird, wird in Dörfer „dioikisiert". Als reale oder fiktive Grundlage der Stadt galt dagegen der Vorgang des „Synoikismos": die auf Geheiß des Königs oder nach Vereinbarung vollzogene „Zusammensiedlung" der Geschlechter in oder an eine befestigte Burg. Ein solcher Vorgang war auch im Mittelalter nicht ganz unbekannt: so in dem von Gothein geschilderten Synoikismos von Aquila und etwa bei der Gründung von Alessandria. Aber sein wesentlicher Gehalt war in der Antike spezifischer ausgeprägt als im Mittelalter. Nicht unbedingt wesentlich daran war die dauernde reale Zusammensiedlung: wie die mittelalterlichen Geschlechter, so blieben auch die antiken zum Teil (so in Elis) auf ihren Landburgen sitzen oder besaßen wenigstens – und das war die Regel – Landhäuser neben ihrem städtischen Sitz. So war Dekeleia eine Geschlechterburg; nach Geschlechterburgen hießen viele attische Dörfer und war ein Teil der römischen Tribus benannt. Das Gebiet von Teos war in „Türme" geteilt. Der Schwerpunkt der Macht des Adels freilich lag trotzdem in der Stadt. Die politischen und ökonomischen Herren des Landes: Grundherren, Geldgeber des Handels und Gläubiger der Bauern, waren „Astoi", stadtsässige Geschlechter, und der faktische Einsiedelungsprozeß des Landadels in die Städte schritt immer weiter fort. In klassischer Zeit waren die Geschlechterburgen draußen gebrochen. Die Nekropolen der Geschlechter lagen von jeher in den Städten. Das Wesentliche aber an der Konstituierung der Polis war nach der Anschauung die Verbrüderung der Geschlechter zu einer *kultischen* Gemeinschaft: der Ersatz der Prytaneen der einzelnen Geschlechter durch das gemeinsame Prytaneion der Stadt, in welchem die Prytanen ihre gemeinsamen Mahle abhielten. Sie bedeutete in der Antike nicht nur, wie im Mittelalter, daß die conjuratio der Bürger, wo sie zur commune wird, auch einen Stadtheiligen annimmt. Sondern sie bedeutete wesentlich mehr: die Entstehung einer neuen lokalen Speise- und Kultgemeinschaft. Es fehlte die gemeinsame Kirche, innerhalb derer im Mittelalter alle einzelnen schon standen. Es gab zwar von jeher interlokal verehrte Götter neben den lokalen Gottheiten. Aber als festeste und für den Alltag wichtigste Form des Kults stand der im Mittelalter fehlende, nach außen überall exklusive Kult des einzelnen Geschlechts der Verbrüderung im Wege. Denn diese Kulte waren ganz ebenso streng auf die Zugehörigen beschränkt wie etwa in Indien. Nur daß die magische Tabuschranke fehlt, ermöglichte die Verbrüderung. Aber unverbrüchlich galt: daß von niemand sonst als vom Geschlechtsgenossen die vom Geschlecht verehrten Geister Opfer annahmen. Und ebenso für alle anderen Verbände. Unter diesen, durch den Kultverband der Polis religiös verbrüderten Verbänden nun traten in der Frühzeit, aber bis tief in weit spätere Epochen hinein fortbestehend, die Phylen und Phratrien hervor, denen jeder angehören mußte, um Mitglied der Stadt zu sein. Von den Phratrien ist sicher anzunehmen, daß sie in die Vorzeit der Polis zurückreichen. Sie waren später wesentlich Kultverbände, hatten aber daneben, z. B. in Athen, die Kontrolle der Wehrhaftigkeit der Kinder und ihrer daraus folgenden Erbfähigkeit. Sie müssen also ursprünglich Wehrverbände gewesen sein, entsprechend dem uns schon bekannten „Männerhaus", dessen Name (Andreion) sich in den dorischen Kriegerstaaten und auch in Rom (curia = coviria) für die Unterabteilungen der zur Polis verbrüderten Wehrgemeinde erhalten hat. Die Tischgemeinschaften (syssitia) der Spartiaten, die Loslösung der wehrhaften Männer aus der Familie für die Dauer der vollen Wehrpflicht und die gemeinsame Kriegeraskese der Knaben gehörten dort ganz dem allgemeinen Typus der Erziehung in den urwüchsigen Kriegerverbänden der Jungmannschaft an. Außerhalb einiger dorischer Verbände ist indessen dieser radikale militaristische Halbkommunismus der Wehrverbände in historischer Zeit nirgends entwickelt, und in Sparta selbst hat sich die spätere Schroffheit seiner Durchführung erst auf dem Boden der militärischen Expansion des spartanischen Demos, nach Vernichtung des Adels, im Interesse der Erhaltung der Disziplin und der ständischen Gleichheit aller Krieger entfaltet. In den normalen Phratrien anderer Städte waren dagegen die adligen Geschlechter (γένη, οἶκοι) die allein im Besitz der Herrschaft befindlichen Honoratioren (wie die Demotionidenakten für das alte, in Dekeleia burgsässige Geschlecht ergeben): so wurden z. B. noch nach der Ordnung des Drakon die „zehn Besten", d. h. die durch Besitz Mächtigsten aus der Phratrie zur Vornahme der Blutsühne bestimmt.

Die Phratrien werden in der späteren Stadtverfassung als Unterabteilungen der Phylen (in Rom: der alten drei personalen „Tribus") behandelt, in welche die normale hellenische Stadt zerfiel. Der Name Phyle ist technisch mit der Polis verbunden; für den nicht städtisch organisierten „Stamm" ist Ethnos, nicht Phyle, der Ausdruck. In historischer Zeit sind die Phylen überall künstliche, für die Zwecke des Turnus in den öffentlichen Leistungen, bei Abstimmung und Ämterbesetzung, für die Heeresgliederung, die Verteilung von Erträgen des Staatsgutes, der Beute, des eroberten Landes (so bei der Aufteilung von Rhodos) gebildete Abteilungen der Polis, natürlich dabei normalerweise Kultverbände, wie alle, auch die rein rational gebildeten, Abteilungen der Frühzeit es überall waren. Künstlich gebildet waren auch die typischen drei Phylen der Dorer, wie schon der Name der dritten Phyle: „Pamphyler", ganz entsprechend der römischen Tradition über die Tribus der „Luceres", zeigt. Ursprünglich mögen die Phylen oft aus dem Kompromiß einer schon ansässigen mit einer erobernd eindringenden neuen Kriegerschicht entstanden sein: daher vermutlich die beiden spartanischen Königsgeschlechter ungleichen Ranges, entsprechend der römischen Tradition von einem ursprünglichen Doppelkönigtum. In jedem Fall waren in historischer Zeit die Phylen nicht lokale, sondern reine Personalverbände, meist mit gentilcharismatisch erblichen, später mit gewählten, Vorständen: „Phylenkönigen", an der Spitze. Den Phylen und Phratrien, Tribus und Kurien, gehörten als Aktiv- und Passivbürger alle an der Wehrmacht der Polis Beteiligten an. Aktivbürger, d. h. beteiligt an den Ämtern der Stadt, war aber nur das adlige Geschlecht. Die Bezeichnung für den Stadtbürger ist daher gelegentlich direkt identisch mit der Bedeutung „Geschlechtsgenosse". Die Zurechnung zu den adligen Geschlechtern hatte sich ursprünglich zweifellos hier wie sonst an die gentilcharismatische Gaufürstenwürde geknüpft, mit Aufkommen des Wagenkampfes und Burgenbaus aber offenbar an den Burgenbesitz. In der Polis unter dem Königtum wird die Entstehung von Neuadel ursprünglich ebenso leicht vonstatten gegangen sein wie im frühen Mittelalter der Aufstieg der ritterlich Lebenden in den Kreis der Lehenbesitzer. Aber in historischer Zeit steht fest: Nur ein Mitglied der Geschlechter (Patricius, Eupatride) konnte als Priester oder Beamter gültig mit den Göttern der Polis durch Opfer oder Befragung der Vorzeichen (auspicia) verkehren. Aber das Geschlecht selbst hatte, seinem vorstädtischen Ursprung entsprechend, regelmäßig eigene, von denen der Polis abweichende Götter, und eigene, am Stammsitz lokalisierte Kulte. Andererseits gab es zwar neben den gentilcharismatisch von bestimmten Geschlechtern monopolisierten Priesterschaften auch ein beamtetes Priestertum. Aber es gab kein allgemeines priesterliches Monopol des Verkehrs mit den Göttern wie fast überall in Asien: der Stadtbeamte hat dazu die Befugnis. Und ebenso gab es, außer für einige wenige große interlokale Heiligtümer wie Delphoi, keine von der Polis unabhängige Priesterschaft. Die Priester wurden von der Polis bestellt, und auch über die delphischen Priestertümer verfügte nicht eine selbständig organisierte Hierokratie, sondern anfangs eine benachbarte Polis, nach deren Zerstörung im heiligen Kriege mehrere benachbarte, zu einer Amphiktyonie zusammengeschlossene, Gemeinden, welche eine sehr fühlbare Kontrolle ausübten. Die politische und ökonomische Machtstellung großer Tempel: – sie waren Grundherren, Besitzer von Ergasterien, Darlehengeber an Private und vor allem an Staaten, deren Kriegsschatz sie im Depot hatten, überhaupt Depositenkassen – änderte daran nichts, daß, wie wir schon früher sahen, auch im hellenischen Mutterlande und vollends in den Kolonien die Polis faktisch Herr über das Göttervermögen und die Priesterpfründen blieb oder vielmehr: immer mehr wurde. Das Endresultat war in Hellas die Versteigerung der Priesterstellen als Form ihrer Besetzung. Offenbar ist die Kriegsadelsherrschaft für diese von der Demokratie vollendete Entwicklung entscheidend gewesen. Die Priestertümer, das heilige Recht und die magischen Normen aller Art waren seitdem Machtmittel in der Hand des Adels. Der Adel einer Polis war nicht unbedingt geschlossen, die Rezeption einzelner in die Stadt übersiedelnder Burgherrn nebst ihren Klienten (gens Claudia) und Pairs-Schübe wie der der gentes minores in Rom, kamen hier ebenso wie in Venedig vor, in der Frühzeit vermutlich häufiger als später. Der Adel war auch keine rein lokale, örtlich begrenzte Gemeinschaft. Attische Adlige wie Miltiades hatten noch in der klassischen Zeit große auswärtige Herrschaften inne, und überall bestanden, ganz wie im Mittelalter, gerade innerhalb dieser Schichten interlokale Beziehungen. Ökonomisch war der Besitz des Adels naturgemäß vornehmlich grundherrlich. Die Leistungen von Sklaven, Hörigen, Klienten – wir werden von diesen Kategorien später zu sprechen haben – bildeten die Basis der Bedarfsdeckung. Auch nach Schwinden der alten Hörigkeit und Klientel blieben die Vermögen insofern bloß Immobiliarvermögen und landwirtschaftlich. Ganz wie diejenigen auch des babylonischen Patriziates: die Aufteilung des Vermögens des Generationen lang in den Urkunden am meisten hervortretenden babylonischen Handelshauses (Egibi) dort zeigt Stadt- und Landgrundstücke, Sklaven und Vieh als Hauptvermögensbestand. Dennoch aber war in Hellas ebenso wie in Babylon und im Mittelalter die Quelle der ökonomischen Macht des typischen Stadtadels die direkte oder indirekte Beteiligung am Handel und der Reederei, welche noch in der Spätzeit als standesgemäß galt und erst in Rom für die Senatoren gänzlich verboten wurde. Um dieser Gewinnchancen willen wurde hier wie im Orient und im Mittelalter die Stadtsässigkeit gesucht. Das daraus akkumulierte Vermögen wurde zur Bewucherung der an der politischen Macht nicht beteiligten landsässigen Bauern verwandt. Massenhafte Schuldknechtschaft und Akkumulation gerade des besten, Rente tragenden Bodens (der „πεδία" in Attika) im Gegensatz zu den Berghängen (dem Sitz der „Diakrier"), welche, als rentelos, überall von Bauern besetzt waren, findet in den Händen der „Astoi" statt. Die grundherrliche Macht des Stadtadels entstammt also in starkem Maß städtischen Gewinnchancen. Die verschuldeten Bauern wurden als Teilbauern der Herren oder auch direkt in Fronarbeit verwendet, neben den alten primär aus Grund- und Leibherrschaft stammenden eigentlichen Hörigen. Allmählich beginnt die Kaufsklaverei Bedeutung zu gewinnen. Nirgends freilich, auch nicht im Rom des Patrizierstaates sind die freien Bauern verschwunden, so wenig wie im Mittelalter, wahrscheinlich sogar noch weniger. Speziell die Tradition über die römischen Ständekämpfe zeigt, daß nicht eine universelle Grundherrlichkeit, sondern ganz andere, mit einer solchen nicht vereinbare, Gegensätze ihnen zugrunde lagen. Wer nicht der stadtsässigen, versippten und militärisch trainierten Kriegerschaft angehörte, also vor allem der freie Landsasse: Agroikos, Perioikos, Plebejus war durch seinen Ausschluß von aller politischen Macht, vor allem auch von der aktiven Teilnahme an der nicht durch feste Regeln gebundenen Rechtspflege, ferner durch die hieraus folgende Notwendigkeit, um Recht zu erhalten, Geschenke zu geben oder ein Klientelverhältnis zu einem Adligen einzugehen, und durch die Härte des Schuldrechts dem stadtsässigen Herren ökonomisch ausgeliefert. Dagegen war die faktische interlokale Freizügigkeit, einschließlich der Möglichkeit sich anzukaufen, für die Bauern der Geschlechterstadt offenbar, sehr im Gegensatz zur späteren Hoplitenstadt und erst recht zur radikalen Demokratie, relativ groß, wie das Beispiel der Familie Hesiods beweist. Die stadtsässigen freien Handwerker und die nicht adligen eigentlichen Händler andrerseits werden sich in ähnlicher Lage befunden haben, wie die „Muntmannen" des Mittelalters. In Rom scheint der König, solange er etwas bedeutete, eine klientelartige Schutzherrschaft über sie gehabt zu haben, wie der Stadtherr des frühen Mittelalters auch. Gelegentlich finden sich Spuren leiturgischer Organisationen der Handwerker: die römischen militärischen Handwerkerzenturien haben vielleicht diesen Ursprung. Ob die Handwerker, wie regelmäßig in Asien und auch im vorexilischen Israel, als Gaststämme organisiert waren, entzieht sich unsrer Kenntnis: von ritueller Absonderung nach Art der indischen Kasten fehlt jedenfalls jede Spur.

Spezifisch im Gegensatz zum Mittelalter war also in der Gliederung der Geschlechterstadt zunächst rein äußerlich die stereotypierte Zahl der Phylen, Phratrien, Geschlechter. Daß sie primär militärische und sakrale Abteilungen bildeten, spricht sich darin aus. Diese Einteilungen erklären sich daraus: daß die antike

Stadt *primär* eine Siedlungsgemeinschaft von Kriegern ist, in ähnlichem Sinn wie sich etwa die „Hundertschaft" der Germanen daraus erklärt. Eben diese Grundlagen der antiken Stadt sind es, welche die Unterschiede der Struktur der Geschlechterstädte gegenüber den mittelalterlichen erklären, wie wir sehen werden. Daneben natürlich die Verschiedenheiten der Umweltbedingungen, unter denen sie entstanden: innerhalb großer patrimonialer Kontinentalreiche und im Gegensatz gegen deren politische Gewalten im Mittelalter, an der Seeküste in der Nachbarschaft von Bauern und Barbaren im Altertum, – aus Stadtkönigtümern hier, im Gegensatz gegen feudale oder bischöfliche Stadtherren dort. Trotz dieser Unterschiede aber traten, wo immer die politischen Bedingungen ähnliche waren, auch formal die Ähnlichkeiten des Hergangs deutlich hervor. Wir sahen, wie das venezianische Stadtfürstentum, welches zeitweise zu eigentlichen Dynastien und zum Patrimonialismus gehört hatte, formal durch das Verbot der Ernennung von Mitregenten und schließlich durch die Verwandlung des Dogen in einen Vorsteher der Adelskorporation, also in ein bloßes Amt, verwandelt wurde. Dem entsprach äußerlich im Altertum die Entwicklung vom Stadtkönigtum zur Jahresmagistratur. Wenn man an die Rolle denkt, welche der Interrex in Rom spielte, vor allem aber an jene Reste einstiger Nachfolger- und Kollegenernennung, welche die Ernennung des Diktators durch den Konsul, die Kandidatenzulassung und die Kreation des neuen Beamten durch den alten als Vorbedingung gültiger Einsetzung darstellen, an die Beschränkung der römischen Gemeinde ursprünglich auf Gewährung der Akklamation, dann auf die Wahl nur zwischen den vom Magistrat vorgeschlagenen oder (später) zugelassenen Kandidaten, so tritt die ursprüngliche, von Mommsen stark betonte Bedeutung der Mitregentenernennung auch hier deutlich hervor. Der Übergang des hellenischen Stadtkönigtums zur Jahresmagistratur unter Kontrolle des Adels freilich weicht formal wesentlich stärker als der römische Hergang von der venezianischen Entwicklung ab, und andererseits zeigt die Entstehung der außervenezianischen Stadtverfassung im Mittelalter sehr bedeutende Abweichungen vom venezianischen Typus.

Die entwickelte Adelsherrschaft setzte überall an Stelle des homerischen Rates der nicht mehr wehrhaften Alten den Rat der Honoratiorengeschlechter. Entweder direkt einen Rat der Geschlechtshäupter: so den patrizischen Senat der römischen Frühzeit, den spartanischen Rat der „γεϱῶχοι", d. h. der Leute, denen Ehrengaben (ihrer Klienten) zukamen, den alten attischen Prytanenrat, der von den Geschlechtern nach „Naukrarien" gewählt wurde: das Mittelalter kennt den entsprechenden Zustand ebenfalls, nur nicht in dieser, durch die sakrale Bedeutung des Geschlechts bedingten konsequenten Schematisierung. Oder den Rat der gewesenen Beamten, wie den späteren attischen Areiopag und den römischen Senat der historischen Zeit – Erscheinungen, für welche das Mittelalter nur sehr bescheidene Parallelen in Gestalt der Zuziehung der gewesenen Bürgermeister und Räte zu den Ratssitzungen kennt: der militärische und auch sakrale Charakter der Magistratur in der Antike verlieh ihrer Bekleidung eine wesentlich nachhaltigere Bedeutung als die Ämter der mittelalterlichen Stadt es vermochten. Der Sache nach waren es hier wie dort stets wenige miteinander rivalisierende Geschlechter, – zuweilen aber, wie in Korinth unter den Bakchiaden, ein einziges, – welche die Gewalt in Händen hatten und in den Ämtern abwechselten. Ganz wie im Mittelalter und in allen Honoratiorenherrschaften überhaupt zeichnete sich die Geschlechterpolis durch die sehr kleine Zahl ihrer Amtsträger aus. Wo, der Sache nach, die Adelsherrschaft dauernd bestand, wie in Rom, blieb es dauernd dabei.

Die einmal entstandene Geschlechterherrschaft weist auch sonst im Mittelalter und Altertum ähnliche Züge auf: Geschlechterfehden, Verbannung und gewaltsame Wiederkehr hier wie dort, Kriege der stadtsässigen Ritterschaften der Städte gegeneinander (im Altertum z.B. der „lelantische Krieg") ebenfalls. Vor allem galt hier wie dort: Das platte Land ist rechtlos. Die Städte der Antike wie des Mittelalters brachten, wo sie konnten, andere Städte in ihre Klientel: die Periökenstädte und später die durch Harmosten regierten Orte der Spartiaten, die zahlreichen Untertanengemeinden Athens und Roms finden ihre Parallele in der venezianischen Terra ferma und den von Florenz, Genua und anderen Städten unterworfenen, durch Beamte verwalteten Städten.

Was ferner die ökonomische Struktur der Geschlechter selbst anlangt, so waren sie, wie wir sehen, im Altertum wie im Mittelalter vor allem: *Rentner*. In der Antike wie im Mittelalter entschied die vornehme, ritterliche *Lebensführung* über die Zugehörigkeit zu den Geschlechtern, nicht die Abstammung allein. Die mittelalterlichen Geschlechter umschlossen ehemalige Ministerialenfamilien und, namentlich in Italien, auch freie Vasallen und Ritter ganz ebenso wie solche freie Grundbesitzer, welche, zu Vermögen gekommen, zur ritterlichen Lebensweise übergegangen waren. In Deutschland wie in Italien hatte ein Teil der Geschlechter ihre Burgen außerhalb der Stadt, auf die sie sich bei den Kämpfen mit den Zünften zurückzogen und von denen aus sie oft lange Zeit hindurch die Städte, aus denen sie vertrieben worden waren, befehdeten. Das Geschlecht der Auer in Regensburg war in Deutschland wohl das bekannteste Beispiel dafür. Diese ritterlich lebenden, im Lehens- oder Ministerialenverband stehenden Schichten waren die eigentlichen „Magnaten" und „Nobili" im Sinne der italienischen Terminologie. Diejenigen Rittergeschlechter, welchen der eigene Burgenbesitz fehlte, waren es naturgemäß vorzugsweise, welche später, bei Eroberung des Stadtregiments durch die Zünfte, genötigt waren, in der Stadt zu bleiben, sich dem neuen Regiment zu fügen und ihm ihre Kriegsdienste gegen die Magnaten zur Verfügung zu stellen. Der weitere Entwicklungsprozeß konnte nach zwei Richtungen führen. Entweder dahin, daß Familien nicht ritterlicher Abkunft sich durch Ankauf von ritterlichem Besitz, oft von Burgen, und Verlegung ihres Wohnsitzes aus der Stadt in den Adel einführten, teils dahin, daß Adelsfamilien in der Stadt von der Gelegenheitsbeteiligung am Handel mit Kapital zum eignen kaufmännischen Erwerb übergingen, also ihre Rentnerqualität aufgaben. Beides kommt vor. Im ganzen aber überwog die erste der beiden Tendenzen, weil sie die Linie des sozialen Aufstieges für das Geschlecht bedeutete. Bei Neugründungen von Städten durch politische und Grundherren kommt es im Mittelalter vor, daß *gar keine* ritterlichen Geschlechter in den Neusiedlungen sich finden, so daß sie – wie wir noch sehen werden – geradezu ausgeschlossen wurden: dies vor allem, nachdem der Kampf der Zünfte gegen die Geschlechter begonnen hatte. Je mehr nach Osten und Norden, desto häufiger tritt, auf ökonomischem „Neuland", diese Erscheinung auf. In Schweden sind die fremdbürtigen deutschen Kaufleute an der Gründung und dem Regiment der Städte mitbeteiligt. Ebenso in Nowgorod und sehr oft im Osten. Hier ist „Patriziat" und Kaufmannschaft wirklich, wenigstens in den Anfängen der Stadt, identisch. Wir werden die große Bedeutung dessen später erörtern. Aber in den alten Städten ist es anders. Die Tendenz zur Entwicklung des Rentnertums aber, als der eigentlich vornehmen, die patrizischen Klubs führenden Schicht, war überall im Gange. Im Altertum findet sich ein eigentlich kaufmännischer Charakter des Patriziats ebenfalls namentlich auf Kolonialboden: etwa in Städten wie Epidamnos. Die ökonomische Qualität des Patriziats war also flüssig, und nur der Schwerpunkt, zu dem hin sie gravitierte, kann festgestellt werden. Dieser aber ist: Rentnertum. Scharf zu betonen ist stets erneut: daß die Stadtsässigkeit der Geschlechter ihren ökonomischen Grund in den städtischen Erwerbschancen hatte, daß also in jedem Falle diese die Quelle waren, aus deren Ausnutzung die ökonomische Machtstellung der städtischen Geschlechter hervorging. Weder der antike Eupatride und Patrizier noch der mittelalterliche Patrizier war ein Kaufmann, auch kein Großkaufmann, wenn man den modernen Begriff eines ein Kontor leitenden Unternehmers zugrunde legt. Gewiß war er nicht selten an Unternehmungen beteiligt, aber dann als Schiffsbesitzer oder als Kommendator oder Kommanditist, Darleiher auf Seegefahr, der die eigentliche Arbeit: die Seereise, die Abwicklung der Unternehmungen, anderen überläßt und selbst nur an Risiko und Gewinn beteiligt, unter Umständen vielleicht als Gelegenheitshändler auch an der geistigen Leitung des Unternehmens mitwirkt. Alle wichtigen Geschäftsformen der Frühantike ebenso wie des frühen Mittelalters, vor allem die Kommenda und das Seedarlehen, sind auf die Existenz solcher Geldgeber zugeschnitten, welche ihren Besitz in lauter konkreten Einzelunternehmungen, deren jede gesondert abgerechnet wird, und zwar zur Verteilung des Risikos meist in zahlreichen, anlegten. Damit ist natürlich nicht geleugnet, daß zwischen dem Patriziat und dem eigentlichen persönlichen Handelsbetriebe alle denkbaren Übergänge sich finden. Der reisende Händler, welcher vom Kapitalisten Kommendageld zu Gelegenheitsunternehmungen erhielt, konnte sich in einen Chef eines großen Hauses verwandeln, welches mit Kommanditkapital arbeitete und auswärtige Faktoren für sich arbeiten ließ; Geldwechsel und Bankgeschäfte, aber auch Reederei- und Großhandelsbetrieb konnten leicht für Rechnung eines persönlich ritterlich lebenden Patriziers betrieben werden, und auch der Übergang zwischen einem, sein jeweils brachliegendes Vermögen durch Kommendaanlage verwertenden und einem kontinuierlich als Unternehmer tätigen Kapitalbesitzer war naturgemäß flüssig. Dies ist gewiß ein sehr wichtiges und charakteristisches Entwicklungsmoment. Aber es ist erst Entwicklungsprodukt. Besonders oft erst in der Zeit der Zunftherrschaft, wo auch die Geschlechter, wollten sie an der Stadtverwaltung teilnehmen, sich in die Zünfte einschreiben lassen mußten und wo andererseits auch der nicht mehr als Unternehmer tätige Bürger in der Zunft blieb, trat diese Verwischung ein. Der Name scioperati für die großen Händlerzünfte in Italien bezeugt dies. Vor allem war es typisch für die großen englischen Städte, namentlich London. Der Kampf der in den Zünften organisierten bürgerlichen Erwerbsstände um die Herrschaft über die Stadt äußerte sich hier in dem Gegensatz der Wahlen der Gemeindevertretung und der Beamten durch die lokalen Stadtviertel (wards) und deren Repräsentanten, bei denen die Machtstellung der grundgesessenen Geschlechter meist überwog, oder durch die Zünfte (liveries). Die zunehmende Macht der letzteren äußerte sich in der zunehmenden Abhängigkeit aller Stadtbürgerrechte von der Zugehörigkeit zu einem Berufsverbande. Schon Edward II. stellte dies für London als Grundsatz auf, und die bis 1351 herrschende Wahl des kommunalen Council nach Stadtvierteln wurde zwar noch mehrfach (1383) gewaltsam wieder eingeführt, machte aber 1463 endgültig der Wahl nach Zünften Platz. Innerhalb der Zünfte aber, denen nun jeder Bürger anzugehören hatte – auch König Edward III. wurde Mitglied der linen armourers (in heutiger Sprache: merchant tailors) –, war die Bedeutung der wirklich aktiven Händler und Gewerbetreibenden immer weiter zurückgetreten zugunsten der Rentner. Die Zunftmitgliedschaft wurde zwar der Theorie nach durch Lehrzeit und Aufnahme, der Tatsache nach aber durch Erbschaft und Einkauf erworben, und die Beziehung der Zünfte zu ihrem nominellen Betriebe schrumpfte mit wenigen Ausnahmen (z. B. der Goldschmiede) auf Rudimente zusammen. Teils klafften innerhalb der Zünfte ökonomische und soziale Gegensätze, teils und meist waren sie ein reiner Wahlverband von Gentlemen für die Besetzung der Gemeindeämter.

Überall wurden also die Typen in der Realität untereinander immer wieder flüssig. Aber dies gilt für alle soziologischen Erscheinungen und darf die Feststellung des vorwiegend Typischen nicht hindern. Der typische Patrizier jedenfalls war dem Schwerpunkt nach kein Berufsunternehmer, sondern ein Rentner und Gelegenheitsunternehmer in der Antike ebenso wie im Mittelalter. Der Ausdruck „ehrsame Müßiggänger" findet sich in den Statuten oberrheinischer Städte als die offizielle Bezeichnung der Mitglieder der Herrenstuben im Gegensatz zu den Zünften. Zu den Zünften und nicht zu den Geschlechtern gehörten in Florenz die großen Händler der arte di Calimala und die Bankiers.

Für die *Antike* versteht sich der Ausschluß des Unternehmertums aus den Geschlechtern erst recht von selbst. Nicht etwa, daß z. B. die römische Senatorenschaft keine „Kapitalisten" in sich geschlossen hätte, darin lag der Gegensatz ganz und gar nicht. Als „Kapitalisten" im Sinne von *Geldgebern* haben sowohl der frühantike, insbesondere der römische, alte Patriziat den Bauern gegenüber, wie die späteren senatorischen Geschlechter den politischen Untertanen gegenüber sich, wie wir sehen werden, in größtem Umfang betätigt. Nur die *Unternehmer*stellung verbot eine mitunter rechtlich fixierte Standesetikette, mochte darin die Elastizität auch verschieden sein, den wirklich als vornehm geltenden Geschlechtern in den Städten der ganzen Antike und des ganzen Mittelalters. Die Art der Vermögensanlage des typischen Patriziats war freilich sehr verschieden je nach den Objekten, wie wir später noch näher sehen werden. Aber die Scheidung selbst war die nämliche. Wer die Linie zwischen den beiden Formen des ökonomischen Verhaltens: Vermögensanlage und Kapitalgewinn allzu fühlbar überschritt, Unternehmer wurde, der wurde damit im Altertum ein Banause, im Mittelalter ein Mann, der nicht von Rittersart war. Weil die alten ritterlichen Geschlechter mit Zunftbürgern, das hieß aber: Unternehmern, auf der Ratsbank zusammensaßen, versagte ihnen im späteren Mittelalter der ritterliche Landadel die Ebenbürtigkeit. Nicht etwa die „Erwerbsgier" als *psychologisches* Motiv war, wenn man auf die Praxis sieht, verpönt: der römische Amtsadel und die mittelalterlichen Geschlechter der großen Seestädte waren im Durchschnitt von der „auri sacra fames" gewiß so besessen wie irgendeine Klasse in der Geschichte. Sondern die *rationale*, betriebsmäßige, in diesem speziellen Sinne „bürgerliche" Form der Erwerbstätigkeit: die systematische Erwerbsarbeit. Wenn man die Florentiner Ordinamenti della giustizia, durch welche die Geschlechterherrschaft gebrochen werden sollte, befragt: welches Merkmal denn für die Zugehörigkeit einer Familie zu den Nobili entscheidet, die sie politisch entrechtete, so lautet die Antwort: diejenigen Familien, denen Ritter angehörten, Familien also von der typisch ritterlichen Lebensführung. Und die Art der Lebensführung war es auch, welche in der Antike für Gewerbetreibende die Ausschließung von Kandidaturen für ein Amt nach sich zog. Die Konsequenz der Florentiner ordinamenti war nach Machiavelli, daß der Adlige, welcher in der Stadt bleiben wollte, sich in seiner Lebensführung den bürgerlichen Gepflogenheiten anpassen mußte. Dies waren also die primären, wie man sieht: „ständischen", Merkmale des Patriziats. Zu ihnen trat nun freilich das der charismatischen Adelsbildung überall typische politische Merkmal: Abstammung aus einer Familie, in welcher Ämter und Würden bestimmter Art einmal bekleidet worden waren und welche eben deshalb als amtsfähig galten. Das galt ebenso für die scherifischen Geschlechter in Mekka, für die römische Nobilität wie für die tribunizischen Geschlechter Venedigs. Die Abschließung war verschieden elastisch, in Venedig weniger als in Rom, wo der homo novus vom Amt nicht formell ausgeschlossen war. Aber bei Feststellung der Ratsfähigkeit und Amtsfähigkeit als solcher wurde eine Familie überall darauf geprüft: ob ein Mitglied früher einmal im Rat gesessen oder ein ratsfähiges Amt bekleidet hatte oder, wie in den Florentiner Ordinamenti, ein Ritter unter die Vorfahren zählt. Das Prinzip der ständischen Geschlossenheit steigerte sich im allgemeinen mit zunehmender Bevölkerung und zunehmender Bedeutung der monopolisierten Ämter.

Mit manchen Bemerkungen des letzten Abschnittes hatten wir wiederum vorgegriffen in eine Zeit, in welcher der alte gentilcharismatische Adel seine rechtliche Sonderstellung in der Stadt ganz oder teilweise schon eingebüßt und mit dem Demos der griechischen, der Plebs der römischen, dem Popolo der italienischen, den Liveries der englischen, den Zünften der deutschen Entwicklung die Macht teilen und sich ihm folglich ständisch hatte gleichordnen müssen. Diesen Vorgang haben wir jetzt zu betrachten.

IV. Die Plebejerstadt.

Die Art, wie die Herrschaft der Geschlechter gebrochen wurde, zeigt äußerlich betrachtet starke Parallelen zwischen Mittelalter und Antike, namentlich wenn wir für das Mittelalter die großen und speziell die italienischen Städte zugrundelegen, deren Entwicklung ja ebenso wie die der antiken Städte wesentlich eigengesetzlich, d. h. ohne die Einmischung *außer*städtischer Gewalten, verlief. In den italienischen Städten nun war die entscheidende nächste Etappe der Entwicklung nach der Entstehung des Podestats die Entstehung des *Popolo*. Im ökonomischen Sinn setzte sich der Popolo ebenso wie die deutschen Zünfte aus sehr verschiedenen Elementen zusammen, vor allem aus Unternehmern einerseits, Handwerkern andrerseits. Führend im Kampf gegen die ritterlichen Geschlechter waren zunächst durchaus die ersteren. Sie waren es, welche die Eidverbrüderung der Zünfte gegen die Geschlechter schufen und finanzierten, während allerdings die gewerblichen Zünfte die nötigen Massen für den Kampf stellten. Der Schwurverband der Zünfte nun stellte sehr oft einen einzelnen Mann an die Spitze der Bewegung, um die Errungenschaften des Kampfes gegen die Geschlechter zu sichern. So wurde Zürich nach Vertreibung der widerspenstigen Geschlechter aus der Stadt 1335 von dem Ritter Rudolph Brun regiert, mit einem zu gleichen Teilen aus den in der Stadt verbliebenen Rittern und Constaffeln, den Unternehmerzünften der Kaufleute, Tuchhändler, Salzhändler, Goldschmiede einerseits und kleingewerblichen Zünften anderseits gebildeten Rat, und widerstand so der Belagerung des Reichsheeres. Die Schwureinung der Zunftbürgerschaft war in Deutschland meist nur vorübergehend eine Sondereinung. Die Umgestaltung der Stadtverfassung entweder durch Aufnahme von Zunftvertretern in den Rat oder durch völliges Aufgehen der Bürgerschaft mit Einschluß der Geschlechter in die Zünfte beendete ihr Bestehen. Als eine dauernde Organisation blieb die Verbrüderung nur in einigen Städten Niederdeutschlands und des baltischen Gebietes als Gesamtgilde bestehen. Ihr gegenüber den Berufsverbänden sekundärer Charakter geht aus der Zusammensetzung ihres Vorstandes durch die Gildemeister der Einzelverbände hervor. Ohne Zustimmung der Gilden durfte in Münster im 15. Jahrhundert niemand gefangen gesetzt werden: die Gesamtgilden fungierten also als ein Schutzverband gegen die Rechtspflege des Rates, dem in Verwaltungssachen Vertreter der Gilden entweder dauernd oder für wichtige Angelegenheiten beigesellt wurden, ohne deren Zuziehung nichts verfügt werden sollte. Weit mächtigere Dimensionen nahm der Schutzverband der Bürgerschaft gegen die Geschlechter in Italien an.

Der italienische Popolo war nicht nur ein ökonomischer, sondern ein politischer Begriff: eine politische Sondergemeinde innerhalb der Kommune, mit eigenen Beamten, eigenen Finanzen und eigener Militärverfassung: im eigentlichsten Wortsinn ein Staat im Staate, der erste ganz *bewußt illegitime* und *revolutionäre* politische Verband. Der Grund der Erscheinung lag in der in Italien infolge der stärkeren Entwicklung der ökonomischen und politischen Machtmittel des Stadtadels viel stärkeren Ansiedelung ritterlich lebender Geschlechter in den Städten selbst, von deren Folgen wir noch öfter zu reden haben werden. Der Verband des Popolo, der ihnen entgegentrat, beruhte auf der Verbrüderung von Berufsverbänden (arti oder paratici), und die dadurch gebildete Sondergemeinde führte offiziell in den ersten Fällen ihrer Entstehung (Mailand 1198, Lucca 1203, Lodi 1206, Pavia 1208, Siena 1210, Verona 1227, Bologna 1228) den Namen societas, credenza, mercadanza, communanza oder einfach popolo. Der höchste Beamte der Sondergemeinde hieß in Italien meist capitaneus populi, wurde kurzfristig, meist jährlich gewählt und besoldet, sehr oft nach dem Muster des Podesta der Gemeinde von auswärts her berufen und hatte dann seinen Beamtenstab mit sich zu bringen. Der Popolo stellte ihm eine meist entweder nach Stadtquartieren oder nach Zünften ausgehobene Miliz. Er residierte oft wie der Podesta der Gemeinde in einem besonderen Volkshause mit Turm, einer Festung des Popolo. Ihm zur Seite standen als besondere Organe, namentlich für die Finanzverwaltung, die Vertreter (anziani oder priori) der Zünfte, nach Stadtquartieren kurzfristig gewählt. Sie beanspruchten das Recht, die Popolanen vor Gericht zu schützen, Beschlüsse der Kommunalbehörden zu beanstanden, Anträge an sie zu richten, oft einen direkten Anteil an der Gesetzgebung. Vor allem aber wirkten sie bei Beschlüssen des Popolo selbst mit. Dieser hatte, bis er zu voller Entwicklung gelangte, seine eigenen Statuten und seine eigene Steuerordnung. Zuweilen erreichte er, daß Beschlüsse des Kommune nur Geltung haben sollten, wenn auch der Popolo ihnen zugestimmt hatte, so daß neue Gesetze des Kommune in beiden Statuten zu vermerken waren. Für seine eigenen Beschlüsse erzwang er, wo immer möglich, Aufnahme in die kommunalen Statuten, in einzelnen Fällen aber erreichte er, daß die Beschlüsse des Popolo allen anderen, also auch den kommunalen Statuten vorgehen sollten (abrogent statutis omnibus et semper ultima intelligantur in Brescia). Neben die Gerichtsbarkeit des Podesta trat diejenige der Mercanzia oder der Domus mercatorum, welche insbesondere alle Markt- und Gewerbesachen an sich zog, also ein Sondergericht für Angelegenheiten der Kaufleute und Gewerbetreibenden darstellte. Darüber hinaus gewann sie nicht selten universelle Bedeutung für die Popolanen. Der Podesta von Pisa mußte im 14. Jahrhundert schwören, daß er und seine Richter sich niemals in Streitigkeiten zwischen Popolanen einmischen würden, und zuweilen gewann der Capitan eine allgemeine konkurrierende Gerichtsbarkeit neben dem Podesta, ja in einzelnen Fällen wurde er Kassationsinstanz gegen dessen Urteile. Sehr oft erhielt er das Recht, an den Sitzungen der Kommunalbehörde kontrollierend teilzunehmen und sie zu sistieren, zuweilen die Befugnis, die Bürgerschaft des Kommune zusammenzuberufen, die Beschlüsse des Rats auszuführen, wenn der Podesta es unterließ, das Recht der Verhängung und Lösung des Bannes und die Kontrolle und Mitverwaltung der kommunalen Finanzen, vor allem der Güter der Verbannten. Dem offiziellen Range nach stand er hinter dem Podesta zurück, aber er war in Fällen wie dem zuletzt genannten ein Beamter der Kommune geworden, capitaneus populi et communis, römisch gesprochen ein collega minor, sachlich meist der Mächtigere von beiden. Er verfügte oft auch über die Truppenmacht der Kommune, zumal je mehr diese aus Soldtruppen bestand, für welche die Mittel nur durch die Steuerleistung der reichen Popolanen aufgebracht werden konnten.

Bei vollem Erfolg des Popolo war also, rein formal betrachtet, der Adel völlig negativ privilegiert. Die Ämter der Kommune waren den Popolanen zugänglich, die Ämter des Popolo dem Adel nicht. Die Popolanen waren bei Kränkungen durch die Nobili prozessual privilegiert, der Capitan und die Anzianen kontrollierten die Verwaltung der Kommune, während der Popolo unkontrolliert blieb. Die Beschlüsse des Popolo allein betrafen zuweilen die Gesamtheit der Bürger. In vielen Fällen war der Adel ausdrücklich von der Teilnahme an der Verwaltung des Kommune zeitweise oder dauernd ausgeschlossen. Die bekanntesten von ihnen sind die schon erwähnten ordinamenti della giustizia des Giano della Bella von 1293. Neben den Capitan, der hier Anführer der Bürgerwehr der Zünfte war, stellte man hier als außerordentlichen, rein politischen Beamten den auf sehr kurze Frist gewählten gonfaloniere della giustizia mit einer speziellen, jederzeit aufgebotsbereiten ausgelosten Volksmiliz von 1000 Mann, eigens für den Zweck des Schutzes der Popolanen, der Betreibung und Vollstreckung von Prozessen gegen Adlige und der Kontrolle der Innehaltung der ordinamenti. Die politische Justiz mit offiziellem Spionagesystem und Begünstigung anonymer Anklagen, beschleunigter Inquisitionsprozedur gegen Magnaten und sehr vereinfachtem Beweis (durch „Notorietät") war das demokratische Gegenstück des venezianischen Prozesses vor dem Rat der Zehn. In sachlicher Hinsicht war der Ausschluß aller ritterlich lebenden Familien von den Ämtern, ihre Verpflichtung zur Wohlverhaltensbürgschaft, die Haftung des ganzen Geschlechts für jedes Mitglied, besondere Strafgesetze gegen politische Vergehen der Magnaten, speziell für Beleidigung der Ehre eines Popolanen, das Verbot des Erwerbs von unbeweglichem Gut, an welches ein Popolane angrenzte, ohne dessen Zustimmung, wohl am einschneidensten. Die Garantie der Herrschaft des Popolo übernahm interlokal die Parte Guelfa, deren Parteistatut als Teil der Stadtstatuten behandelt wurde. Niemand, der nicht bei der Partei eingeschrieben war, durfte in ein Amt gewählt werden. Über die Machtmittel der Partei wurde schon gesprochen. Schon diese Garantie durch eine wesentlich auf ritterliche Streitkräfte gestützte Parteiorganisation läßt vermuten, daß auch durch die Ordinamenti die soziale und ökonomische Macht der Geschlechter nicht wirklich beseitigt wurde. In der Tat: schon ein Jahrzehnt nach dem Erlaß dieser von zahlreichen toskanischen Städten übernommenen Florentiner Klassengesetze standen die Geschlechterfehden wieder in Blüte, und dauernd blieben kleine plutokratische Gruppen im Besitz der Macht. Selbst die Ämter des Popolo wurden fast immer mit Adligen besetzt, denn Adelsgeschlechter konnten unter die Popolanen ausdrücklich aufgenommen werden. Der wirkliche Verzicht auf ritterliche Lebensführung war nur teilweise effektiv. Im wesentlichen hatte man nur politische Obödienz zu garantieren und sich in eine Zunft einschreiben zu lassen. Der soziale Effekt war wesentlich eine gewisse Verschmelzung der stadtsässigen Geschlechter mit dem „popolo grasso", den Schichten mit Universitätsbildung oder Kapitalbesitz: denn jene 7 oberen Zünfte, welche die Richter, Notare, Wechsler, Händler in fremden Tuchen, Händler in Florentiner Wolltuchen, Seidenhändler, Ärzte, Spezereihändler, Pelzhändler umfaßten, führten jenen Namen. Aus diesen oberen Zünften, in welche die Adligen eintraten, mußten ursprünglich alle Beamte der Stadt gewählt werden. Erst mehrere weitere Revolten beteiligten schließlich 14 arti minori des Popolo minuto, d. h. der gewerblichen Kleinunternehmer, formell an der Gewalt. Nicht diesen 14 Zünften angehörige Handwerkerschichten haben nur ganz vorübergehend, nach der Revolte der Ciompi (1378), Anteil am Regiment und überhaupt eine selbständige zünftige Organisation errungen. Nur in wenigen Orten und zeitweise ist den Kleinbürgern, wie in Perugia 1378, gelungen durchzusetzen: daß außer den Nobili auch der Popolo grasso rechtlich von der Beteiligung am Priorenrat ausgeschlossen blieb. Es ist charakteristisch, daß diese unteren besitzlosen Schichten des gewerblichen Bürgertums sich bei ihrem Angriff auf die Herrschaft des Popolo grasso regelmäßig der Unterstützung der Nobili erfreuten, ganz ebenso wie später die Tyrannis mit Hilfe der Massen begründet wurde und wie vielfach schon im 13. Jahrhundert der Adel und diese Unterschichten gegen den Ansturm des Bürgertums zusammengestanden hatten. Ob und wie stark dies der Fall war, hing von ökonomischen Momenten ab. Die Interessengegensätze der kleinen Handwerker konnten bei entwickeltem Verlagssystem sehr schroff mit denen der Unternehmerzünfte kollidieren. In Perugia z. B. schritt die Entwicklung des Verlages so schnell voran, daß 1437 ein Einzelunternehmer neben 28 filatori auch 176 filatrici in Nahrung setzte, wie Graf Broglio d'Ajano nachweist. Die Lage der verlegten Kleinhandwerker war oft prekär und unstet. Auswärtige Arbeiter und tageweise Miete finden sich, und die Unternehmerzünfte suchten die Verlagsbedingungen ihrerseits ebenso einseitig zu reglementieren wie die Zünfte der verlegten Handwerker (so die cimatori in Perugia) die Lohnunterbietung verboten. Ganz naturgemäß erwarteten diese Schichten von der Regierung der Oberzünfte nichts. Aber zur politischen Herrschaft sind sie auf die Dauer nirgends gelangt. Die proletarische Schicht der wandernden Handwerksburschen vollends liegt überall ganz außerhalb jeder Beziehung zur Stadtverwaltung. Erst mit der Beteiligung der unteren Zünfte kam überhaupt ein wenigstens relativ demokratisches Element in die Räte der Städte hinein. Ihr faktischer Einfluß blieb trotzdem normalerweise gering. Die allen italienischen Kommunen gemeinsame Gepflogenheit, für die Wahlen der Beamten besondere Komitees zu bilden, sollte die politische Verantwortung der, in der modernen europäischen Demokratie unverantwortlichen und oft anonymen, Wahlleiter garantieren und die Demagogie unterbinden. Sie ermöglichte eine planmäßige Auslese und einheitliche Zusammenfassung der jeweilig amtierenden Räte und Beamten, konnte aber normalerweise nur auf einen Kompromiß der sozial einflußreichen Familien hinauslaufen und vor allem die finanziell ausschlaggebenden Schichten nicht ignorieren. Nur in Zeiten der Konkurrenz verschiedener gleich mächtiger Familien um die Macht oder religiöser Erregungen hat die „öffentliche Meinung" positiven Einfluß auf die Zusammensetzung der Behörden gehabt. Den Medici ist die Beherrschung der Stadt ohne alle eigene amtliche Stellung lediglich durch Einfluß und systematische Wahlbeeinflussung gelungen.

Die Erfolge des Popolo wurden nicht ohne heftige und oft blutige und dauernde Kämpfe erreicht. Der Adel wich aus der Stadt und befehdete sie von seinen Burgen aus. Die Bürgerheere brachen die Burgen, und die Gesetzgebung der Städte sprengte die traditionelle grundherrliche Verfassung des Landes zuweilen durch planmäßige Bauernbefreiung. Die nötigen Machtmittel zur Niederwerfung des Adels aber gewann der Popolo durch die anerkannten Organisationen der *Zünfte*. Die Zünfte waren von seiten des Kommune von Anfang an für Verwaltungszwecke benutzt worden. Man hatte die Gewerbetreibenden teils für den Festungswachtdienst, zunehmend aber auch für den Felddienst zu Fuß nach Zünften aufgeboten. Finanziell war mit dem Fortschritt der Kriegstechnik vor allem die Hilfe der Unternehmerzünfte zunehmend unentbehrlich geworden. Einen intellektuellen und verwaltungstechnischen Rückhalt aber gaben die Juristen, vor allem die Notare, vielfach auch die Richter und die ihnen nahestehenden fachgelehrten Berufe der Ärzte und Apotheker. Diese in den Kommunen regelmäßig zünftig organisierten intellektuellen Schichten gehörten überall führend zum popolo und spielten eine ähnliche Rolle wie in Frankreich innerhalb des tiers état die Advokaten und andere Juristen; die ersten Volkscapitane waren regelmäßig vorher Vorsteher einer Zunft oder eines Verbandes von solchen gewesen. Die Mercadanza namentlich, ein zunächst unpolitischer Verband der Handels- und Gewerbetreibenden (denn mercatores bezeichnete auch hier, wie Ernst Salzer mit Recht betont hat, alle städtischen Gewerbetreibenden und Händler), war die normale Vorstufe der politischen Organisation des Popolo, ihr Vorsteher, der Podesta mercatorum, oft der erste Volkscapitan. Die ganze Entwicklung des Popolo aber bewegte sich zunächst in der Richtung eines organisierten Schutzes der Interessen der Popolanen vor den Gerichten und kommunalen Körperschaften und Behörden. Ausgangspunkt der Bewegung war regelmäßig die oft sehr weitgehende faktische Rechtsverweigerung gegenüber Nichtadligen. Nicht nur in Deutschland (wie für Straßburg überliefert) war es häufig, daß Lieferanten und Handwerker statt der geforderten Zahlung mit Prügeln bedacht wurden und dann kein Recht fanden. Noch mehr aber wirkten anscheinend die persönlichen Beschimpfungen und Bedrohungen von Popolanen durch den militärisch überlegenen Adel, welche überall immer erneut noch ein Jahrhundert nach der Bildung des Sonderverbandes wiederkehren. Das soziale Standesgefühl der Ritterschaft und das naturgemäße Ressentiment des Bürgertums stießen aufeinander. Die Entwicklung des Volkscapitanats knüpfte daher an eine Art von tribunizischem Hilfs- und Kontrollrecht gegenüber den Kommunalbehörden an, entwickelte sich von hier aus zur Kassationsinstanz und schließlich zu einer koordinierten universellen Amtsgewalt. Begünstigt wurde der Aufstieg des Popolo durch die Geschlechterfehden, welche eine Schädigung ökonomischer Interessen der Bürger und oft den ersten Anlaß des Eingreifens ihrer Beamten bedeuteten. Dazu trat der Ehrgeiz einzelner Adliger, mit Hilfe des Popolo zu einer Tyrannis zu gelangen. Überall lebte der Adel in steter Besorgnis vor solchen Gelüsten. Überall aber gab die Gespaltenheit des Adels dem Popolo die Möglichkeit, militärische Machtmittel eines Teiles der Ritterschaft in seine Dienste zu stellen. – Rein militärisch angesehen, war es die sich verbreitende Bedeutung der *Infanterie*, welche gegenüber der Ritterkavallerie hier erstmalig ihre Schatten vorauswarf. In Verbindung mit den Anfängen rationaler militärischer Technik: in den Florentiner Heeren des 14. Jahrhunderts finden sich erstmalig die „Bombarden", die Vorläufer der modernen Artillerie, erwähnt.

Äußerlich sehr ähnlich war nun in der *Antike* die Entwicklung des Demos und der Plebs. Vor allem in Rom, wo ganz entsprechend der Sondergemeinde des Popolo die Sondergemeinde der Plebs mit ihren Beamten entstand. Die Tribunen waren ursprünglich gewählte Vorsteher der nichtadligen Bürgerschaft der vier Stadtbezirke, die Ädilen, wie Eduard Meyer annehmen möchte, Verwalter des kultgenossenschaftlichen Heiligtums und zugleich Schatzhauses der nicht adeligen Bürgerschaft und im Zusammenhang damit Schatzmeister der Plebs. Die Plebs selbst konstituierte sich als eine Schwurverbrüderung, welche jeden niederzuschlagen gelobte, der ihren Tribunen bei der Wahrnehmung der Interessen der Plebejer in den Weg treten würde: dies bedeutete es, wenn der Tribun als sacro sanctus bezeichnet wurde im Gegensatz zu den legitimen Beamten der römischen Gemeinde, ganz ebenso wie dem italienischen Volkscapitan normalerweise das dei gratia fehlte, welches die Beamten mit legitimer Gewalt, die Consules, ihrem Namen noch beizusetzen pflegten.

Ebenso fehlte dem Tribunen die legitime Amtsgewalt und deren Merkmal: der Verkehr mit den Göttern der Gemeinde, die Auspicia, ebenso das wichtigste Attribut des legitimen Imperium: die legitime Strafgewalt, an deren Stelle er als Haupt der Plebs die Macht besaß, bei handfester Tat gegen jedermann, der ihn in seinen Amtshandlungen behinderte, eine Art von Lynchjustiz ohne Verfahren und Urteil durch Festnahme und Herabstürzen vom Tarpejischen Felsen zu vollziehen. Wie beim Capitan und den Anzianen, so entwickelte sich auch bei ihm seine spätere Amtsgewalt aus dem Recht, bei Amtshandlungen der Magistrate für Plebejer einzutreten und die Handlung zu inhibieren. Dieses Interzessionsrecht, das allgemeine negative Attribut der römischen Beamten gegen jede gleiche oder niedrigere Amtsgewalt, war seine primäre Befugnis. Ganz wie beim Capitan entwickelte sich seine Macht von hier aus zu einer allgemeinen Kassationsinstanz und damit zur faktisch höchsten Gewalt innerhalb des städtischen Friedensbezirkes. Im Felde hatte der Tribun nichts zu sagen, hier herrschte das Kommando des Feldherrn unbeschränkt. Diese Beschränkung auf die Stadt im Gegensatz zu den alten Amtsgewalten ist für den spezifisch bürgerlichen Ursprung des Tribunen charakteristisch. Kraft dieser Kassationsgewalt allein haben die Tribunen alle politischen Errungenschaften der Plebs durchgesetzt: das Provokationsrecht gegen Kriminalurteile, die Milderung des Schuldrechts, die Rechtsprechung an den Markttagen im Interesse des Landvolks, die gleichmäßige Beteiligung an den Ämtern, zuletzt auch an den Priesterämtern und am Rat und schließlich auch die in italienischen Kommunen gelegentlich erreichte, in Rom durch die letzte Sezession der Plebs durchgesetzte Bestimmung des hortensischen Plebiszites: daß die Beschlüsse der Plebs die ganze Gemeinde binden sollten, im Resultat also die gleiche formale Zurücksetzung der Geschlechter wie im mittelalterlichen Italien. Nach diesem Austrag der älteren Ständekämpfe tritt die politische Bedeutung des Tribunats weit zurück. Ebenso wie der Capitan wurde jetzt der Tribun ein Beamter der Gemeinde, einrangiert sogar in die sich entwikkelnde Ämterlaufbahn, nur gewählt von den Plebejern allein, deren historische Scheidung vom Patriziat praktisch fast bedeutungslos wurde und der Entwicklung des Amts- und Vermögensadels (Nobilität und Ritter) Platz machte. In den nun entstehenden Klassenkämpfen traten die alten politischen Befugnisse erst seit der Gracchenzeit noch einmal mächtig hervor als Mittel im Dienst der politischen Reformer und der ökonomischen Klassenbewegung der dem Amtsadel feindlichen, politisch deklassierten Bürgerschaft. Dies Wiederaufleben führte dazu, daß schließlich die tribunizische Gewalt neben dem militärischen Kommando das lebenslängliche amtliche Attribut des Prinzeps wurde. Diese immerhin frappanten Ähnlichkeiten der mittelalterlichen italienischen mit der altrömischen Entwicklung finden sich trotz politisch, sozial und ökonomisch grundstürzender Unterschiede, von denen bald zu reden sein wird. Es stehen eben nicht beliebig viele verschiedene verfassungstechnische Formen für die Regulierung von Ständekompromissen innerhalb einer Stadt zur Verfügung, und Gleichheiten der politischen Verfassungsform dürfen daher nicht als gleiche Überbauten über gleiche ökonomische Grundlagen gedeutet werden, sondern haben ihre Eigengesetzlichkeit. Wir fragen nun noch: ob diese römische Entwicklung innerhalb der Antike selbst gar keine Parallele habe. Eine politische Sonderverbandsbildung wie die Plebs und der italienische Popolo findet sich sonst, soviel bekannt, in der Antike nicht. Wohl aber Erscheinungen innerlich verwandten Charakters. Schon im Altertum (Cicero) hat man die spartiatischen Ephoren als eine solche Parallelerscheinung angesprochen. Dies will freilich richtig verstanden werden.

Die Ephoren (Aufseher) waren, im Gegensatz zu den legitimen Königen, Jahresbeamte, und zwar wurden sie, wie die Tribunen, durch die 5 lokalen Phylen der Spartiaten, nicht durch die gentilizischen 3 Phylen gewählt. Sie beriefen die Bürgerversammlung, hatten in Zivilsachen und (vielleicht nicht unbeschränkt) in Kriminalsachen die Gerichtsbarkeit, forderten selbst die Könige vor ihren Stuhl, zwangen Beamte zur Rechenschaftsablage und suspendierten sie, hatten die Verwaltung in der Hand und besaßen zusammen mit dem gewählten Rat der Gerusia innerhalb der spartanischen Gebiete faktisch die höchste politische Gewalt. Im Stadtgebiet waren die Könige auf Ehrenvorrechte und rein persönlichen Einfluß beschränkt, während im Kriege umgekehrt in ihren Händen die volle, in Sparta sehr strenge Disziplinargewalt ruhte. Wohl erst der Spätzeit gehört es an, daß Ephoren die Könige auch in den Krieg begleiteten. Nicht gegen die Qualität der Ephoren als einer tribunizischen Gewalt spricht, daß sie ursprünglich, angeblich noch nach dem ersten messenischen Kriege, vielleicht einmal von den Königen bestellt worden waren. Denn es ist sehr wohl möglich, daß dies ursprünglich auch für die Tribusvorsteher galt. Und ebenso auch nicht die allerdings gewichtigere Tatsache: daß die den Tribunen charakteristische und ihnen mit den mittelalterlichen Volkscapitanen gemeinsame Interzessionsfunktion bei den Ephoren fehlt. Denn nicht nur ist überliefert, daß sie dem Sinn ihrer Stellung nach ursprünglich die Bürger gegen die Könige zu schützen hatten. Sondern das spätere Fehlen dieser Funktion erklärt sich aus dem unbedingten Siege des spartanischen Demos über seine Gegner und daraus, daß er selbst sich in eine das ganze Land beherrschende, ursprünglich plebejische, später tatsächlich oligarchische Herrscherklasse verwandelt hatte. Ein Adel war in Sparta in historischer Zeit unbekannt. So bedingungslos die Polis ihre Herrenstellung über die Heloten, denen jährlich feierlich „der Krieg erklärt" wurde, um ihre Entrechtung religiös zu motivieren, und ebenso ihre politische Monopolstellung gegen die außerhalb des Wehrverbandes stehenden Periöken wahrte, so unbedingt herrschte nach innen, prinzipiell wenigstens, unter den Vollbürgern die soziale Gleichheit, beides gleichmäßig durch das an Venedig erinnernde Spionagesystem (krypteia) aufrechterhalten. Die Lakedämonier zuerst hatten nach der Tradition die gesonderte adlige Lebensführung in der Tracht beseitigt, die also vorher bestanden hat. Daß dies und die strenge Einschränkung der Königsgewalt Folge eines Kampfes und Kompromisses gewesen war, scheinen die gegenseitig ausgetauschten Eide der Könige und Ephoren, eine Art periodisch erneuerten Verfassungsvertrages, überzeugend zu beweisen. Bedenken erregt nur: daß die Ephoren anscheinend einzelne religiöse Funktionen versahen. Aber sie waren eben noch mehr als die Tribunen legitime Gemeindebeamte geworden. Die entscheidenden Züge der spartanischen Polis machen viel zu sehr den Eindruck einer rationalen Schöpfung, um als Reste uralter Institutionen zu gelten.

In den übrigen hellenischen Gemeinden findet sich eine Parallele nicht. Überall dagegen finden wir eine demokratische Bewegung der nichtadligen Bürger gegen die Geschlechter und in einem der Zahl nach überwiegenden Bruchteile zeitweilige und dauernde Beseitigung der Geschlechterherrschaft. Wie im Mittelalter bedeutete diese weder die Gleichstellung aller Bürger in bezug auf Amts-, Ratsfähigkeit und Stimmrecht noch auch nur die Aufnahme aller persönlich freien und siedlungsberechtigten Familien in den Bürgerverband. Dem Bürgerverband gehörten, im Gegensatz zu Rom, die Freigelassenen überhaupt nicht an. Die Gleichstellung der Bürger aber war durch Abstufung des Stimmrechts und der Amtsfähigkeit, anfänglich nach Grundrenten und Wehrfähigkeit, später nach Vermögen, durchbrochen. Diese Abstufung ist auch in Athen rechtlich niemals ganz beseitigt worden, ebensowenig wie die besitzlosen Schichten in den mittelalterlichen Städten irgendwo dauernd zu gleichem Recht mit dem Mittelstand gelangten.

Das Stimmrecht in der Volksversammlung wurde entweder allen den Demoi angeschlossenen, in den Wehrverband einer Phratrie eingeschriebenen Grundbesitzern – dies war das erste Stadium der „Demokratie" – oder auch den Besitzern anderer Vermögensobjekte gegeben. Entscheidend war zunächst die Fähigkeit zur infanteristischen Selbstausrüstung für das *Hoplitenheer*, mit dessen Aufstieg diese Umwälzung verknüpft war. Wir werden bald sehen, daß die bloße Abstufung des Stimmrechts keineswegs das wichtigste Mittel war, diesen Effekt zu erreichen. Wie im Mittelalter konnte die formale Zusammensetzung der Bürgerversammlung geordnet sein wie sie wollte und ihre formale Kompetenz noch so ausgiebig bemessen sein, ohne daß doch die soziale Machtstellung der Besitzenden dadurch endgültig vernichtet worden wäre. In ihren Ergebnissen führte die Bewegung des Demos im Verlauf der Entwicklung zu untereinander verschiedenartiger Gestaltung. Der nächste und in manchen Fällen dauernde Erfolg war die Entstehung einer Demokratie äußerlich ähnlicher Art, wie sie auch in zahlreichen italienischen Kommunen auftrat. Die vermögendste Schicht der nichtadligen Bürger, nach irgendeinem Zensus eingeschätzt, im wesentlichen Besitzer von Geld und Sklaven, Ergasterien, Schiffen, Handels- und Leihkapitalien, gewann Anteil an Rat und Ämtern neben den wesentlich auf Grundbesitz gestützten Geschlechtern. Die Masse der Kleingewerbetreibenden, Kleinhändler und Minderbesitzer überhaupt blieb dann von den Ämtern rechtlich oder infolge ihrer Unabkömmlichkeit faktisch ausgeschlossen, oder die Demokratisierung ging weiter und legte im Ergebnis grade diesen letztgenannten Schichten die Macht in die Hände. Damit dies geschehen konnte, mußten aber Mittel gefunden werden, die ökonomische Unabkömmlichkeit dieser Schichten zu beheben, wie dies in Gestalt von Tagegeldern geschah, und der Ämterzensus mußte herabgesetzt werden. Dies und die faktische Nichtbeachtung der Klassenabstufung des Demos war aber nur der erst im 4. Jahrhundert erreichte Endzustand der attischen Demokratie. Er trat erst ein, als die *militärische* Bedeutung des Hoplitenheeres fortgefallen war.

Die wirklich wichtige Folge des ganzen oder teilweisen Sieges der Nichtadligen für die Struktur des politischen Verbandes und seiner Verwaltung beruhte in der ganzen Antike in Folgendem: 1. bedeutete sie die zunehmende Durchführung des *Anstalts*charakters des politischen Verbandes. Einmal in Gestalt der Durchführung des Ortsgemeindeprinzips. Wie im Mittelalter für die Masse der Stadtbürger schon unter der Geschlechterherrschaft die Einteilung in örtliche Stadtbezirke gegolten hatte und der Popolo seine Beamten wenigstens teilweise nach Stadtvierteln wählte, so hatte auch die antike Geschlechterstadt für die nichtadligen Plebejer, vor allem für die Fronen und Lastenverteilung, örtliche Bezirke gekannt. In Rom, neben den 3 alten, persönlichen, aus Sippen und Kurien zusammengesetzten Tribus, 4 ebenso genannte rein lokale städtische Bezirke, denen mit dem Siege der Plebs die Landtribus zur Seite traten, in Sparta neben den alten 3 persönlichen Phylen die 4, später 5 lokalen Phylen. Im Bereich der eigentlichen Demokratie aber war der Sieg der Demokratie identisch mit dem Übergang zum „Demos", dem örtlichen Bezirk, als Unterabteilung des ganzen Gebietes und Grundlage aller Rechte und Pflichten in der Polis. Wir werden die praktische Bedeutung dieser Wandlung bald zu betrachten haben. Ihre Folge aber war die Behandlung der Polis nicht mehr als einer Verbrüderung von Wehr- und Geschlechterverbänden, sondern als einer anstaltsmäßigen Gebietskörperschaft. Anstaltsmäßig wurde sie ferner auch durch die Änderung der Auffassung von der Natur des Rechts. Das Recht wurde Anstaltsrecht für die Bürger und Insassen des Stadtgebiets als solche – mit welchen Rückständen, sahen wir früher – und es wurde zugleich zunehmend rational gesatztes Recht. An Stelle der irrationalen charismatischen Judikatur trat das Gesetz. Parallel mit der Beseitigung der Geschlechterherrschaft begann die Gesetzgebung. Zunächst hatte sie noch die Form charismatischer Satzung durch Aisymneten. Dann aber erwuchs die ständige, schließlich dauernd im Fluß befindliche Schaffung neuen Rechts durch die Ekklesia und die rein weltliche, an Gesetze oder, in Rom, an magistratische Instruktionen gebundene Rechtspflege. In Athen wurde schließlich alljährlich die Frage an das Volk gerichtet: ob die bestehenden Gesetze erhalten oder geändert werden sollten. So sehr verstand es sich jetzt von selbst, daß das geltende Recht etwas künstlich zu schaffendes sei und sein müsse und auf der Zustimmung derjenigen beruhe, für die es gelten solle. In der klassischen Demokratie freilich, z. B. in Athen im 5. und 4. Jahrhundert, war diese Auffassung noch nicht unbedingt herrschend. Nicht jeder Beschluß (psephisma) des Demos war ein Gesetz (nomos), auch dann nicht, wenn er generelle Regeln aufstellte. Es gab gesetzwidrige Beschlüsse des Demos, und diese waren dann vor dem Geschworenengericht (heliaia) durch jeden Bürger anfechtbar. Ein Gesetz ging (wenigstens damals) nicht aus Beschlüssen des Demos hervor. Sondern auf Grund des Gesetzesantrags eines Bürgers wurde vor einem besonderen Geschworenenkollegium (den Nomotheten) in der Form eines Rechtsstreites darüber verhandelt: ob das alte oder das neu vorgeschlagene Recht zu gelten habe; ein eigenartiger Rest der alten Auffassung vom Wesen des Rechts, welcher erst spät schwand. Den ersten entscheidenden Schritt aber zu der Auffassung des Rechts als einer rationalen Schöpfung bedeutete in Athen die Abschaffung der religiösen und adligen Kassationsinstanz: des Areiopag, durch das Gesetz des Ephialtes.

2. Die Entwicklung zur Demokratie führte eine Umgestaltung der Verwaltung herbei. An Stelle der kraft Gentil- oder Amtscharisma herrschenden Honoratioren traten kurzfristig gewählte oder erloste verantwortliche und zuweilen absetzbare Funktionäre des Demos oder auch unmittelbar Abteilungen dieses letzteren selbst. Jene Funktionäre waren Beamte, aber nicht im modernen Sinne des Wortes. Sie bezogen lediglich mäßige Aufwandsentschädigungen oder wie die erlosten Geschworenen Tagegelder. Dies, die Kurzfristigkeit des Amts, und das sehr häufige Verbot der Wiederwahl schloß die Entstehung des Berufscharakters im Sinne des modernen Beamtentums aus. Es fehlten Ämterlaufbahn und Standesehre. Die Erledigung der Geschäfte erfolgte als Gelegenheitsamt. Sie nahm bei der Mehrzahl der Beamten nicht die volle Arbeitskraft in Anspruch, und die Einnahmen waren auch für Unbemittelte nur ein, für diese allerdings begehrenswerter, Nebenerwerb. Die großen politischen Amtsstellungen freilich, vor allem die militärischen, nahmen die Arbeitskraft voll in Anspruch, konnten aber eben deshalb auch nur von Vermögenden versehen werden, und für die Finanzbeamten war in Athen statt unsrer Amtskautionen ein hoher Zensus vorgesehen. Diese Stellungen aber waren der Sache nach Ehrenämter. Der eigentliche Leiter der Politik, den die voll durchgeführte Demokratie schuf: der Demagoge, war formal im perikleischen Athen regelmäßig der leitende Militärbeamte. Aber seine wirkliche Machtstellung beruhte nicht auf Gesetz oder Amt, sondern durchaus auf persönlichem Einfluß und Vertrauen des Demos. Sie war also nicht nur nicht legitim, sondern nicht einmal legal, obwohl die ganze Verfassung der Demokratie auf sein Vorhandensein ebenso zugeschnitten war wie etwa die moderne Verfassung Englands auf die Existenz des gleichfalls nicht kraft gesetzlicher Kompetenz regierenden Kabinetts. Dem ebenfalls nie gesetzlich festgelegten Mißtrauensvotum des englischen Parlaments entsprach in anderen Formen die Anklage gegen die Demagogen wegen Mißleitung des Demos. Der durch das Los zusammengesetzte Rat wurde jetzt ebenfalls ein einfacher geschäftsführender Ausschuß des Demos, verlor die Gerichtsbarkeit, hatte dagegen die Vorberatung der Volksbeschlüsse (durch Probuleuma) und die Finanzkontrolle in der Hand.

In den *mittelalterlichen* Städten hatte die Durchführung der Herrschaft des Popolo ähnliche Konsequenzen. Massenhafte Redaktionen von Stadtrechten, Kodifikation des bürgerlichen und Prozeßrechtes, eine wahre Überflutung mit Statuten aller Art auf der einen Seite, auf der anderen eine ebenso große Überflutung mit Beamten, von denen man selbst in kleineren Städten Deutschlands zuweilen 4–5 Dutzend Kategorien zählte. Und zwar neben dem Kanzlei- und Büttelpersonal auf der einen und den Bürgermeistern auf der anderen Seite eine ganze Schar spezialisierter Funktionäre, welche lediglich gelegenheitsamtlich tätig wurden und für welche die Amtseinkünfte, dem Schwerpunkt nach Sporteln, nur einen begehrenswerten Nebenerwerb bildeten. Den antiken wie den mittelalterlichen Städten, wenigstens den Großstädten, gemeinsam war ferner die Erscheinung, daß zahlreiche Angelegenheiten, welche heute in gewählten Repräsentantenversammlungen behandelt zu werden pflegen, durch gewählte oder erloste Spezialkollegien erledigt wurden. So in der hellenischen Antike die Gesetzgebung, daneben aber auch andere politische Geschäfte, in Athen z. B. die Eidesleistung bei Bundesverträgen und die Verteilung der Bundesgenossentribute. Im Mittelalter sehr oft die Wahl sowohl von Beamten, und zwar gerade der wichtigsten, ebenso aber zuweilen die Zusammensetzung der wichtigsten beschließenden Kollegien. Dies ist eine Art von Ersatz für das moderne Repräsentativsystem, welches, in moderner Form, damals nicht existierte. „Repräsentanten" gab es, dem überkommenen ständischen und Privilegiencharakter aller politischen Rechte entsprechend, nur als Vertreter von Verbandseinheiten, in der antiken Demokratie von kultisch oder staatlich, eventuell bundesstaatlich, zusammengeschlossenen Gemeinschaften, im Mittelalter von Zünften und anderen Korporationen. Nur *Sonderrechte* von *Verbänden* wurden „vertreten", nicht aber: eine wechselnde „Wählerschaft" eines Bezirks, wie im modernen Parlament.

Den antiken wie den mittelalterlichen Städten gemeinsam ist endlich auch das Auftreten der *Stadttyrannis* oder doch der Versuche zur Errichtung einer solchen. Zwar war sie in beiden Fällen eine lokal beschränkte Erscheinung. Im hellenischen Mutterland ergriff sie im 7. und 6. Jahrhundert nacheinander eine Reihe von großen Städten, darunter Athen, hat aber nur wenige Generationen bestanden. Die Stadtfreiheit ging hier im allgemeinen erst durch Unterwerfung von seiten überlegener Militärmächte zugrunde. Dagegen war ihre Verbreitung im Kolonialgebiet: in Kleinasien, vor allem aber in Sizilien, dauerhafter und teilweise die definitive Form des Stadtstaates bis zu dessen Untergang. Die Tyrannis war überall Produkt des Ständekampfes. Vereinzelt, so in Syrakus, scheinen die vom Demos bedrängten Geschlechter einem Tyrannen zur Herrschaft verholfen zu haben. Im ganzen aber waren es Teile des Mittelstandes und der von den Geschlechtern Bewucherten, auf die er sich stützte, und seine Gegner die Geschlechter, die er verbannte, deren Güter er konfiszierte und die seinen Sturz betrieben. Der typische antike Klassengegensatz: die stadtsässigen wehrhaften Patrizier als Geldgeber, die Bauern als Schuldner, wie er bei den Israeliten und in Mesopotamien ganz ebenso bestand wie in der griechischen und italischen Welt, kam darin zur Geltung. In Babylon ist das platte Land fast ganz in den Besitz der Patrizier gelangt, deren Kolonen die Bauern geworden waren. In Israel war die Schuldknechtschaft Gegenstand der Regelung im „Bundesbuch". Alle Usurpatoren von Abimelech bis Judas Makkabäus stützten sich auf flüchtige Schuldknechte, die Verheißung des Deuteronomium geht dahin: daß Israel „Jedermann leihen", d. h. daß die Bürger Jerusalems Schuldherrn und Patrizier, die andern eben ihre Schuldknechte und Bauern sein werden. Ähnlich lagen die Klassengegensätze in Hellas und Rom. Die einmal an der Macht befindliche Tyrannis hat in der Regel die kleinen Bauern, eine mit ihnen politisch verbündete Koterie des Adels und Teile der städtischen Mittelklassen für sich gehabt. In der Regel stützte sie sich auf Leibwachen, deren Bewilligung für den Volksführer durch die Bürgerschaft hier (z. B. bei Peisistratos) ebenso wie beim Volkscapitan des Mittelalters meist der erste Schritt war, und Söldner. In sachlicher Hinsicht betrieb sie sehr oft eine ähnliche ständische Ausgleichspolitik wie die des „Aisymneten" (Charondas, Solon). Zwischen der Neuordnung des Staats und Rechtes durch diese und der Erhebung eines Tyrannen bestand augenscheinlich oft eine Alternative. Die soziale und ökonomische Politik sowohl der einen wie der anderen sucht, wenigstens im Mutterlande, den Verkauf von Bauernland an den stadtsässigen Adel und die Zuwanderung der Bauern in die Stadt zu verhindern, hie und da den Sklavenankauf, den Luxus, den Zwischenhandel, die Getreideausfuhr zu beschränken, alles Maßregeln, welche wesentlich eine kleinbürgerliche, „stadtwirtschaftliche" Politik bedeuteten entsprechend der „Stadtwirtschaftspolitik" der mittelalterlichen Städte, von der wir noch zu sprechen haben werden.

Überall fühlten sich die Tyrannen und galten sie als spezifisch *illegitime* Herren. Dies unterschied ihre ganze Stellung, die religiöse wie die politische, vom alten Stadtkönigtum. Regelmäßig waren sie Beförderer neuer emotionaler Kulte, so namentlich des Dionysoskults, im Gegensatz zu den ritualistischen Kulten des Adels. In aller Regel suchten sie die äußeren Formen einer kommunalen Verfassung, also den Anspruch der Legalität, zu wahren. Regelmäßig hinterließ ihr Regiment bei seinem Sturze die Geschlechter geschwächt und daher genötigt, die nur durch Mithilfe der Nichtadligen mögliche Vertreibung des Tyrannen durch weitgehende Konzessionen an den Demos zu erkaufen. Die kleisthenische Mittelstandsdemokratie schloß sich an die Vertreibung der Peisistratiden an. Stellenweise hat freilich auch eine Kaufmannsplutokratie die Tyrannen abgelöst. Im Effekt wirkte diese Tyrannis, welche durch *ökonomische* Klassengegensätze begünstigt war, wenigstens im Mutterland im Sinne des timokratischen oder demokratischen Ständeausgleichs, dessen Vorläufer sie häufig war. Die gelungenen oder mißlungenen Versuche der Errichtung einer Tyrannis in der hellenischen Spätzeit dagegen wuchsen aus der Eroberungspolitik des Demos heraus. Sie hingen mit dessen später zu besprechenden *militärischen* Interessen zusammen. Siegreiche Heerführer wie Alkibiades und Lysandros erstrebten sie. Im hellenischen Mutterland blieben diese Versuche bis in die hellenistische Zeit erfolglos und zerfielen auch die militärischen Reichsbildungen des Demos aus später zu erörternden Gründen. In Sizilien dagegen wurde sowohl die alte expansive Seepolitik im tyrrhenischen Meer wie später die nationale Verteidigung gegen Karthago von Tyrannen geführt, welche, auf Soldheere neben den Bürgeraufgeboten gestützt, mit äußerst rücksichtslosen Maßregeln orientalischen Gepräges: massenhaften Zwangseinbürgerungen von Söldnern und Umsiedlungen unterworfener Bürgerschaften, eine interlokale Militärmonarchie schufen. Rom endlich, wo in altrepublikanischer Zeit die Anläufe zur Tyrannis gescheitert waren, verfiel im Gefolge der Eroberungspolitik aus sozialen und politischen Gründen der Militärmonarchie von innen heraus, wovon ebenfalls gesondert zu sprechen sein wird.

Im *Mittelalter* blieb die Stadttyrannis wesentlich, wenn auch nicht ganz, auf Italien beschränkt. Die italienische *Signorie*, auf welche Eduard Meyer als Parallele der antiken Tyrannis hinweist, hat mit dieser das gemein: daß sie überwiegend in der Hand einer begüterten Familie und im Gegensatz gegen die eigenen Standesgenossen entstand, daß sie ferner, als erste politische Macht in Westeuropa, eine rationale Verwaltung mit (zunehmend) *ernannten Beamten* durchführte, und daß sie dabei doch meist gewisse Formen der übernommenen kommunalen Verfassung aufrechterhielt. Aber im übrigen treten hier wichtige Unterschiede zutage. Namentlich insofern, als sich zwar das direkte Herauswachsen einer Signorie aus dem Ständekampf häufig findet, oft aber auch die Signorie erst am Ende der Entwicklung nach dem Siege des Popolo und zuweilen erst erhebliche Zeit nachher entstand. Ferner darin, daß sie meist aus den legalen Ämtern des Popolo heraus sich entwickelte, während in der hellenischen Antike gerade die Stadttyrannis nur eine der Zwischenerscheinungen zwischen der Geschlechterherrschaft und der Timokratie oder Demokratie darstellte. Die formale Entwicklung der Signorien vollzog sich verschieden, wie namentlich Ernst Salzer gut dargelegt hat. Eine ganze Reihe von Signorien entstand ganz direkt als Produkt der Revolten des Popolo aus den neuen Popolanenämtern. Der Volkscapitan oder der Podesta der Merkadanza oder auch der Podesta der Kommune wurden vom Popolo auf zunehmend längere Amtsfristen oder auch auf Lebenszeit gewählt. Solche langfristigen höchsten Beamten finden sich schon um die Mitte des 13. Jahrhunderts in Piacenza, Parma, Lodi, Mailand. In der letztgenannten Stadt wurde die Herrschaft der Visconti ebenso wie die der Scaliger in Verona und der Este in Mantua schon Ende des 13. Jahrhunderts faktisch erblich. Neben der Entwicklung zur Lebenslänglichkeit und der zuerst faktischen, später rechtlichen, Erblichkeit ging die Erweiterung der Machtbefugnisse des höchsten Beamten her. Von einer arbiträren, rein politischen Strafgewalt aus entwickelte sie sich zur Generalvollmacht (arbitrium generale), konkurrierend mit dem Rat und der Gemeinde beliebige Verfügungen zu treffen, schließlich zum Dominium mit dem Recht, die Stadt libero arbitrio zu regieren, die Ämter zu besetzen und Verordnungen mit Gesetzeskraft zu erlassen. Die Maßregel hatte zwei verschiedene, freilich der Sache nach oft identische politische Quellen. Einmal die Parteiherrschaft als solche. Vor allem die stetige Bedrohung des ganzen politischen und damit indirekt des ökonomischen, namentlich auch des Bodenbesitzstandes durch die unterlegene Partei. Speziell die kriegsgewohnten Geschlechter und die Angst vor Verschwörungen nötigten zur Einsetzung unumschränkter Parteihäupter. Dann die auswärtigen Kriege, die Bedrohung mit Unterwerfung durch Nachbarkommunen oder andere Gewalthaber. Wo dies der wesentliche Grund war, war meist die Schaffung eines außerordentlichen Militärkommandos: der Kriegscapitanat, übertragen entweder einem fremden Fürsten oder einem Condottiere, die Quelle der Signorie, und nicht die Parteiführerstellung des Volkscapitans. Dabei konnte die Ergebung der Stadt in das Dominium eines Fürsten zum Zweck des Schutzes gegen äußere Bedrohung in einer Art erfolgen, welche die Befugnisse des Dominus sehr eng begrenzte. Innerhalb der Stadt waren es die, von der aktiven Beteiligung an der Verwaltung faktisch ausgeschlossenen, breiten unteren Schichten der Gewerbetreibenden, welche der Gewalthaber am leichtesten für sich zu gewinnen pflegte, teils weil für sie der Wechsel keinen Verlust bedeutete und die Entstehung eines Herrenhofes ökonomische Vorteile versprach, teils infolge der emotionalen Zugänglichkeit der Massen für persönliche Machtentfaltung. In aller Regel haben daher die Aspiranten auf die Signorie die Parlamente als Instanz für die Gewaltübertragung benutzt. Aber je nach den Umständen haben gelegentlich auch die Geschlechter oder die Kaufmannschaft, bedroht durch politische oder ökonomische Gegner, zu dem Mittel der Signorie gegriffen, welches zunächst nirgends als die dauernde Errichtung einer Monarchie angesehen wurde. Städte wie Genua haben wiederholt mächtigen Monarchen, in deren Dominium sie sich begaben, sehr beengende Bedingungen, vor allem: begrenzte Wehrmacht, fest begrenzte Geldzahlungen auferlegt und sie gelegentlich ihrer Stellung entsetzt. Gegenüber auswärtigen Monarchen, z. B. dem König von Frankreich von seiten Genuas, gelang dies. Allein gegenüber einem in der Stadt einmal ansässig gemachten Signore gelang es schwer. Und vor allem kann man beobachten, daß sowohl die Kraft wie auch die Neigung zum Widerstand bei den Bürgern im Lauf der Zeit abnahm. Die Signoren stützten sich auf Soldheere und zunehmend auch auf Verbindungen mit den legitimen Autoritäten. Nach der gewaltsamen Unterwerfung von Florenz mit Hilfe spanischer Truppen war die erbliche Signorie außer in Venedig und Genua in Italien die definitiv durch kaiserliche und päpstliche Anerkennung legitimierte Staatsform. Jener abnehmende Widerstand der Bürgerschaft aber erklärt sich zunächst aus einer Reihe von Einzelumständen: der Hofstaat des Signore schuf beim Adel und Bürgertum wie überall so auch hier mit steigender Dauer zunehmende Schichten von Interessenten, soziale und ökonomische, an seinem Fortbestande. Die steigende Sublimierung der Bedürfnisse und die abnehmende ökonomische Expansion bei steigender Empfindlichkeit der ökonomischen Interessen der bürgerlichen Oberschichten gegen Störungen des befriedeten Verkehrs, ferner das allgemein mit zunehmender Konkurrenz und wachsender ökonomischer und sozialer Stabilität abnehmende Interesse der Gewerbetreibenden an politischer Aspiration und ihre dadurch erklärliche Zuwendung zu reinen Erwerbszwecken oder friedlichem Rentengenuß und die allgemeine Politik der Fürsten, welche beide Entwicklungen im eigenen Vorteil förderten, führten zu einem rapiden Nachlassen des Interesses am politischen Schicksal der Stadt. Überall konnten sowohl die großen Monarchien, wie etwa das französische Königtum, wie die Signoren der einzelnen Städte auf das Interesse der Unterschichten an Befriedung der Stadt und an Regelung des Erwerbs im Sinne kleinbürgerlicher Nahrungspolitik rechnen. Die französischen Städte sind von den Königen mit Hilfe dieser Interessen der Kleinbürger unterworfen worden, und in Italien haben ähnliche Tendenzen die Signorie gestützt. Wichtiger als alles aber war ein wesentlich politisches Moment: die Befriedung der Bürgerschaft durch ihre ökonomische Inanspruchnahme und Entwöhnung vom Waffendienst und die planmäßige Entwaffnung von seiten des Fürsten. Zwar war diese nicht immer von Anfang an ein Bestandteil der Politik der Fürsten, manche von ihnen haben im Gegenteil gerade erst rationale Rekrutierungssysteme geschaffen. Aber entsprechend dem allgemeinen Typus patrimonieller Heeresbildung waren diese oder wurden sie bald zu einer Aushebung der Unbemittelten und also dem republikanischen Bürgerheere wesensfremd. Vor allem aber hatte der Übergang zum Soldheer und zur kapitalistischen Deckung des Militärbedarfes durch Unternehmer (Condottieri), bedingt durch steigende Unabkömmlichkeit der Bürger und steigende Notwendigkeit der berufsmäßigen Schulung für den Waffendienst, den Fürsten weitgehend vorgearbeitet. Schon in den Zeiten des Bestandes der freien Kommunen hatte dies der Befriedung und Entwaffnung der Bürger stark vorgearbeitet. Dazu trat dann die persönliche und politische Verbindung der Fürsten mit den großen Dynastien, deren Macht gegenüber der Bürgeraufstand aussichtslos wurde. Es waren also in letzter Instanz die uns in ihrer allgemeinen Bedeutung bekannten Umstände: zunehmende ökonomische Unabkömmlichkeit der Erwerbenden, zunehmende militärische Disqualifikation der gebildeten Schichten des Bürgertums und zunehmende Rationalisierung der Militärtechnik in der Richtung des Berufsheeres, welche in Verbindung mit der Entwicklung ökonomisch oder sozial höfisch interessierter Adels-, Rentner- und Pfründnerstände der Signorie die Chancen gaben, zu einem erblichen patrimonialen Fürstentum sich auszuwachsen. Wurde sie dies, so trat sie damit in den Kreis der legitimen Gewalten ein.

Die Politik der Signorien zeigt nun vor allem in einem Punkte, der hier allein interessiert, eine ihnen mit den antiken Tyrannen gemeinsame Tendenz: in der Sprengung der politischen und ökonomischen Monopolstellung der Stadt gegenüber dem platten Lande. Die Landbevölkerung war es sehr oft, mit deren Hilfe – wie in der Antike – der Gewalthaber die Übertragung der Herrschaft erzwang (so 1328 in Pavia). Die freie Stadtbürgerschaft hatte nach dem Sieg über die Geschlechter sehr oft im eigenen und politischen Interesse die Grundherrschaft gesprengt, die Bauern befreit und die freie Bewegung des Bodens zum kaufkräftigsten Reflektanten gefördert. Der Erwerb massenhaften Grundbesitzes aus den Händen der Feudalherren durch die Bürger und z. B. der Ersatz der Fronhofsverfassung durch die Mezzadria in Toscana – ein auf das Nebeneinander eines vorwiegend stadtsässigen, mit dem Lande nur durch Villeggiaturen verknüpften Herren und seiner landsässigen Teilpächter zugeschnittenes Institut – vollzog sich im Gefolge der Herrschaft des Popolo grasso. Von jeglicher Teilnahme an der politischen Gewalt aber war die Landbewohnerschaft ausgeschlossen, auch soweit sie aus freibäuerlichen Eigentümern bestand. Wie die Mezzadria privatwirtschaftlich, so war die Stadtpolitik dem Lande gegenüber organisatorisch auf städtische Konsumenteninteressen und nach dem Siege der Zünfte auf städtische Produzenteninteressen zugeschnitten. Die Fürstenpolitik hat dies keineswegs sofort und überhaupt nicht überall geändert. Die berühmte physiokratische Politik des Großherzogs Leopold von Toscana im 18. Jahrhundert war beeinflußt durch bestimmte naturrechtliche Anschauungen und nicht in erster Linie agrarische Interessenpolitik. Allein in jedem Fall war die im ganzen auf Interessenausgleich und Vermeidung von schroffen Kollisionen hingewiesene Politik der Fürsten jedenfalls nicht mehr die Politik einer das Land lediglich als Mittel zum Zweck benutzenden Stadtbürgerschaft.

Die Herrschaft der Stadtfürsten war mehrfach und schließlich überwiegend Herrschaft über mehrere Städte. Keineswegs aber war dabei die Regel, daß aus diesen bisher selbständigen Stadtterritorien nun ein im modernen Sinne einheitlicher staatlicher Verband geschaffen worden wäre. Im Gegenteil haben die verschiedenen zur Herrschaft eines Herren zusammengeschlossenen Städte nicht selten nach wie vor durch Gesandte miteinander zu verkehren das Recht und auch den Anlaß gehabt. Ihre Verfassung wurde keineswegs regelmäßig vereinheitlicht. Sie wurden nicht zu Gemeinden, welche kraft Delegation des Staates einen Teil von dessen Aufgaben erfüllten. Diese Entwicklung hat sich vielmehr erst allmählich und parallel mit der gleichartigen Umgestaltung der großen modernen Patrimonialstaaten vollzogen. Ständische Vertretungen, wie sie namentlich das sizilianische Reich schon im Mittelalter, aber auch andere alte patrimoniale Monarchien kannten, fehlten den aus Stadtterritorien entstandenen Herrschaftsgebilden meist gänzlich. Die wesentlichen organisatorischen Neuerungen waren vielmehr: 1. Das Auftreten der herrschaftlichen, auf unbestimmte Zeit angestellten Beamten neben den kurzfristig gewählten Kommunalbeamten; 2. die Entwicklung kollegialer Zentralbehörden vor allem für Finanz- und Militärzwekke. Dies war allerdings ein wichtiger Schritt auf dem Wege der Rationalisierung der Verwaltung. Technisch besonders rational konnte die stadtfürstliche Verwaltung deshalb gestaltet werden, weil viele Kommunen in ihrem eigenen finanziellen und militärischen Interesse statistische Grundlagen dafür in einem sonst nicht üblichen Grade geschaffen hatten und weil die Kunst der Buch- und Aktenführung von den Bankhäusern der Städte technisch entwickelt worden war. Im übrigen wirkte bei der unzweifelhaften Rationalisierung der Verwaltung wohl mehr das Beispiel Venedigs auf der einen Seite, des sizilianischen Reiches auf der anderen Seite, und zwar wohl mehr durch Anregung als durch Übernahme.

Der Kreislauf der italienischen Städte von Bestandteilen patrimonialer oder feudaler Verbände durch eine Zeit revolutionär errungener Selbständigkeit und eigenständiger Honoratiorenherrschaft, dann der Zunftherrschaft hindurch zur Signorie und schließlich zu Bestandteilen relativ rationaler patrimonialer Verbände hat in dieser Art kein volles Gegenbild im übrigen Okzident. Vor allem fehlt ein solches für die Signorie, die nur in ihrem Vorstadium, dem Volkskapitanat, in einigen der machtvollsten Bürgermeister nördlich der Alpen Parallelen hat. Dagegen war die kreisläufige Entwicklung in einem Punkt allerdings universell: die Städte waren in der Karolingerzeit nichts oder fast nichts als Verwaltungsbezirke mit gewissen Eigentümlichkeiten der ständischen Struktur, und sie näherten sich im modernen patrimonialen Staat dieser Lage wiederum stark an und zeichneten sich nur durch korporative Sonderrechte aus. In der Zwischenzeit aber waren sie in irgendeinem Grade überall „Kommunen" mit politischen Eigenrechten und autonomer Wirtschaftspolitik. Ähnlich verlief nun auch die Entwicklung in der Antike. Und doch ist weder der moderne Kapitalismus noch der moderne Staat auf dem Boden der antiken Städte gewachsen, während die mittelalterliche Stadtentwicklung für beide zwar keineswegs die allein ausschlaggebende Vorstufe und gar nicht ihr Träger war, aber als ein höchst entscheidender Faktor ihrer Entstehung allerdings nicht wegzudenken ist. Trotz aller äußerlichen Ähnlichkeiten der Entwicklung müssen danach doch auch tiefgreifende *Unterschiede* festzustellen sein. Diesen müssen wir uns nun zuwenden. Wir werden am ehesten die Chance haben sie zu erkennen, wenn wir die beiderseitigen Städtetypen in ihren charakteristischsten Formen einander gegenüberstellen. Dazu müssen wir uns aber zunächst klar machen, daß auch innerhalb der mittelalterlichen Städte sehr starke, von uns vorerst nur in einigen Punkten beobachtete Strukturunterschiede obwalten. Zunächst aber verdeutlichen wir uns noch einmal die *Gesamtlage* der mittelalterlichen Städte zu jener Zeit ihrer höchsten Selbständigkeit, welche uns hoffen läßt, ihre spezifischen Züge am vollsten entwickelt zu finden.

Während der Höhezeit der Stadtautonomie bewegten sich die Errungenschaften der Städte in außerordentlicher Vielgestaltigkeit in folgenden Richtungen:

1. Politische Selbständigkeit und, teilweise, um sich greifende Außenpolitik, derart, daß das Stadtregiment dauernd eigenes Militär hielt, Bündnisse schloß, große Kriege führte, große Landgebiete und unter Umständen andere Städte in voller Unterwerfung hielt, überseeische Kolonien erwarb. Dies ist, was überseeische Kolonien anlangt, dauernd nur zwei italienischen Seestädten, was die Gewinnung großer Territorien und internationaler politischer Bedeutung anlangt, einigen Kommunen im nördlichen und mittleren Italien und in der Schweiz zeitweise gelungen, in weit geringerem Maß den flandrischen und einem Teil der norddeutschen Hansestädte und wenigen anderen. Dagegen die süditalienischen

und sizilianischen, nach kurzem Intermezzo die spanischen, nach längerem die französischen, von Anfang an die englischen Städte und die deutschen, mit Ausnahme namentlich der erwähnten nordischen und flandrischen Städte und einiger schweizerischen und süddeutschen, nur während des kurzen Intermezzos der Städtebünde auch eines größeren Teils der westdeutschen, kannten ein über die unmittelbare ländliche Umgebung und einige Kleinstädte hinausreichendes politisches Herrschaftsgebiet im allgemeinen nicht. Sehr viele von ihnen haben zwar dauernd Stadtsoldaten gehalten (so noch spät in Frankreich), oder sie haben – und das war die Regel – eine auf der Wehrpflicht der Stadtinsassen ruhende Bürgermiliz gehabt, welche ihre Mauern verteidigte, und zeitweilig die Kraft besaß, im Bunde mit anderen Städten den Landfrieden durchzusetzen, Räuberburgen zu brechen und in inneren Fehden des Landes Partei zu ergreifen. Aber eine internationale Politik, wie die italienischen und die Hansestädte, haben sie dauernd nirgends zu treiben versucht. Sie haben meist, je nachdem zu den ständischen Vertretungen des Reichs oder zu denen des Territorialgebiets Vertreter geschickt und dann nicht selten, infolge ihrer finanziellen Potenz, auch bei formal untergeordneter Stellung, die maßgebende Stimme darin gewonnen: Das größte Beispiel dafür sind die englischen Commons, die freilich nicht sowohl eine Vertretung von Stadtcommunen, als von ständischen Körperschaften darstellten. Aber viele Bürgerschaften haben auch ein solches Recht nie ausgeübt (die rechtshistorischen Einzelheiten würden hier zu weit führen). Der moderne patrimonialbureaukratische Staat des Kontinents aber hat dann den meisten von ihnen jede eigenpolitische Betätigung und auch die Wehrhaftigkeit, außer zu Polizeizwecken, überall genommen. Nur wo er, wie in Deutschland, lediglich in Partikulargebilden sich entwickelte, mußte er einen Teil von ihnen als politische Sonderbildung neben sich bestehen lassen. Einen besonderen Gang ist die Entwicklung noch in England gegangen, weil hier die Patrimonialbureaukratie nicht entstand. Die einzelnen Städte hatten hier innerhalb der straffen Organisation der Zentralverwaltung niemals eigene politische Ambitionen gehabt, da sie ja geschlossen im Parlament auftraten. Sie hatten Handelskartelle geschlossen, aber nicht politische Städtebünde, wie auf dem Kontinent. Sie waren Korporationen einer privilegierten Honoratiorenschicht, und ihre Gutwilligkeit war finanziell unentbehrlich. In der Tudorzeit hatte das Königtum ihre Privilegien zu vernichten gesucht, aber der Zusammenbruch der Stuarts machte dem ein Ende. Sie blieben von da an Korporationen mit dem Recht der Parlamentswahl, und sowohl das „Kingdom of Influence" wie die Adelssektionen benutzten politisch die zum Teil lächerlich kleinen und leicht zu gewinnenden Wahlgremien, welche viele von ihnen darstellten, um ihnen gefügige Parlamentsmehrheiten zu erzielen.

2. Autonome Rechtssatzung der Stadt als solcher und innerhalb ihrer wieder der Gilden und Zünfte. In vollem Umfang haben dies Recht die politisch selbständigen italienischen, zeitweise die spanischen und englischen, ein beträchtlicher Teil der französischen und der deutschen Städte ausgeübt, ohne daß immer eine ausdrückliche Verbriefung dieses Rechts bestanden hätte. Für städtischen Grundbesitz, Marktverkehr und Handel wenden die mit Stadtbürgern als Schöffen besetzten Stadtgerichte ein gleichmäßiges, durch Gewohnheit oder autonome Satzung, Nachahmung, Übernahme oder Verleihung nach fremdem Muster bei der Gründung entstehendes, allen Stadtbürgern gemeinsames spezifisches Recht an. Sie schalteten im Prozeßverfahren zunehmend die irrationalen und magi-

schen Beweismittel: Zweikampf, Ordal und Sippeneid zugunsten einer rationalen Beweiserhebung aus, eine Entwicklung, die man sich übrigens nicht allzu geradlinig vorstellen darf: gelegentlich bedeutete die Festhaltung der prozessualen Sonderstellung der Stadtgerichte auch eine Konservierung älterer Prozeduren gegenüber den rationalen Neuerungen der Königsgerichte – so in England (Fehlen der Jury) – und des mittelalterlichen gegenüber dem Vordringen des römischen Rechts: so vielfach auf dem Kontinent, wo die kapitalistisch verwertbaren Rechtsinstitute gerade den Stadtrechten, als der Stätte der Autonomie der Interessenten, entstammten, und nicht dem römischen (oder deutschen) Landrecht. Das Stadtregiment suchte seinerseits nach Möglichkeit darauf zu halten, daß die Gilden und Innungen ohne seine Zustimmung überhaupt keine Satzungen oder doch nur solche, welche sich auf das ein für allemal ihnen zugewiesene Gebiet beschränkten, erließen. Sowohl der Umfang der städtischen Autonomie war bei allen Städten, die mit einem politischen oder grundherrlichen Stadtherrn zu rechnen hatten, also bei allen außer den italienischen, labil und eine Machtfrage, wie ebenso die Verteilung der Satzungsgewalt zwischen Rat und Zünften. Der entstehende patrimonialbureaukratische Staat hat ihnen dann diese Autonomie überall zunehmend beschnitten. In England haben die Tudors zuerst systematisch den Grundsatz vertreten, daß die Städte ebenso wie die Zünfte korporativ organisierte Staatsanstalten für bestimmte Zwecke seien mit Rechten, welche sachlich nicht über die im Privileg bezeichneten Schranken hinausgingen, und mit einer Satzungsgewalt, welche nur die als Bürger Beteiligten binde. Jeder Verstoß gegen diese Schranken wurde zum Anlaß genommen, im „Ultra vires"-Prozeß die Charten kassieren zu lassen (so für London noch unter Jakob II.). Die Stadt galt dieser Auffassung nach, wie wir sahen, im Prinzip überhaupt nicht als „Gebietskörperschaft", sondern als ein privilegierter ständischer Verband, in dessen Verwaltung sich das Privy Council fortwährend kontrollierend einmischte. In Frankreich ist den Städten im Lauf des 16. Jahrhunderts die Gerichtsbarkeit außer für Polizeisachen ganz genommen und für alle finanziell wichtigen Akte die Genehmigung der Staatsbehörde verlangt worden. In Zentraleuropa wurde die Stadtautonomie der Territorialstädte in aller Regel gänzlich vernichtet.

3. Autokephalie. Also: ausschließlich eigene Gerichts- und Verwaltungsbehörden. Nur ein Teil der Städte, vor allem die italienischen, haben dies voll durchgesetzt, die außeritalienischen vielfach nur für niedere Gerichtsbarkeit und auf die Dauer meist mit dem Vorbehalt der Appellation an die königlichen oder höchsten Landesgerichte. In der *Gerichtsbarkeit* war da, wo die aus den Bürgern genommenen Schöffen das Urteil fanden, die Persönlichkeit des Gerichtsherrn ursprünglich nur von vorwiegend fiskalischem Interesse, und deshalb hat sich die Stadt die formelle Gerichtsherrlichkeit zuweilen gar nicht anzueignen oder durch Kauf an sich zu bringen veranlaßt geglaubt. Für sie war aber das wichtigste: daß die Stadt ein eigener Gerichtsbezirk war mit Schöffen aus ihrer Mitte. Dies wurde mindestens für die niedere Gerichtsbarkeit, teilweise für die höhere schon sehr früh durchgesetzt. Eigene Schöffenwahl oder Kooptation ohne Einmischung des Herrn erlangten die Bürger zum erheblichen Teil. Wichtig war ferner die Erlangung des Privilegs, daß ein Bürger nur vor dem Gericht der Stadt Rede stand. Die Art der Entwicklung der eigenen städtischen Verwaltungsbehörde, des Rats, kann hier unmöglich verfolgt werden. Daß ein solcher, mit weitgehenden Verwaltungsbefugnissen ausgestattet, bestand, war auf der Höhe des Mittelalters Kenn-

zeichen jeder Stadtgemeinde in West- und Nordeuropa. Die Art seiner Zusammensetzung variierte unendlich und hing namentlich ab von der Machtlage zwischen dem Patriziat der „Geschlechter“, also den Grundrenten- und Geldbesitzern, Geldgebern und Gelegenheitshändlern, ferner den bürgerlichen, oft zünftigen Kaufleuten, je nachdem mehr Fernhändlern oder (in ihrer Masse) mehr Großdetaillisten und Verlegern gewerblicher Produkte, und den wirklich rein gewerblichen Zünften. Andererseits bestimmte sich das Maß, in welchem der politische oder Grundherr an der Ernennung des Rats beteiligt, die Stadt also partiell heterokephal blieb, nach der ökonomischen Machtlage zwischen Bürgern und Stadtherren. Zunächst nach dessen Geldbedarf, der den Auskauf seiner Rechte ermöglichte. Umgekehrt also auch durch die Finanzkraft der Städte. Aber der Geldbedarf des Stadtherrn und der Geldmarkt der Stadt allein entscheiden nicht, wenn der Stadtherr politische Machtmittel besaß. In Frankreich hatte das unter Philipp August mit den Städten verbündete Königtum (teilweise auch andere Stadtherren) schon im 13. Jahrhundert durch stark steigenden Geldbedarf „pariage“, Anteil an der Besetzung der Verwaltungsstellen, Kontrollrecht über die Verwaltung des Magistrats, namentlich die den König interessierende Finanzverwaltung, Bestätigungsrecht der gewählten Konsuln, bis zum 15. Jahrhundert Vorsitz des königlichen Prévôts in der Bürgerversammlung erlangt. Im ludovicianischen Zeitalter vollends werden die Städte in der Ämterbesetzung vollständig von den königlichen „Intendanten“ beherrscht, und die Finanznot des Staats führte dazu, die Stadtämter ebenso wie die Staatsämter durch Verkauf zu besetzen. Der vormals patrimonialbureaukratische Staat verwandelte die Verwaltungsbehörden der Stadt in privilegierte Korporationsvertretungen mit ständischen Privilegien, aber Zuständigkeit nur im Umkreis ihrer korporativen Interessen, jedoch ohne Bedeutung für staatliche Verwaltungszwecke. Der englische Staat, der den Städtekorporationen, da sie Parlamentswahlkörper waren, die Autokephalie lassen mußte, schritt, als er diejenigen Aufgaben, welche unsere heutigen Kommunalverbände zu erfüllen haben, durch lokale Verbände lösen lassen wollte, rücksichtslos über die Stadt weg und machte entweder die einzelne Parochie, der nicht nur die privilegierten Korporationsmitglieder, sondern alle qualifizierten Einwohner angehörten, oder andere neugeschaffene Verbände zu deren Trägern. Meist aber hat der Patrimonialbureaukratismus die Magistrate ganz einfach in eine landesherrliche Behörde neben anderen verwandelt.

4. Steuergewalt über die Bürger, Zins- und Steuerfreiheit derselben nach außen. Das erste wurde sehr verschieden weitgehend, unter verschieden wirksamer oder auch ganz wegfallender Erhaltung des Kontrollrechts durch den Stadtherrn, durchgesetzt. In England haben die Städte wirkliche Steuerautonomie nie besessen, sondern für alle neuen Steuern stets des Konsenses des Königs bedurft. Zins- und Steuerfreiheit nach außen wurde ebenfalls nur stellenweise vollständig erreicht. Von den politisch nicht autonomen Städten nämlich nur da, wo sie die Steuerpflicht pachteten und dann den Stadtherrn durch einmalige oder, häufiger, durch regelmäßige Pauschalzahlungen abfanden und die königlichen Steuern in eigne Regie nehmen konnten (firma burgi in England). Am vollständigsten gelang die Durchsetzung der Lastenfreiheit nach außen überall für die persönlichen, aus gerichts- oder leibherrlichen Verhältnissen der Bürger stammenden Pflichtigkeiten. – Der normale patrimonialbureaukratische Staat schied nach seinem Siege Stadt und Land zwar rein steuertechnisch: er suchte Produktion und

Konsum gleichmäßig durch seine spezifische Städtesteuer, die Akzise, zu treffen. Die eigene Steuergewalt aber nahm er den Städten praktisch so gut wie ganz. In England bedeutete die korporative Besteuerung der Städte wenig, da die neuen Verwaltungsaufgaben andern Gemeinschaften zufielen. In Frankreich eignete sich der König seit Mazarin die Hälfte der städtischen Oktrois an, nachdem alle städtischen Finanzoperationen und die Selbstbesteuerung schon vorher unter Staatskontrolle gestellt waren. In Mitteleuropa wurden die städtischen Behörden auch in dieser Hinsicht oft fast reine staatliche Steuerhebestellen.

5. Marktrecht, autonome Handels- und Gewerbepolizei und monopolistische Banngewalten. Der Markt gehört zu jeder mittelalterlichen Stadt, und die Marktaufsicht hat der Rat überall in sehr starkem Maße den Stadtherren abgenommen. Die polizeiliche Aufsicht über Handel und Gewerbe lag später, je nach den Machtverhältnissen, mehr in den Händen der städtischen Behörden oder mehr in denen der Berufsinnungen, unter weitgehender Ausschaltung des Stadtherrn. Vermöge der gewerblichen Polizei wird die Qualitätskontrolle der Waren geübt: teils im Interesse des guten Rufs, also der Exportinteressen des Gewerbes, teils in dem der städtischen Konsumenten, wesentlich im Interesse der letzteren die Preiskontrolle; ferner die Erhaltung der kleinbürgerlichen Nahrungen, also: die Beschränkung der Lehrlings- und Gesellenzahl, unter Umständen auch der Meisterzahl und, mit Engerwerden des Nahrungsspielraums, die Monopolisierung der Meisterstellen für die Einheimischen, speziell die Meistersöhne, gesteigert; andererseits wird, sofern die Zünfte selbst die Polizei in ihre Hand brachten, durch Verbote des Verlags und Kontrolle der Kapitalleihe, Regulierung und Organisation des Rohstoffbezugs und zuweilen der Absatzart, der Entstehung kapitalistischer Abhängigkeiten von Außenstehenden und Großbetrieben entgegengearbeitet. Vor allem aber erstrebte die Stadt den Ausschluß des ihrer Herrschaft unterworfenen flachen Landes von der gewerblichen Konkurrenz, suchte also den ländlichen Gewerbebetrieb zu unterdrücken und den Bauern im städtischen Produzenteninteresse zum Einkauf seines Bedarfs in der Stadt zu zwingen und im städtischen Konsumenteninteresse den Verkauf ihrer Produkte auf dem Markt der Stadt und nur dort aufzuzwingen, ebenso im Interesse der Konsumenten und gelegentlich der gewerblichen Rohstoffverbraucher den „Vorkauf" von Waren außerhalb des Marktes zu hindern, im Interesse der eignen Händler endlich Umschlags- und Zwischenhandelsmonopol durchzusetzen, andererseits Privilegien im freien Handel auswärts zu gewinnen. Diese Kernpunkte der sog. „Stadtwirtschaftspolitik", durch ungezählte Kompromißmöglichkeiten kollidierender Interessen variiert, finden sich in den Grundzügen fast überall wieder. Die jeweilige Richtung der Politik wird dabei außer durch die innerstädtische Machtlage der Interessenten durch den jeweiligen Erwerbsspielraum der Stadt bedingt. Seine Erweiterung in der ersten Periode der Besiedelung brachte eine auf Erweiterung des Markts, seine Verengung nach Ende des Mittelalters eine auf Monopolisierung gerichtete Tendenz mit sich. Im übrigen hat jede einzelne Stadt ihre eigenen, mit den Konkurrenten kollidierenden Interessen, und speziell unter den Fernhandelsstädten des Südens herrscht Kampf auf Leben und Tod.

Der patrimonialbureaukratische Staat nun dachte nach Unterwerfung der Städte durchaus nicht an ein grundsätzliches Brechen mit dieser „Stadtwirtschaftspolitik". Ganz im Gegenteil. Die ökonomische Blüte der Städte und ihrer Gewerbe und die Erhaltung der Volkszahl durch Erhaltung der Nahrungen lag ihm im Interesse seiner Finanzen ganz ebenso am Herzen, wie andrerseits die Stimulierung des Außenhandels im Sinn einer merkantilistischen Handelspolitik, deren Maßregeln er, mindestens zum Teil der städtischen Fernhandelspolitik absehen konnte. Er suchte die kollidierenden Interessen der in seinem Verband vereinigten Städte und Gruppen auszugleichen, insbesondere den Nahrungsstandpunkt mit kapitalfreundlicher Politik zu vereinigen. An die überkommene Wirtschaftspolitik rührte er bis fast an den Vorabend der französischen Revolution nur da, wo die lokalen Monopole und Privilegien der Bürger der von ihm selbst inaugurierten, zunehmend kapitalistisch orientierten Privilegien- und Monopolpolitik im Wege standen: Schon dies freilich konnte im Einzelfall zu einer sehr drastischen Durchbrechung der ökonomischen Bürgerprivilegien führen, aber es bedeutete doch nur in lokalen Ausnahmefällen ein prinzipielles Verlassen der überkommenen Bahn. Die Autonomie der Wirtschaftsregulierung durch die Stadt aber ging verloren, und das konnte indirekt freilich erhebliche Bedeutung gewinnen. Aber das Entscheidende lag doch in der an sich bestehenden Unmöglichkeit für die Städte, militärisch-politische Machtmittel nach Maß und Art der patrimonialbureaukratischen Fürsten in den Dienst ihrer Interessen zu stellen. Sie konnten im übrigen auch nur ausnahmsweise den Versuch machen, in der Art, wie die Fürsten es taten, als Verbände an den kraft der Politik des Patrimonialismus sich neu auftuenden Erwerbschancen teilzunehmen. Das konnte der Natur der Sache nach nur der Einzelne, vor allem der sozial privilegierte Einzelne, und speziell an den typischen, monopolistisch privilegierten, inländischen und überseeischen Unternehmungen des Patrimonialismus sind in England wie in Frankreich neben den Königen selbst (verhältnismäßig) viele grundherrliche oder dem Großbeamtentum angehörige, (verhältnismäßig) wenige bürgerliche Elemente beteiligt gewesen. Gelegentlich haben zwar auch so manche Städte, wie z. B. Frankfurt, in zuweilen umfassender Art, sich auf Stadtrechnung an spekulativen auswärtigen Unternehmungen beteiligt. Meist aber zu ihrem Schaden, da ein einziger Mißerfolg sie nachhaltiger als ein großes politisches Gebilde treffen mußte.

Der ökonomische Niedergang zahlreicher Städte, namentlich in der Zeit seit dem 16. Jahrhundert, ist – da er sich eben damals auch in England vollzog – nur teilweise durch Verschiebung der Handelsstraßen, und auch nur teilweise durch das Entstehen von großen Hausindustrien, die auf außerstädtischer Arbeitskraft ruhten, direkt begründet. Zum größten Teil vielmehr durch andere allgemeine Bedingungen: vor allem dadurch, daß die traditionellen, in die Stadtwirtschaft eingegliederten Unternehmungsformen jetzt nicht mehr diejenigen waren, welche die ganz großen Gewinste abwarfen, und daß, wie einst die feudale Kriegstechnik, so jetzt sowohl die politisch orientierten, wie die händlerischen und gewerblichen kapitalistischen Unternehmungen, auch wo sie formal stadtsässig waren, doch nicht mehr in einer städtischen Wirtschaftspolitik ihre Stütze fanden und nicht mehr von einem lokal, an den einzelnen Bürgerverband, gebundenen Unternehmertum getragen werden konnten. Die neuen kapitalistischen Unternehmungen siedelten sich in den für sie geeigneten neuen Standorten an. Und der Unternehmer rief für seine Interessen jetzt nach anderen Helfern – soweit er solche überhaupt brauchte – als einer lokalen Bürgergemeinschaft. Ebenso wie in England die Dissenters, welche in der kapitalistischen Entwicklung eine so wichtige Rolle spielten, infolge der Test-Akte nicht zur herrschenden Stadtkorporation gehörten, entstanden die großen modernen Handels- und Gewerbestädte

Englands gänzlich außerhalb der Bezirke, und damit auch der lokalen Monopolgewalten, der alten privilegierten Korporationen und zeigten daher in ihrer juristischen Struktur vielfach ein ganz archaistisches Gepräge: die alten Grundherrengerichte: court baron und court leet bestanden in Liverpool und Manchester bis zur modernen Reform, nur war der Grundherr als Gerichtsherr ausgekauft.

6. Aus der spezifischen politischen und ökonomischen Eigenart der mittelalterlichen Städte folgte auch ihr Verhalten zu den *nichtstadtbürgerlichen* Schichten. Dies zeigt nun bei den einzelnen Städten allerdings ein sehr verschiedenes Gesicht. Gemeinsam ist allen zunächst der wirtschaftsorganisatorische Gegensatz gegen die spezifisch außerstädtischen politischen, ständischen und grundherrlichen Strukturformen: Markt gegen Oikos. Diesen Gegensatz darf man sich freilich nicht einfach als einen ökonomischen „Kampf" zwischen politischen oder Grund-Herren und Stadt denken. Ein solcher bestand natürlich überall da, wo die Stadt im Interesse ihrer Machterweiterung politisch oder grundherrlich abhängige Leute, die der Herr festhalten wollte, in ihre Mauern oder vollends, ohne daß sie in die Stadt zogen, als Außenbürger in den Bürgerverband aufnahm. Das letztere ist wenigstens den nordischen Städten nach kurzer Zwischenzeit durch Fürstenverbände und Verbote der Könige unmöglich gemacht worden. Die ökonomische Entwicklung der Städte rein als solche ist aber nirgends prinzipiell bekämpft worden, sondern die politische Selbständigkeit. Ebenso wo sonst spezielle ökonomische Interessen der Herren in Kollision gerieten mit den verkehrspolitischen Interessen und Monopoltendenzen der Städte, was oft der Fall war. Und natürlich betrachteten die Interessenten des feudalen Wehrverbandes, die Könige an der Spitze, die Entwicklung autonomer Festungen im Bereich ihrer politischen Interessensphäre mit dem allergrößten Mißtrauen. Die deutschen Könige haben von diesem Mißtrauen mit ganz kurzen Unterbrechungen niemals gelassen. Dagegen sind die französischen und englischen zeitweise stark städtefreundlich gewesen aus politischen, durch den Gegensatz der Könige gegen ihre Barone bedingten Gründen und außerdem wegen der finanziellen Bedeutung der Städte. Ebenso ist die auflösende Tendenz, welche die Marktwirtschaft der Stadt als solche auf den grundherrlichen und indirekt auch auf den feudalen Verband ausüben konnte und den sie mit sehr verschiedenem Erfolge tatsächlich ausgeübt hat, keineswegs notwendig in Form eines „Kampfs" der Städte gegen andere Interessenten verlaufen. Im Gegenteil herrschte auf weite Wegstrecken eine starke Interessengemeinschaft. Den politischen sowohl wie den Grundherrn waren Geldeinnahmen, die sie von ihren Hintersassen erheben konnten, äußerst erwünscht. Die Stadt erst gab aber diesen letzteren einen Lokalmarkt für ihre Produkte und damit die Möglichkeit, Geld statt Frohnden oder Naturalabgaben zu zahlen; ebenso gab sie den Herren die Möglichkeit, ihre Naturaleinnahmen, statt sie in natura zu verzehren, je nachdem auf dem Lokalmarkt, oder durch den zunehmend kapitalkräftigen Handel auswärts, zu Geld machen zu lassen. Von diesen Möglichkeiten machten die politischen wie die Grundherren energisch Gebrauch, entweder indem sie den Bauern Geldrenten abverlangten oder indem sie deren durch den Markt gewecktes Eigeninteresse an erhöhter Produktion durch Schaffung vergrößerter Wirtschaftseinheiten, welche einen größeren Anteil am Naturalertrag als Rente abgeben konnten, ausnutzten und diesen Mehrertrag ihrer Naturalrenten ihrerseits versilberten. Und daneben konnte der politische und Grundherr, je mehr sich der lokale und interlokale Verkehr entwickelte, desto

mehr Geldeinnahmen aus den verschiedensten Arten von Tributen von eben diesem Verkehr suchen, wie dies im deutschen Westen schon im Mittelalter geschehen ist. Die Stadtgründung war daher nebst ihren Konsequenzen vom Gesichtspunkt ihrer Gründer aus ein geschäftliches Unternehmen zur Erlangung von Geldeinnahmechancen. Aus diesem ökonomischen Eigeninteresse heraus erfolgten noch in der Zeit der Judenverfolgungen im Osten, speziell in Polen, seitens des Adels die mannigfachen Gründungen von „Städten", oft Fehlgründungen, deren oft nur nach Hunderten zählende Einwohnerschaft zuweilen noch im 19. Jahrhundert zu 90 % aus Juden bestand. Diese spezifisch mittelalterlich-nordeuropäische Art der Städtegründung ist also faktisch ein Erwerbs„geschäft" – wie wir sehen werden, im schärfsten Gegensatz gegen die militärische Festungsstadtgründung, welche die antike Polis darstellt. Die Umwandlung fast aller persönlichen und dinglichen Ansprüche des Grund- und Gerichtsherrn in Rentenforderungen und die daraus sich ergebende, teils rechtliche, teils immerhin weitgehende faktische ökonomische Freiheit der Bauern – die überall da ausblieb, wo die Entwicklung der Städte schwach war – entstand als Folge davon, daß die politischen und grundherrlichen Einnahmen im Gebiet intensiver Städteentwicklung zunehmend mehr aus Marktabsatz der Bauernprodukte oder der Bauernabgaben und im übrigen jedenfalls aus anderen verkehrswirtschaftlichen Quellen gespeist werden konnten und auch wurden als aus der Ausnutzung der Frohnpflicht der Abhängigen oder in der Art der alten oikenwirtschaftlichen Umlegung des Haushaltsbedarfs auf sie, und daß der Herr, und ebenso, wenn auch im geringeren Maß, die Abhängigen, zunehmende Teile des Bedarfs geldwirtschaftlich deckten. Im übrigen war sie sehr wesentlich durch den Auskauf des landsässigen Adels durch die Stadtbürger bedingt, welche nun zu einer rationellen Bewirtschaftung des Landbesitzes übergingen. Dieser Prozeß fand jedoch seine Schranke da, wo der Lehensverband zum Besitz adliger Güter die Lehensfähigkeit verlangte und diese, wie nördlich der Alpen fast überall, dem Stadtpatriziat fehlte. Aber jedenfalls bestand lediglich auf Grund der „Geldwirtschaft" als solcher keine ökonomische Interessenkollision zwischen politischen oder Grundherren und Städten, sondern sogar Interessengemeinschaft. Eine rein ökonomische Kollision entstand erst da, wo Grundherren zur Erhöhung ihrer Einnahmen zu einer erwerbswirtschaftlichen gewerblichen Eigenproduktion überzugehen suchten, was freilich nur da möglich war, wo geeignete Arbeitskräfte dazu zur Verfügung standen. Wo dies der Fall war, ist der Kampf der Städte gegen diese gewerbliche Produktion der Grundherren auch entbrannt und hat sich gerade in der Neuzeit, noch innerhalb des Verbandes des patrimonialbureaukratischen Staats, oft sehr intensiv entwickelt. Im Mittelalter dagegen ist davon noch kaum die Rede, und eine faktische Auflösung des alten grundherrlichen Verbandes und der Gebundenheit der Bauern ist oft durchaus kampflos mit Vordringen der Geldwirtschaft als dem Resultat erfolgt. So in England. Anderwärts haben die Städte allerdings direkt und bewußt diese Entwicklung gefördert. So, wie wir sahen, im Machtgebiet von Florenz.

Der patrimonialbureaukratische Staat suchte die Interessengegensätze von Adel und Städten auszugleichen, legte dabei aber, weil er den Adel für seine Dienste, als Offiziere und Beamten, brauchen wollte, die Unzulässigkeit des Erwerbs adliger Güter durch Nichtadlige, also auch die Bürger, fest.

Im Mittelalter waren stärker als die weltlichen in diesem Punkt die geistlichen, namentlich die klösterlichen, Grundherrschaften in der Lage, in Konflikt mit der Stadt zu geraten. Neben den Juden war die Geistlichkeit ja überhaupt, zumal seit der Trennung von Staat und Kirche im Investiturstreit, der spezifische Fremdkörper in der Stadt. Ihr Besitz nahm als geistliches Gut weitgehende Lastenfreiheit und Immunität, also Ausschluß jeder Amtshandlung, auch der Stadtbehörden, in Anspruch. Sie selbst entzogen sich als Stand den militärischen und sonstigen persönlichen Pflichten der Bürger. Dabei aber schwoll jener lastenfreie Besitz, und dadurch wiederum die Zahl der der vollen Stadtgewalt entzogenen Personen, durch fortgesetzte Stiftungen frommer Bürger an. Die Klöster ferner hatten in ihren Laienbrüdern Arbeitskräfte, welche keine Familie zu versorgen hatten, also alle außerklösterliche Konkurrenz schlagen konnten, wenn sie, wie dies vielfach geschah, zum eigengewerblichen Betrieb verwendet wurden. Massenhaft hatten sich ferner Klöster und Stifter, ganz wie die Vakuf im mittelalterlichen Islam, in den Besitz gerade der geldwirtschaftlichen Dauerrentenquellen des Mittelalters: Markthallen, Verkaufsstätten aller Art, Fleischscharren, Mühlen und dgl. gesetzt, die nun nicht nur der Besteuerung, sondern auch der Wirtschaftspolitik der Stadt sich entzogen, oft überdies Monopole in Anspruch nahmen. Selbst militärisch konnte die Immunität der ummauerten Klausuren bedenklich werden. Und das geistliche Gericht mit seiner Gebundenheit an die Wucherverbote bedrohte überall das bürgerliche Geschäft. Gegen die Anhäufung von Bodenbesitz in der toten Hand suchte sich die Bürgerschaft durch Verbote ebenso zu sichern, wie Fürsten und Adel durch die Amortisationsgesetze. Auf der anderen Seite aber bedeuteten die kirchlichen Feste, vor allem der Besitz von Wallfahrtsorten mit Ablässen, für einen Teil der städtischen Gewerbe starke Verdienstchancen, und die Stifter, soweit sie Bürgerlichen zugänglich waren, auch Versorgungsstellen. Die Beziehung zwischen Geistlichkeit und Klöstern einerseits, der Bürgerschaft andererseits, waren daher auch zu Ende des Mittelalters trotz aller Kollisionen keineswegs so durchweg unfreundliche, daß etwa dies Moment allein zu einer „ökonomischen Erklärung“ der Reformation ausreichen würde. Die kirchlichen und klösterlichen Anstalten waren der Sache nach nicht so unantastbar für die Stadtgemeinde wie nach dem kanonischen Recht. Es ist zutreffend darauf hingewiesen worden, daß speziell in Deutschland die Stifter und Klöster, nachdem seit dem Investiturstreit die Königsmacht zunehmend zurückging, damit ihres interessiertesten Schirmherren gegen die Laiengewalt verlustig gingen und daß die von ihnen abgeworfene Vogteigewalt in indirekter Form sehr leicht wieder erstehen konnte, wenn sie sich ökonomisch stark engagierten. In vielen Fällen hatte der städtische Rat es verstanden, sie faktisch unter eine der alten Vogtei ganz ähnliche Vormundschaft zu stellen, indem er ihnen für ihre Geschäftsführung unter den verschiedensten Vorwänden und Namen Pfleger und Anwälte aufdrängte, welche dann die Verwaltung den bürgerlichen Interessen entsprechend führten. – Die ständische Stellung des Klerus innerhalb des Bürgerverbandes war sehr verschieden. Zum Teil stand er rechtlich einfach ganz außerhalb der Stadtkorporation, aber auch wo dies nicht der Fall war, bildete er mit seinen unaustilgbaren ständischen Privilegien eine unbequeme und unassimilierbare Fremdmacht. Die Reformation machte diesem Zustand innerhalb ihres Bereichs ein Ende, aber den Städten, welche nun sehr bald dem patrimonialbureaukratischen Staat unterworfen wurden, kam dies nicht mehr zugute.

In diesem letzteren Punkt war die Entwicklung in der Antike gänzlich anders verlaufen. Je weiter zurück, desto mehr ähnelt die ökonomische Stellung der Tempel in der Antike derjenigen der Kirchen und namentlich der Klöster im früheren Mittelalter, wie sie besonders in den venezianischen Kolonien zutage trat. Aber die Entwicklung verlief hier nicht wie im Mittelalter in der Richtung einer zunehmenden Trennung von Staat und Kirche und steigenden Selbständigkeit des kirchlichen Herrschaftsgebiets, sondern gerade umgekehrt. Die Stadtadelsgeschlechter bemächtigten sich der Priestertümer als einer Sportel- und Machtquelle, und die Demokratie verstaatlichte sie vollends und machte sie zu Pfründen, welche meist versteigert wurden, vernichtete den politischen Einfluß der Priester und nahm die ökonomische Verwaltung in die Hand der Gemeinde. Die großen Tempel des Apollon in Delphoi oder der Athena in Athen waren Schatzhäuser des hellenistischen Staates, Depositenkassen von Sklaven, und ein Teil von ihnen blieben große Grundbesitzer. Aber eine ökonomische Konkurrenz mit bürgerlichen Gewerben kam innerhalb der antiken Städte nicht in Frage. Eine Säkularisation des Sakralguts hat es nicht gegeben und konnte es nicht geben. Aber der Sache, wenn auch nicht der Form nach, war in den antiken Städten die „Verweltlichung" des einst in den Tempeln konzentrierten Gewerbes ungleich radikaler durchgeführt als im Mittelalter. Das Fehlen der Klöster und der selbständigen Organisation der Kirche als eines interlokalen Verbandes überhaupt war der wesentliche Grund dafür. – Die Konflikte des Stadtbürgertums mit den grundherrlichen Gewalten waren der Antike ebenso bekannt wie dem Mittelalter und der beginnenden Neuzeit. Die antike Stadt hat ihre Bauernpolitik und ihre den Feudalismus sprengende Agrarpolitik gehabt. Die Dimensionen dieser Politik sind aber so viel größer und ihre Bedeutung innerhalb der Stadtentwicklung dabei so heterogen gegenüber dem Mittelalter, daß hier der Unterschied deutlich hervortritt. Er muß im allgemeinen Zusammenhang erörtert werden.

Die wesentlich ökonomischen Gegensätze der Stadtbürger zu den nicht bürgerlichen Schichten und ihren ökonomischen Lebensformen waren nicht das, was der mittelalterlichen Stadt ihre entwicklungsgeschichtliche Sonderstellung zuwies. Vielmehr war dafür die Gesamtstellung der Stadt innerhalb der mittelalterlichen *politischen* und ständischen Verbände das Entscheidende. Hier am stärksten scheidet sich die typische mittelalterliche Stadt nicht nur von der antiken Stadt, sondern auch innerhalb ihrer selbst in zwei durch flüssige Übergänge verbundene, in ihren reinsten Ausprägungen aber sehr verschiedene Typen, von denen der eine, wesentlich südeuropäische, speziell italienische und südfranzösische, dem Typus der antiken Polis trotz aller Unterschiede dennoch wesentlich näher steht als der andere, vornehmlich nordfranzösische, deutsche und englische, der trotz aller Unterschiede untereinander in dieser Hinsicht gleichartig war. Wir müssen uns nunmehr noch einmal einer Vergleichung des mittelalterlichen mit dem antiken Stadttypus und zweckmäßigerweise mit anderen Stadttypen überhaupt zuwenden, um die treibenden Ursachen der Verschiedenheit zusammenhängend zu überblicken.

Der ritterliche Patriziat der südeuropäischen Städte besaß ganz ebenso persönliche auswärtige Burgen und Landbesitzungen, wie etwa im Altertum dies schon mehrfach an dem Beispiel des Miltiades erörtert wurde. Die Besitzungen und Burgen der Grimaldi finden sich weit die Küste der Provence entlang. Nach Norden zu wurden derartige Verhältnisse wesentlich seltener, und die typische mittel-

und nordeuropäische Stadt der späteren Zeit kennt sie nicht. Andererseits: Von einem Demos, der, wie der attische, durch rein politische Macht bedingte städtische Gratifikation und Rentenverteilung erwartete, weiß die mittelalterliche Stadt ebenfalls so gut wie gar nichts, obwohl es ganz wie für die athenischen Bürger Verteilung des Ertrages der laurischen Minen, so für mittelalterliche und selbst moderne Gemeinden direkte Verteilungen von ökonomischen Erträgnissen des Gemeindebesitzes gegeben hat.

Sehr scharf ist der Gegensatz der untersten ständischen Schicht: die antike Stadt kennt als Hauptgefahr der ökonomischen Differenzierung, die deshalb von allen Parteien gleichmäßig, nur mit verschiedenen Mitteln zu bekämpfen gesucht wurde, die Entstehung einer Klasse von Vollbürgern, Nachkommen vollbürgerlicher Familien, welche, ökonomisch ruiniert, verschuldet, besitzlos, nicht mehr imstande, sich selbst für das Heer auszurüsten, von einem Umsturz oder einer Tyrannis die Neuverteilung des Grundbesitzes oder einen Schulderlaß oder Versorgung aus öffentlichen Mitteln: Getreidespenden, unentgeltlichen Besuch von Festen, Schauspielen und Zirkuskämpfen, oder direkte Zuschüsse aus öffentlichen Mitteln zur Ermöglichung des Festbesuches verlangten. Derartige Schichten waren dem Mittelalter zwar nicht unbekannt. Sie fanden sich auch in der Neuzeit auf dem Boden der amerikanischen Südstaaten, wo der besitzlose „arme weiße Dreck“ (poor white trash) der Sklavenhalterplutokratie gegenüberstand. Im Mittelalter waren die durch Schulden deklassierten Schichten des Adels, z. B. in Venedig, ebenso ein Gegenstand der Sorge wie in Rom in der Zeit Catilinas. Aber im ganzen spielt dieser Tatbestand eine geringe Rolle. Vor allem in den demokratischen Städten. Er war jedenfalls nicht der typische Ausgangspunkt von Klassenkämpfen, wie dies im Altertum durchaus der Fall war. Denn in der Antike spielten sich in der Frühzeit die Klassenkämpfe zwischen den stadtsässigen Geschlechtern als *Gläubigern* und den Bauern als *Schuldnern* und depossedierten Schuldknechten ab. Der „civis proletarius“, der „Nachfahre“ – eines Vollbürgers nämlich – war der typische Deklassierte. In der Spätzeit waren es verschuldete Junker wie Catilina, welche den besitzenden Schichten gegenüberstanden und zu Führern der radikalen revolutionären Partei wurden. Die Interessen der negativ privilegierten Schichten der antiken Polis sind wesentlich *Schuldner*-Interessen. Und daneben: *Konsumenten*-Interessen. Dagegen schwinden auf dem Boden der Antike innerhalb der Stadtwirtschaftspolitik jene Interessen zunehmend, welche im Mittelalter den Angelpunkt der demokratischen Stadtpolitik ausmachten: die *gewerbe*politischen. Jene zünftlerische „Nahrungspolitik“ stadtwirtschaftlichen Charakters, welche die Frühzeit des Aufstieges der Demokratie auch in der Antike zeigte, trat mit der weiteren Entwicklung immer stärker zurück. Wenigstens ihre produzentenpolitische Seite. Die voll entwickelte Demokratie der hellenischen Städte, ebenso aber auch die voll entwickelte Honoratiorenherrschaft in Rom kennt vielmehr, soweit die städtische Bevölkerung in Betracht kommt, neben Handelsinteressen fast nur noch Konsumenteninteressen. Die Getreideausfuhrverbote, welche der antiken mit der mittelalterlichen und merkantilistischen Politik gemeinsam waren, reichten in der Antike nicht aus. Direkte öffentliche Fürsorge für Getreidezufuhr beherrschte die Wirtschaftspolitik. Getreidespenden befreundeter Fürsten geben in Athen einen Hauptanlaß zur Revision der Bürgerregister behufs Ausschluß Unberechtigter. Und Mißernten im pontischen Getreidegebiet zwingen Athen zum Erlaß des Tributs an die Bundesgenossen; so sehr beherrschte der Brotpreis die Leistungsfähigkeit. Direkte Getreideankäufe der Polis finden sich auch im hellenischen Gebiet. Aber in riesigstem Maßstab entstand die Benutzung der Provinzen zu Getreidesteuern für die Getreidespenden an die Stadtbürgerschaft in der Spätzeit der römischen Republik.

Der spezifisch *mittelalterliche* Notleidende war ein armer *Handwerker*, also ein gewerblicher *Arbeitsloser*, der spezifisch *antike* Proletarier ein *politisch* Deklassierter, weil *grundbesitzlos* gewordener früherer Grundbesitzer. Auch die Antike hat die Beschäftigungslosigkeit von Handwerkern als Problem gekannt. Das spezifische Mittel dagegen waren große Staatsbauten, wie sie Perikles ausführen ließ. Schon die massenhafte Sklavenarbeit im Gewerbe verschob aber dessen Lage. Gewiß hat es auch im Mittelalter in einem Teil der Städte dauernd Sklaven gegeben. Einerseits bestand in den mittelländischen Seestädten sogar bis gegen Ende des Mittelalters eigentlicher Sklavenhandel. Andererseits hatte der gerade entgegengesetzte, kontinentalste Typus: eine Stadt wie Moskau vor der Leibeigenenbefreiung, durchaus das Gepräge einer großen Stadt des Orients, etwa der diokletianischen Zeit: Renten von Land- und Menschenbesitzern und Amtseinkünfte wurden darin verzehrt. Aber in den typischen mittelalterlichen Städten des Okzidents spielte ökonomisch die Sklavenarbeit je länger je mehr eine ganz geringe, schließlich gar keine Rolle mehr. Nirgends hätten machtvolle Zünfte das Entstehen einer Handwerkerschicht von Leibzins an ihre Herren zahlenden Sklaven als Konkurrenten des freien Gewerbes zugelassen. Gerade umgekehrt in der Antike. Jede Vermögensakkumulation bedeutete dort: Anhäufung von Sklavenbesitz. Jeder Krieg bedeutete massenhaft Beutesklaven und Überfüllung des Sklavenmarktes. Diese Sklaven wurden zum Teil konsumtiv, zur persönlichen Bedienung der Besitzer, verwendet. Im Altertum gehörte der Sklavenbesitz zu den Erfordernissen jeder vollbürgerlichen Lebenshaltung. Der Vollhoplit konnte in Zeiten chronischen Kriegszustandes den Sklaven als Arbeitskraft so wenig entbehren wie der Ritter des Mittelalters die Bauern. Wer ohne jeden Sklaven leben mußte, war unter allen Umständen ein Proletarier (im Sinn der Antike). Die vornehmen Häuser des Römeradels kannten konsumtive Verwendung von Sklaven in Masse zur persönlichen Bedienung, welche in einer sehr weitgetriebenen Funktionsteilung die Geschäfte des großen Haushaltes besorgten und produktiv wenigstens beträchtliche Teile des Bedarfs oikenwirtschaftlich deckten. Nahrung und Kleidung der Sklaven wurde allerdings zum erheblichen Teile geldwirtschaftlich beschafft. In der athenischen Wirtschaft galt als Norm der voll geldwirtschaftliche Haushalt, der erst recht im hellenistischen Osten herrschte. Aber noch von Perikles wurde speziell betont, daß er, um der Popularität bei den Handwerkern willen, seinen Bedarf möglichst durch Kauf auf dem Markt und nicht eigenwirtschaftlich deckte. Andererseits lag ein immerhin beträchtlicher Teil auch der gewerblichen *Produktion* in den Städten in den Händen von selbständig erwerbenden Sklaven. Von den Ergasterien ist schon früher die Rede gewesen, und ihnen treten die unfreien Einzelhandwerker und Kleinhändler zur Seite. Es ist selbstverständlich, daß das Nebeneinanderarbeiten von Sklaven und freien Bürgern, wie es sich in den gemischten Akkordgruppen bei den Arbeiten am Erechtheion findet, sozial auf die Arbeit als solche drückte und daß die Sklavenkonkurrenz auch ökonomisch sich fühlbar machen mußte. Die größte Expansion der Sklavenausnutzung fiel aber im hellenischen Gebiet gerade in die Blütezeiten der Demokratie.

Dieses Nebeneinander von Sklavenarbeit und freier Arbeit hat nun offenbar in der Antike auch jede Möglichkeit einer Entwicklung von *Zünften* in der Entstehung geknickt. In der Frühzeit der Polis waren vermutlich – wenn auch nicht sicher nachweislich – in Ansätzen gewerbliche Verbände vorhanden. Allem Anschein nach aber als organisierte Verbände militärisch wichtiger alter Kriegshandwerker – wie die Centuria fabrum in Rom, die „Demiurgen" im Athen der Ständekämpfe. Diese Ansätze politischer Organisation aber schwanden gerade unter der Demokratie spurlos, und das konnte nach der damaligen sozialen Struktur des Gewerbes nicht anders sein. Der antike Kleinbürger konnte wohl mit den Sklaven zusammen einer Mystengemeinde (wie in Hellas) oder einem „Collegium" (wie später in Rom) angehören, aber nicht einem Verband, der, wie die Zunft des Mittelalters, politische Rechte in Anspruch nahm. Das Mittelalter kennt den Popolo im Gegensatz zu den Geschlechtern als *zünftig* organisiert. Gerade in der klassischen Zeit der Antike, unter der Herrschaft des Demos fehlt dagegen (im Gegensatz zu älteren Ansätzen) jede Spur von Zünften. Nicht nach Zünften, sondern nach *Demoi* oder nach Tribus, also nach örtlichen und zwar (formal) vorwiegend *ländlichen* Bezirken war die „demokratische" Stadt eingeteilt. Das war ihr Merkmal. Davon weiß nun wiederum das Mittelalter gar nichts. Die Einteilung des Stadt*inneren* in Stadtquartiere war natürlich dem Altertum und Mittelalter gemeinsam mit den orientalischen und ostasiatischen Städten. Indessen die ausschließliche Begründung einer politischen Organisation auf lokale Gemeinschaften und vor allem deren Erstreckung auf das gesamte zum politischen Bereich der Stadt gehörige platte Land, so daß hier formell geradezu das Dorf die Unterabteilung der Stadt wurde, fehlte dem Mittelalter und fehlte auch allen anderen Städten anderer Gebiete. Die Demoieinteilung fiel (im wesentlichen) mit den Dorfmarken (historischen oder ad hoc geschaffenen) zusammen. Die Demoi waren mit Allmenden und lokalen Ortsobrigkeiten ausgestattet. Dies als Grundlage der *Stadt*verfassung steht einzigartig in der Geschichte da und kennzeichnet für sich allein schon die Sonderstellung gerade der *demokratischen* Polis des Altertums, welche gar nicht stark genug betont werden kann. Dagegen *gewerbliche* Verbände als Konstituentien einer Stadt finden sich in der Antike nur in der Frühzeit und dann nur neben anderen ständischen Körperschaften. Sie galt für Wahlzwecke: so in Rom die Centurie der fabri neben den Centurien der equites im alten Klassenheer und möglicherweise, aber gänzlich unsicher, die Demiurgen eines nachsolonischen Ständekompromisses in Athen. Dies Vorkommen konnte dem Ursprung nach sowohl auf freie Einungen zurückgehen – wie dies sicherlich für das in der politischen Verfassung mit berücksichtigte, sehr alte Collegium mercatorum mit dem Berufsgott Mercurius in Rom galt – oder es konnte auch in leiturgisch, für Heereszwecke, gebildeten Verbänden seine letzte Quelle haben: die antike Stadt beruhte ja in ihrer Bedarfsdeckung ursprünglich auf den Frohnden der Bürger. Einzelne gildenartige Erscheinungen finden sich. Der Kultverband der Tänzer des Apollon in Milet z. B. mit seiner ganz offiziellen, durch Eponymie des Jahres nach dem Verbandsvorstand dokumentierten Herrschaftsstellung (unbekannten spezielleren Inhalts) in der Stadt findet seine Parallele am ehesten in den Gilden des mittelalterlichen Nordens einerseits, den Zünften der magischen Tänzer bei amerikanischen Stämmen und der Magier (Brahmanen) in Indien, der Leviten in Israel andererseits. Man wird aber nicht an einen Gaststamm von Berufsekstatikern denken. Er ist in historischer Zeit vielmehr wohl als ein Klub der zur Teilnahme an der Apollon-Prozession qualifizierten Honoratioren anzusehen, entspricht also am ehesten der Kölner Richerzeche, nur mit der dem Altertum im Gegensatz zum Mittelalter typischen Identifikation einer kultischen Sondergemeinschaft mit der herrschenden politischen Bürgerzunft. Wenn in der *Spät*zeit der Antike andererseits in Lydien wieder Kollegien von Gewerbetreibenden mit *erblichen* Vorstehern sich finden, welche die Stelle von Phylen einzunehmen scheinen, so ist dies sicher aus alten gewerblichen Gaststämmen hervorgegangen, repräsentiert also einen der okzidentalen Entwicklung gerade entgegengesetzten, an indische Verhältnisse erinnernden Zustand. Im Okzident war eine Einteilung von Gewerbetreibenden nach Berufen erst wieder in den sowohl spätrömischen wie frühmittelalterlichen „Officia" und „Artificia" der grundherrlichen Handwerke vorhanden. Später, im Übergang zum Mittelalter, finden sich für städtische Handwerke, welche für den Markt produzierten, aber von einem Herrn persönlich abhängig, also abgabepflichtig waren, Verbände, welche, soviel ersichtlich, nur der Abgabenerhebung gedient zu haben scheinen, vielleicht aber ursprünglich vom Herren gebildete leiturgische Verbände waren. Neben diesen aber, die später verschwinden, und vielleicht ebenso alt wie sie, finden sich dann jene Einungen *freier* Handwerker mit monopolistischen Zwecken, welche in der Bewegung des Bürgertums gegen die Geschlechter die entscheidende Rolle spielten. In der Antike findet sich dagegen in der klassischen Demokratie nichts von alledem. Leiturgische Zünfte, welche vielleicht in der Frühzeit der Stadtentwicklung existiert haben könnten, obwohl sie außer in jenen militärischen und Abstimmungs-Verbänden Roms nicht einmal in Spuren sicher nachzuweisen sind, finden sich erst im leiturgischen Staat der späten antiken Monarchie wieder. Die freien Einungen aber haben gerade in der Zeit der klassischen Demokratie zwar alle möglichen anderen Gebiete umfaßt, aber, soviel ersichtlich, nirgends *Zunft*charakter besessen oder angestrebt. Sie gehen uns hier daher nichts an. Hätten sie irgendwo ökonomischen Zunftcharakter erlangen wollen, so hätten sie eben, da die unfreien Handwerker nun einmal massenhaft existierten, ebenso wie die mittelalterliche Stadt, zwischen freien und unfreien Mitgliedern keinen Unterschied machen dürfen. Dann aber mußten sie auf *politische* Bedeutung verzichten, und das hätte für sie gewichtige Nachteile ökonomischer Art, die wir bald kennenlernen werden, zur Folge gehabt. Die antike Demokratie war eine „Bürgerzunft" der *freien* Bürger und dadurch, wie wir sehen werden, in ihrem ganzen politischen Verhalten determiniert. Die freien Zünfte oder die ihnen ähnlichen Einungen beginnen sich daher, soviel bisher bekannt, genau in derjenigen Zeit erstmalig zu bilden, als es mit der politischen Rolle der antiken Polis definitiv *zu Ende* war. Die Idee aber, die unfreien oder die freien nicht vollbürgerlichen (freigelassenen, metökischen) gewerblichen Arbeiter zu unterdrücken, zu verjagen oder wirksam zu begrenzen, konnte für die Demokratie der Antike offenbar als undurchführbar gar nicht mehr in Betracht kommen. Ansätze, die sich dafür in charakteristischer Art in der Zeit der Ständekämpfe, speziell der Gesetzgeber und Tyrannen finden, schwinden später völlig, und zwar gerade nach dem Siege der Demokratie. Das Maß der Heranziehung von Sklaven privater Herren neben freien Bürgern und Metöken bei Staatsbauten und Staatslieferungen gerade in der Zeit der absoluten Herrschaft des Demos zeigt ganz offenbar: daß sie dafür eben einfach nicht entbehrt werden konnten, wohl auch: daß ihre Herren den Profit davon nicht entbehren wollten und die Macht hatten, ihren

Ausschluß zu hindern. Sonst hätte man sie sicherlich wenigstens dazu nicht mit herangezogen. Das freie, vollbürgerliche Gewerbe reichte also für die großen Staatsbedarfszwecke gar nicht aus. Hier zeigt sich die grundverschiedene Struktur gerade der voll entwickelten antiken Stadt wie der voll entwickelten mittelalterlichen in der Zeit der Herrschaft des Demos dort, des Popolo hier. In der von Hoplitenheeren beherrschten, frühdemokratischen antiken Stadt spielte der stadtsässige, nicht auf einem Kleros angesessene, ökonomisch wehrfähige Handwerker politisch keine Rolle. Im Mittelalter führte das stadtsässige bürgerliche Großunternehmertum (popolo grasso) *und*: die kleinkapitalistischen Handwerker (popolo minuto). Diese Schichten aber – das zeigt der politische Tatbestand – hatten innerhalb der antiken Bürgerschaft *keine* (maßgebende) *Macht*. Wie der antike Kapitalismus *politisch* orientiert war: an Staatslieferungen, staatlichen Bauten und Rüstungen, Staatskredit (in Rom als politischer Faktor schon in den punischen Kriegen), staatlicher Expansion und Beute an Sklaven, Land, Tributpflichten und Privilegien für Erwerb und Beleihung von Grund und Boden, Handel und Lieferungen in den Untertanenstädten, so war es auch die antike Demokratie: Die Bauern, so lange sie der Kern der Hoplitenheere blieben, waren am kriegerischen Landerwerb zu Ansiedlungszwecken interessiert. Das stadtsässige Kleinbürgertum aber: an direkten und indirekten *Renten* aus der Tasche der abhängigen Gemeinden: den Staatsbauten, Theater- und Heliasten-Geldern, Getreide- und anderen Verteilungen, die aus der Tasche der Untertanen vom Staat dargeboten wurden. Eine Zunftpolitik nach mittelalterlicher Art hätte das vorwiegend aus ländlichen Grundbesitzern bestehende Hoplitenheer in der Zeit seines Sieges in den kleisthenischen und (in Rom) dezemviralen Ständekompromissen schon von seinen Konsumenteninteressen an billiger Versorgung aus sicher nie aufkommen lassen. Und der spätere, von spezifisch stadtsässigen Interessenten beeinflußte, hellenische souveräne Demos hatte offensichtlich kein Interesse mehr daran, und übrigens wohl auch keine Möglichkeit dazu. Die politischen Ziele und Mittel der Demokratie in der Antike waren eben grundstürzend andere als diejenigen des mittelalterlichen Bürgertums. Das äußert sich in der schon mehrfach berührten Verschiedenheit der Gliederung der Städte. Wenn im Mittelalter die Geschlechter nicht geradezu verschwinden, sondern in die *Zünfte* als die nunmehrigen Konstituentien der Bürgerschaft einzutreten genötigt wurden, so bedeutete dies: daß sie innerhalb dieser durch den Mittelstand majorisiert werden konnten, also formal einen Teil ihres Einflusses einbüßten. Oft genug sind freilich umgekehrt die Zünfte dadurch nach Art der Londoner Liveries ihrerseits auf die Bahn, plutokratische Rentnerkorporationen zu werden, getrieben worden. Immer aber bedeutete der Vorgang die Steigerung der Machtstellung einer *inner*städtischen, an Handel und Gewerbe direkt beteiligten oder interessierten, in diesem modernen Sinn: bürgerlichen Schicht. Wenn dagegen in der Antike an die Stelle oder neben die alten personalen Geschlechterverbände, Phylen und Phratrien die Einteilung des Stadtgebietes in *Demoi* oder *Tribus* trat und diese Körperschaften und ihre Repräsentanten nun allein die politische Gewalt in Händen hatten, so bedeutete das zweierlei: Zunächst die Zersprengung des Einflusses der Geschlechter. Denn deren Besitz war, seiner Entstehung durch Beleihung und Schuldverfall entsprechend, zum sehr großen Teile Streubesitz und kam nun nirgends mehr mit voller Wucht, sondern nur in den einzelnen Demen mit seinen einzelnen Partikeln zur Wirkung. Dort, im einzelnen Demos, war er jetzt zu registrieren und zu versteuern, und das bedeutete wesentlich mehr im Sinne der Herabsetzung der politischen Macht des großen Besitzes als heute etwa eine Eingemeindung der ostdeutschen Gutsbezirke in die Landgemeinden bedeuten würde. Ferner und vor allem aber bedeutete die Zerschlagung des ganzen Stadtgebietes in Demoi: die Besetzung aller Rats- und Beamtenstellen mit Repräsentanten dieser, wie es in Hellas geschah, oder doch die Gliederung der Komitien (Tributkomitien) nach Tribus (31 ländliche, 4 städtische), wie sie in Rom durchgeführt wurde. Wenigstens der ursprünglichen Absicht nach sollte das die ausschlaggebende Stellung *nicht* stadtsässiger, sondern *land*sässiger Schichten und ihre Herrschaft über die Stadt bedeuten. Also *nicht* ein politisches Aufsteigen des städtischen erwerbenden *Bürgertums*, wie im popolo, sondern gerade umgekehrt den politischen Aufstieg der *Bauern*. Im Mittelalter, heißt das, war von Anfang an das *Gewerbe*, in der Antike aber, in der kleisthenischen Zeit, die *Bauern*schaft Träger der „Demokratie". Der Tatsache nach und wenigstens einigermaßen dauernd trat dies allerdings nur in Rom ein. In Athen war nämlich die Zugehörigkeit zu einem Demos, dem man einmal angehörte, eine dauernde erbliche Qualität, welche unabhängig war vom Wohnsitz, Grundbesitz und Beruf, ebenso wie die Phratrie und die Sippe angeboren waren. Die Familie eines Paianiers z. B., wie des Demosthenes, blieb durch alle Jahrhunderte diesem Demos rechtlich zugehörig, wurde in ihm zu den Lasten herangezogen und zum Amt erlost, ganz einerlei ob er durch Wohnsitz oder Grundbesitz noch die allermindesten Beziehungen dorthin hatte. Damit wurde aber natürlich den Demen, sobald einige Generationen der Zuwanderung nach Athen über sie hingegangen waren, der Charakter lokaler *bäuerlicher* Verbände genommen. Alle möglichen stadtsässigen Gewerbetreibenden zählten jetzt als Glieder ländlicher Demoi. Die Demoi waren also in Wahrheit jetzt rein persönliche Gliederungen der Bürgerschaft, wie die Phylen es auch waren. Tatsächlich waren damit die in Athen am Ort der Ekklesia jeweils anwesenden Bürger nicht nur durch die Tatsache dieser Anwesenheit bevorzugt, sondern sie bildeten mit steigendem Wachstum der Stadt zunehmend auch die Mehrheit in den formal ländlichen Demen. Anders in Rom. Für die 4 alten städtischen Tribus scheint zwar einmal ein ähnliches Prinzip gegolten zu haben. Aber jede der späteren ländlichen Tribus umfaßte nur denjenigen, welcher in ihr jeweilig mit Grundbesitz *angesessen* war. Mit Aufgabe dieses Grundbesitzes und anderweitigem Neuankauf wechselte man die Tribus, die claudische Gens z. B. gehörte der nach ihr benannten Tribuskörperschaft später gar nicht mehr an. Die Folge davon war, daß zwar ebenfalls, und bei dem ungeheuer ausgedehnten Gebiet noch mehr als in Athen, die jeweils bei den Comitien anwesenden, also die stadtsässigen Tribulen begünstigt waren. Aber: zum Unterschiede von Athen nur diejenigen, welche ländliche *Grundbesitzer* waren und welche Bodenbesitz solchen Umfangs in Händen hatten, daß sie die eigene Anwesenheit in der Stadt mit der Bewirtschaftung dieses Besitzes durch fremde Kräfte vereinigen konnten: Grundrentner also. Große und kleine ländliche Grundrentner beherrschen demnach seit dem Siege der Plebs die Comitien Roms. Die Übermacht der stadtsässigen Grundadelsfamilien in Rom einerseits, des städtischen Demos in Athen andererseits, hat diesen Unterschied aufrechterhalten. Die Plebs in Rom war kein Popolo, keine Vereinigung von Zünften der Handel- und Gewerbetreibenden, sondern dem Schwerpunkt nach der Stand der ländlichen panhopliefähigen Grundbesitzer, von denen in aller Regel die stadtsässigen allein die Politik beherrschten. Die Plebejer waren anfänglich nicht etwa Kleinbauern in modernem Sinne und noch weniger eine im mittelalterlichen Sinne bäuerliche Klasse, um die es sich handelte. Sondern die ökonomisch voll wehrhafte Grundbesitzerschicht des platten Landes, in sozialer Hinsicht zwar keine „gentry", wohl aber eine „yeomanry", mit einem nach dem Ausmaß des Bodenbesitzes und der Lebenshaltung in der Zeit des Aufstieges der Plebs mittelständischen Charakter: eine Akkerbürgerschicht also. Mit steigender Expansion stieg der Einfluß der stadtsässigen Bodennutznehmer. Dagegen war die gesamte Bevölkerung städtischen gewerblichen Charakters in den vier Stadttribus zusammengefaßt, also: einflußlos. Daran hat der römische Amtsadel stets festgehalten, und auch die gracchischen Reformer sind weit davon entfernt gewesen, das ändern und eine „Demokratie" hellenischer Art einführen zu wollen. Dieser ackerbürgerliche Charakter des römischen Heeres ermöglichte die Festhaltung der Herrschaft durch die großen stadtsässigen Senatorenfamilien. Im Gegensatz zur hellenischen Demokratie, welche den geschäftsführenden Rat durch das Los bestellte und den Areiopag, der im wesentlichen aus den gewesenen Beamten zusammengesetzt war und dem Senat entsprach, als Kassationsinstanz vernichtete, blieb (in Rom) der Senat die leitende Behörde der Stadt, und es ist nie der Versuch gemacht worden, daran etwas zu ändern. Das Kommando der Truppen hat in der großen Expansionszeit stets in den Händen von Offizieren aus Stadtadelsfamilien gelegen. Die gracchische Reformpartei der späten republikanischen Zeit aber wollte, wie alle spezifisch antiken Sozialreformer, vor allem die Wehrkraft des politischen Verbandes herstellen, die Deklassierung und Proletarisierung der ländlichen Besitzer, ihren Auskauf durch den großen Besitz hemmen, ihre Zahl stärken, um dadurch das sich selbst equipierende Bürgerheer aufrechtzuerhalten. Auch sie also war primär eine ländliche Partei, so sehr auch die Gracchen, um überhaupt etwas durchzusetzen, genötigt waren, die an Staatspachten und Staatslieferungen interessierte, durch ihre Beteiligung am Erwerb von den Ämtern ausgeschlossene Kapitalistenschicht: die Ritter, zur Unterstützung gegen den Amtsadel heranzuziehen.

Die perikleische Bautenpolitik wird wohl mit Recht als zugleich auch der Beschäftigung der Handwerker dienend aufgefaßt. Da die Bauten aus den Tributen der Bundesgenossen bestritten wurden, waren diese die Quelle jener Verdienstchancen. Aber, wie die inschriftlich feststehende Mitarbeit der Metöken und Sklaven zeigt, kam sie keineswegs nur den vollbürgerlichen Handwerkern zugute. Der eigentliche „Arbeitslosenverdienst" der Unterschichten war vielmehr in der perikleischen Zeit: Matrosenlohn und *Beute*, vor allem: Seekriegsbeute. Gerade der Demos war deshalb so leicht für den Krieg zu gewinnen. Diese deklassierten Bürger waren ökonomisch abkömmlich und hatten nichts zu verlieren. Dagegen ist eine eigentlich gewerbliche Produzentenpolitik der ganzen antiken demokratischen Entwicklung als ausschlaggebendes Element unbekannt geblieben.

Wenn so die antike Stadtpolitik in erster Linie städtische Konsumenteninteressen verfolgt, so gilt dies gewiß auch für die mittelalterliche Stadt. Aber die Drastik der Maßregeln war in der Antike weit größer, offenbar weil es unmöglich schien, für eine Stadt wie Athen oder Rom die Getreideversorgung lediglich dem privaten Handel zu überlassen. Dagegen finden sich auch in der Antike gelegentlich Maßregeln zur Begünstigung besonders wichtiger Exportproduktionen. Aber durchaus nicht vornehmlich gewerblicher Produktionszweige. Und nirgends wurde die Politik einer antiken Stadt durch diese Produzenteninteressen beherrscht.

Für ihre Richtung maßgebend waren vielmehr zunächst in den alten Seestädten diejenigen der grundherrlichen und ritterlichen, am Seehandel und Seeraub interessierten, dorther ihren Reichtum erwerbenden stadtsässigen Patrizier, welche überall, dann aber, in der Frühdemokratie, diejenigen der landsässigen hoplitfähigen Besitzer, welche in dieser Art *nur* in der mittelländischen Antike vorkommen. Schließlich aber die Interessen von Geld- und Sklavenbesitzern einerseits, städtischen Kleinbürgerschichten andererseits, welche beide, nur in verschiedener Art, an Staatsbedarf und *Beute* als Groß- und Kleinunternehmer, Rentner, Krieger und Matrosen interessiert sind.

Hierin verhielten sich nun die mittelalterlichen Stadtdemokratien *grundsätzlich* anders. Die Gründe des Unterschiedes waren bereits mit der Stadtgründung vorhanden und äußerten schon damals ihre Wirkung. Sie liegen in geographischen und militärischen, kulturgeschichtlich bedingten, Umständen. Die *antiken* mittelländischen Städte fanden bei ihrer Entstehung eine *außer*städtische politische Militärgewalt von Bedeutung und vor allem: von technisch hochstehender Art, sich überhaupt nicht gegenüber. Sie selbst waren vielmehr die Träger der höchst entwickelten militärischen Technik. Zunächst in den Geschlechterstädten der ritterlichen Phalange, dann aber, und vor allem, des disziplinierten Hoplitenkampfes. Wo in dieser militärischen Hinsicht im Mittelalter Ähnlichkeiten bestanden, wie bei den frühmittelalterlichen, südeuropäischen Seestädten, und den italienischen Stadtadelsrepubliken, zeigt auch die Entwicklung relativ weitgehende Ähnlichkeiten mit der Antike. In einem frühmittelalterlichen südeuropäischen Stadtstaat war die aristokratische Gliederung schon durch den aristokratischen Charakter der Militärtechnik bedingt. Gerade die Seestädte und nächst ihnen die (relativ) *armen* Binnenstädte mit großen, politisch unterworfenen und von dem stadtsässigen Rentnerpatriziat beherrschten Gebieten (wie Bern) sind hier am wenigsten zu Demokratien geworden. Dagegen die gewerblichen Binnenstädte und vor allem die Städte des nördlichen *kontinentalen* Europa sahen sich im Mittelalter gegenüber der Militär- und Ämterorganisation der Könige und ihrer über die breiten Binnenflächen des Kontinents ausgebreiteten, ritterlichen burgsässigen Vasallen. Sie beruhten in einem großen, nach Norden und nach dem Binnenland zu immer mehr überwiegenden Bruchteile von ihrer Gründung an auf Konzessionen der politischen und grundherrlichen, dem feudalen Militär- und Amtsverband eingegliederten Gewalthaber. Ihre Konstituierung als „Stadt" erfolgte je länger je mehr nicht im politischen und militärischen Interesse eines grundsässigen Wehrverbandes, sondern vor allem aus *ökonomischen* Motiven des Gründers: weil der Gewalthaber Zoll- und ähnliche Verkehrseinnahmen und Steuern für sich davon erwartete. Sie war für ihn in erster Linie ein ökonomisches Geschäft, nicht eine militärische Maßregel, oder jedenfalls trat diese militärische Seite, wo sie vorhanden gewesen war, zunehmend zurück. Zu einer verschieden umfangreichen Autonomie der Stadt, wie sie dem okzidentalen Mittelalter spezifisch ist, führte die Entwicklung nur deshalb und nur so weit, weil und als die außerstädtischen Gewalthaber – das war das einzige *durchgehend* Entscheidende – noch nicht über denjenigen geschulten Apparat von Beamten verfügten, um das Bedürfnis nach *Verwaltung* städtischer Angelegenheiten auch nur so weit befriedigen zu können, als es *ihr eigenes* Interesse an der ökonomischen Entwicklung der Stadt verlangte. Die frühmittelalterliche fürstliche Verwaltung und Rechtsprechung besaß der Natur der Sache und der Stellung ihrer Träger nach nicht diejenige Fachkunde, Stetigkeit und rational geschulte Sachlichkeit, um die ihren eigenen, sie hinlänglich in Anspruch nehmenden Interessen und ihren ständischen Gewohnheiten ganz fernliegenden Angelegenheiten der städtischen Handels- und Gewerbeinteressenten von sich aus zu ordnen und zu leiten. Das Interesse der Gewalthaber aber ging zunächst lediglich auf Geldeinnahme. Gelang es den Bürgern, dies Interesse zu befriedigen, so sprach die Wahrscheinlichkeit dafür, daß die außerstädtischen Gewalthaber sich jeder Einmischung in die Angelegenheiten der Bürger, welche ja die Anziehungskraft der eigenen städtischen Gründung in Konkurrenz mit denen anderer Gewalthaber und also ihre Einnahmen schädigen konnte, enthalten würden. Ihre Machtkonkurrenz untereinander, namentlich aber die Machtkonkurrenz der Zentralgewalt mit den großen Vasallen und der hierokratischen Gewalt der Kirche, kam den Städten zu Hilfe, zumal innerhalb dieser Konkurrenz das Bündnis mit der Geldmacht der Bürger Vorteile versprechen konnte. Je einheitlicher daher ein politischer Verband organisiert war, desto weniger entfaltete sich die politische Autonomie der Städte. Denn mit dem äußersten Mißtrauen haben ohne Ausnahme alle feudalen Gewalten, von den Königen angefangen, deren Entwicklung beobachtet. Nur der Mangel eines bureaukratischen Amtsapparates und der Geldbedarf nötigte die französischen Könige seit Philipp August und die englischen seit Eduard II. sich auf die Städte ebenso zu stützen, wie die deutschen Könige sich auf die Bischöfe und das Kirchengut zu stützen versuchten. Nach dem Investiturstreit, welcher den deutschen Königen diese Stütze entzog, finden sich kurze Anläufe der salischen Könige, auch ihrerseits die Städte zu begünstigen. Sobald aber die politischen und finanziellen Machtmittel der königlichen oder territorialen Patrimonialgewalten den geeigneten Amtsapparat zu schaffen gestatteten, haben sie die Autonomie der Städte alsbald wieder zu vernichten gesucht.

Das historische Intermezzo der Städteautonomie war also in der mittelalterlichen Städteentwicklung durch *gänzlich andere* Umstände bedingt als in der Antike. Die spezifisch antike Stadt, ihre herrschenden Schichten, ihr Kapitalismus, die Interessen ihrer Demokratie sind alle, und zwar je *mehr* das spezifisch Antike hervortritt, desto *mehr*, primär politisch und militärisch orientiert. Der Sturz der Geschlechter und der Übergang zur Demokratie war bedingt durch die Änderung der Militärtechnik. Das sich selbst equipierende disziplinierte Hoplitenheer war es, welches den Kampf gegen den Adel trug, ihn militärisch und darauf auch politisch ausschaltete. Seine Erfolge gingen sehr verschieden weit, teilweise bis zur völligen Vernichtung des Adels, wie in Sparta, teilweise zu formaler Beseitigung der Ständeschranken, Befriedigung des Verlangens nach rationaler und leicht zugänglicher Justiz, persönlichem Rechtsschutz, Beseitigung der Härten des Schuldrechts, während die faktische Stellung des Adels in anderer Form erhalten blieb: so in Rom. Teilweise zur Eingemeindung des Adels in die Demen und timokratischer Leitung des Staates: so im kleisthenischen Athen. Meist findet sich, so lange die landsässige Hoplitschaft ausschlaggebend war, die Erhaltung autoritärer Institutionen des Geschlechterstaates. Sehr verschieden intensiv war auch der Grad der Militarisierung der Institutionen. Die spartanische Hoplitschaft hat das gesamte den Kriegern gehörige Land und die darauf sitzenden Unfreien als gemeinsamen Besitz behandelt und jedem wehrhaft gemachten Krieger den Anspruch auf eine Landrente gegeben. In keiner anderen Polis ist man so weit gegangen. Weit verbreitet scheint freilich, im Gegensatz zu der nur mit Erbanwartschaften der Sippen belasteten, im übrigen aber freien Veräußerlichkeit des Bodens, die in Resten noch später erhaltene Beschränkung der Veräußerung der Kriegerlose: des ererbten Landes der Mitglieder der Bürgerzunft also, gewesen zu sein. Aber auch diese hat schwerlich überall bestanden und ist später überall beseitigt worden. In Sparta war die Bodenakkumulation zwar nicht in den Händen der Spartiaten, wohl aber in denen der Frauen zulässig und hat die ökonomische Basis der ursprünglich wohl 8000 Vollbürger umfassenden Kriegerschaft der „Homoioi" so verändert, daß schließlich nur wenige Hunderte die militärische Vollausbildung und den Beitrag zu den Syssitien erschwingen konnten, an welchen das Vollbürgerrecht hing. In Athen hat umgekehrt die Durchführung der Verkehrsfreiheit in Verbindung mit der Demenverfassung die Parzellierung, welche der zunehmenden Gartenkultur entsprach, gefördert. In Rom hat wiederum umgekehrt die Verkehrsfreiheit, welche im wesentlichen seit der Zwölftafelzeit bestand, zu ganz abweichenden Ergebnissen geführt, weil dabei die Dorfverfassung gesprengt wurde. In Hellas ist die Hoplitendemokratie überall da geschwunden, wo der Schwerpunkt der militärischen Machtstellung sich auf die Seemacht verschob (in Athen endgültig seit der Niederlage von Koroneia). Seitdem wurde sowohl die straffe Militärausbildung vernachlässigt wie die Reste der alten autoritären Institutionen beseitigt, und nunmehr beherrschte der *stadt*sässige Demos die Politik und die Institutionen der Stadt. Von derartigen rein militärisch bedingten Peripetien weiß die mittelalterliche Stadt nichts. Der Sieg des Popolo beruhte in erster Linie auf ökonomischen Gründen. Und die spezifisch mittelalterliche Stadt: die bürgerliche *gewerbliche Binnenstadt*, war überhaupt primär *ökonomisch* orientiert. Die feudalen Gewalten sind im Mittelalter nicht primär Stadtkönige und Stadtadel gewesen. Sie hatten nicht, wie der Adel der Antike, ein Interesse daran, spezifische militärtechnische Mittel, welche nur die *Stadt* als solche ihnen geboten hätte, in ihren Dienst zu stellen. Denn die Städte des Mittelalters waren, außer den Seestädten mit ihren Kriegsflotten, nicht als solche Träger derartig spezifisch militärischer Machtmittel. Im Gegenteil, während in der Antike die Hoplitenheere und ihre Einschulung, also militärische Interessen, immer mehr in den Mittelpunkt der Stadtorganisation traten, begannen die meisten Bürgerprivilegien des Mittelalters mit der Beschränkung der Bürgerwehrpflicht auf den Garnisondienst. Die Stadtbürger waren dort ökonomisch zunehmend an friedlichem Erwerb durch Handel und Gewerbe interessiert, und zwar die unteren Schichten der Stadtbürgerschaft am allermeisten, wie namentlich der Gegensatz der Politik des Popolo minuto gegen die oberen Stände in Italien zeigt. Die politische Situation des mittelalterlichen Stadtbürgers wies ihn auf den Weg, ein *homo oeconomicus* zu sein, während in der Antike sich die Polis während der Zeit ihrer Blüte ihren Charakter als des militärtechnisch höchststehenden Wehrverbands bewahrte: Der antike Bürger war *homo politicus*. In den nordeuropäischen Städten wurden, wie wir sahen, die Ministerialen und Ritter als solche oft direkt aus der Stadt ausgeschlossen. Die *nicht*ritterlichen Grundbesitzer aber spielten entweder als bloße Stadtuntertanen oder passive Schutzgenossen, zuweilen als zünftig organisierte, aber politisch und sozial nicht ins Gewicht fallende Gärtner und Rebleute eine ganz geringe, man kann sagen: selten eine überhaupt ins Gewicht fallende, Rolle für die Stadtpolitik. Das platte Land war in aller Regel für die mittelalterliche Stadtpolitik lediglich Objekt der Stadtwirtschaftspolitik und wurde es immer mehr. Nirgends hat die spezifisch mittelalterliche Stadt auf den Gedanken verfallen können, sich in den Dienst einer kolonisatorischen Expansion zu stellen.

Damit sind wir bei dem sehr wichtigen Punkt der ständischen Verhältnisse der Städte des Altertums im Vergleich mit den mittelalterlichen Städten angelangt. Die antike Polis kannte, auch abgesehen von den schon besprochenen Sklaven, *ständische* Schichten, welche dem Mittelalter teils nur in seiner Frühzeit, teils gar nicht, teils nur außerhalb der Stadt bekannt waren. Dahin rechnen: 1. die Hörigen, 2. die Schuldverknechteten, 3. die Klienten, 4. die Freigelassenen. Davon gehören die drei ersten Gruppen in aller Regel nur der Zeit vor der Hoplitendemokratie an und finden sich später nur in Resten von sinkender Bedeutung. Die Freigelassenen dagegen spielten gerade in der Spätzeit eine steigende Rolle.

1. Die patrimoniale *Hörigkeit* findet sich innerhalb des Bereichs der antiken Polis in historischer Zeit wesentlich in Eroberungsgebieten. In der feudalen Frühzeit der Stadtentwicklung aber muß sie sehr weit verbreitet gewesen sein. Ihre in der ganzen Welt in gewissen Grundzügen ähnliche, in allen Einzelheiten sehr verschiedene Stellung unterscheidet sich nicht prinzipiell von derjenigen der Hörigen des Mittelalters. Überall wurde der Hörige vornehmlich ökonomisch ausgenutzt. Am vollständigsten erhalten blieb die Hörigkeit auf hellenischem Gebiet gerade da, wo die Stadtorganisationen nicht durchgeführt wurden, so namentlich in Thessalien und Städten, welche so straffe Kriegerorganisationen waren, daß hier der Hörige als Staatshöriger und nicht als Besitz des einzelnen Herrn galt. Außerhalb dieser Gebiete hat die Zeit der Hoplitenherrschaft sie fast überall verschwinden lassen. Sie lebte wieder auf in hellenistischer Zeit in den Gebieten des Orients, welche damals der Städteorganisation unterworfen wurden. Große Landgebiete wurden, unter Erhaltung ihrer Stammesverfassung, den einzelnen Städten zugeteilt, deren Bürger eine hellenische (oder hellenisierte) Garnison im Interesse der Teilkönige bildeten. Aber diese zunächst rein politische Hörigkeit der nichthellenischen Landbevölkerung (ἔϑνη) hatte einen wesentlich anderen Charakter als die patrimoniale Abhängigkeit der Epoche der Frühzeit und gehört nicht mehr in die Darstellung der autonomen Städte hinein.

2. Die *Schuldknechte* haben als Arbeitskräfte eine sehr bedeutende Rolle gespielt. Sie waren ökonomisch deklassierte Bürger. Ihre Lage war *das* spezifisch soziale Problem der alten Ständekämpfe zwischen stadtsässigem Patriziat und landsässigen Hopliten. In den Gesetzgebungen der Hellenen, in den 12 Tafeln, in den Schuldhaftgesetzen, in der Politik der Tyrannen ist das Interesse dieser deklassierten landsässigen Bauernschichten durch manche Kompromisse erledigt worden. Die Erledigung erfolgte in sehr verschiedenem Sinne. Die Schuldknechte waren keine Hörigen, sondern freie Grundbesitzer, welche mit Familie und Land zu dauernder Versklavung oder privater Schuldhaft verurteilt worden waren oder zur Vermeidung der Exekution sich freiwillig in solche begeben hatten. Sie wurden ökonomisch nutzbar gemacht, besonders häufig als Pächter ihres vom Schuldherrn erhaltenen Landes. Ihre Gefährlichkeit zeigt sich darin, daß das 12 Tafel-Gesetz gebot, den verurteilten Schuldner außer Landes zu verkaufen.

3. Die *Klienten* sind zu scheiden sowohl von Schuldknechten wie von Hörigen. Sie sind einerseits nicht wie die letzteren mißachtete Unterworfene. Im Gegenteil bildeten sie die Gefolgschaft des Herrn, und ihre Beziehung zu diesem war eine Treuebeziehung, die eine gerichtliche Klage zwischen Herrn und Klient als religiös unstatthaft erscheinen ließ. Ihr Gegensatz gegen die Schuldknechte zeigt sich

darin, daß zum Unterschied von diesen eine ökonomische Ausnutzung der Klientelbeziehung durch den Herrn als unanständig galt. Sie waren persönliches und politisches, nicht aber ökonomisches Machtmittel des Herrn. Sie standen zum Herrn in einem durch die fides, über deren Innehaltung kein Richter, sondern ein Sittenkodex wachte, und deren Verletzung von seiten eines Beteiligten in Rom sakrale Folgen hatte (die Verletzung der fides infamiert), geregelten Verhältnis. Sie stammen aus der Zeit des Ritterkampfs und der Adelsherrschaft und waren ursprünglich die persönlich mit dem Herrn in den Krieg ziehenden, zu Geschenken und Unterstützung in Notfällen und vielleicht auch zu gelegentlicher Arbeitshilfe verpflichteten, vom Herrn mit Landloosen ausgestatteten und vor Gericht vertretenen Ministerialen, wie die Sprache des Mittelalters sie bezeichnen würde, nicht aber seine Knechte. Nur waren sie nicht wie die späteren Ministerialen Leute von Rittersart und Ritterrang, sondern kleine Leute mit kleinen bäuerlichen Landlosen, eine Schicht plebejischer Kriegsleheninhaber. Der Klient war also ein am Bodenbesitz und lokalen Gemeinschaften und deshalb am Wehrverband nicht Beteiligter, der sich voll (in Rom durch die applicatio) in ein Schutzverhältnis zu einem Geschlechtshaupt (pater) oder auch zum König begeben hat und daraufhin von diesem Rüstung und Land zugeteilt (technisch in Rom adtribuere) erhält. Meist hat er diese Beziehung von den Vorfahren ererbt. Dies ist die alte Bedeutung der Klientel. Und ganz wie im Mittelalter in der Zeit der Adelsherrschaft die Muntmannen entstanden, so hat auch in der Antike der gleiche Zustand massenhaft freie Kleinbauern veranlaßt, sich, schon um der Gerichtsvertretung durch Adlige willen, in Klientelbeziehungen zu begeben. Dies ist in Rom wohl die Quelle der späteren freieren Formen der Klientel gewesen. Die alte Klientel dagegen gab wenigstens in Rom den Klienten ganz in die Hand des Herrn. Noch 134 v. Chr. bot Scipio seine Klienten als Feldherr auf. In der Bürgerkriegszeit sind in dieser Hinsicht die Kolonen (Kleinpächter) der großen Grundbesitzer an ihre Stelle getreten.

Der Klient war in Rom in der Heeresversammlung stimmberechtigt und nach der Tradition (Livius) eine wichtige Stütze der Geschlechter. Eine rechtliche Aufhebung der Klientel ist wahrscheinlich niemals erfolgt. Aber der Sieg der Hoplitentechnik beseitigte ihre alte militärische Bedeutung auch dort, und in späterer Zeit ist das Institut nur erhalten als eine Einrichtung, welche dem Herrn sozialen Einfluß sicherte. Die hellenische Demokratie dagegen hat das Institut völlig vernichtet. Die Stadt des Mittelalters kennt innerhalb ihres Verbandes ein solches Institut überhaupt nur in der Form der Muntwaltschaft eines Vollbürgers über einen Nichtvollbürger, der sich in seinen Schutz begibt. Diese Gerichtsklientel verfiel mit der Geschlechterherrschaft.

4. Endlich umfaßte die Stadt der Antike die *Freigelassenen*. Ihre Zahl und Rolle war sehr bedeutend. Sie wurden ökonomisch ausgenutzt. Nach dem von italienischen Forschern sorgsam geprüften Inschriftenmaterial war etwa die Hälfte der Freigelassenen weiblichen Geschlechts. In diesem Falle dürfte die Freilassung meist dem Zwecke einer gültigen Eheschließung gedient haben und also durch Loskauf des Eheanwärters bewirkt sein. Im übrigen finden sich inschriftlich besonders viele Freigelassenen, welche Haussklaven waren und also ihre Freilassung persönlicher Gunst verdankten. Ob für die Gesamtheit diese Zahlen nicht sehr täuschen, ist doch äußerst fraglich, da naturgemäß gerade für diese Kategorie die Chance der inschriftlichen Erwähnung besonders groß war. Es ist dagegen

recht plausibel, wenn wir mit Calderini die Zahl der Freilassungen aus dieser Schicht in Zeiten des politisch-ökonomischen Niedergangs anschwellen und in wirtschaftlich günstigen Zeiten abschwellen sehen: die Einschränkung der Gewinnchancen veranlaßte die Herren, den Haushalt einzuschränken und zugleich das Risiko der schlechten Zeit auf den Sklaven, der sich ja nun selbst erhalten und seine Pflichtigkeiten an den Herrn bestreiten mußte, abzuwälzen. Die Agrarschriftsteller erwähnen Freilassung als Prämie für gute Wirtschaftsdienste. Der Herr wird ferner oft einen Haussklaven, statt ihn als Sklaven auszunutzen, freigelassen haben, weil er, worauf Strack hinweist, so der gerichtlichen, wenn auch begrenzten, Haftung für ihn ledig wurde. Aber andere Absichten dürften eine mindestens so große Rolle spielen. Der Sklave, dem sein Herr selbständigen Gewerbebetrieb gegen Abgaben gestattete, hatte ja die größten Chancen, Spargelder für den Loskauf aufzuspeichern, wie dies auch bei den russischen Leibeigenen der Fall war. Jedenfalls aber spielten für den Herrn die Dienste und Abgaben, zu denen der Freigelassene sich verpflichtete, die entscheidende Rolle. Der Freigelassene blieb in einer völlig patrimonialen, erst nach Generationen aufhörenden Beziehung zur Herrenfamilie. Er schuldete dem Herrn nicht nur die versprochenen, oft schweren Dienste und Abgaben, sondern auch seine Erbschaft unterlag, wie bei den Unfreien des Mittelalters, einem weitgehenden Zugriff des Herrn. Und daneben war er durch Pietätspflicht zu den verschiedensten persönlichen Obedienzen verbunden, welche die soziale Geltung und direkt die politische Macht des Herrn erhöhten. Die Folge war, daß die durchgeführte Demokratie, z. B. in Athen, die Freigelassenen vom Bürgerrecht völlig ausschloß und zu den Metöken zählte. In Rom, wo die Machtstellung des Amtsadels nie gebrochen wurde, zählten sie dagegen zu den Bürgern, nur setzte die Plebs durch, daß sie auf die vier städtischen Tribus beschränkt blieben, und darin gab ihr der Amtsadel nach, aus Furcht, sonst den Boden für eine Tyrannis bereiten zu helfen. Als Versuch, eine solche zu begründen, galt das Unternehmen des Zensors Appius Claudius, die Freigelassenen im Stimmrecht den Bürgern durch Verteilung auf alle Tribus gleichzustellen. Diese charakteristische Auffassung darf man freilich nicht mit Eduard Meyer als den Versuch der Schaffung einer „perikleischen" Demagogie auffassen. Denn die perikleische Herrscherstellung beruhte nicht auf Freigelassenen, welche hier ja gerade durch die Demokratie von allen Bürgerrechten ausgeschlossen waren, sondern gerade umgekehrt auf den Interessen der *Voll*bürgerzunft an der *politischen* Expansion der Stadt. Die antiken Freigelassenen waren dagegen in ihrer Masse eine Schicht von friedlichen Erwerbsmenschen, von homines oeconomici, welche in einem ganz spezifischen Grade, in einem weit höheren Maße als durchschnittlich irgendein Vollbürger einer antiken Demokratie, dem Erwerbsbürgertum des Mittelalters und der Neuzeit nahestanden. Darum also, ob mit ihrer Hilfe ein Volkskapitanat in Rom entstehen sollte, hätte es sich gehandelt, und die Zurückweisung des Versuchs des Appius Claudius bedeutete: daß nach wie vor das Bauernheer und der städtische Amtsadel, das erstere normalerweise vom letzteren beherrscht, die ausschlaggebenden Faktoren bleiben sollten. Machen wir uns die spezifische Stellung der Freigelassenen, dieser in gewissem Sinne modernsten, einer „Bourgeoisie" nächststehenden, Schicht der Antike noch etwas deutlicher. Nirgends haben die Freigelassenen die Zulassung zu Ämtern und Priestertümern, nirgends das völlige Connubium, nirgends – obwohl sie in Notfällen aufgeboten wurden – die Teilnahme an den militärischen Exerzitien (dem Gymnasion) und an der Rechtspflege durchgesetzt, in Rom konnten sie nicht Ritter werden, und fast überall war ihre prozessuale Stellung irgendwie ungünstiger als die der Freien. Ihre rechtliche Sonderstellung hatte ökonomisch für sie die Bedeutung: daß nicht nur die Teilnahme an den vom Staat gewährten oder sonst *politisch* bedingten Emolumenten des Bürgers, sondern vor allem auch der Grunderwerb und mithin auch der Hypothekenbesitz ihnen verschlossen war. Die *Grundrente* blieb also charakteristischerweise das spezifische Monopol der *Voll*bürger gerade in der *Demokratie*. In Rom, wo sie Bürger zweiter Klasse waren, bedeutete der Ausschluß von der Ritterwürde: daß ihnen die großen Steuerpachten und die Staatslieferungsgeschäfte, welche dieser Stand dort monopolisierte, verschlossen waren (wenigstens als Eigenunternehmen).Den Rittern standen sie also als eine Art von plebejischer Bourgeoisie gegenüber. Beides aber bedeutete praktisch: daß diese Schicht sich von dem spezifisch antiken, politisch orientierten Kapitalismus weitgehend ausgeschlossen und also auf die Bahn eines relativ modernen bürgerlichen Erwerbs hingewiesen sah. Sie sind denn auch die wichtigsten Träger jener Erwerbsformen, welche am meisten modernen Charakter zeigen, und entsprechen unserem kleinkapitalistischen, unter Umständen aber zu bedeutendem Reichtum aufsteigenden, Mittelstand bei weitem am ehesten, in entschiedenem Gegensatz zu dem typischen Demos der Vollbürger in der hellenischen Stadt, der die politisch bedingten *Renten*: Staatsrenten, Tagegelder, Hypothekarrenten, Landrenten monopolisiert. Die Arbeitsschulung der Sklaverei, verbunden mit der dem Sklaven winkenden Prämie des Freikaufs, war ein starker Sporn für den Erwerbswillen der Unfreien in der Antike, ganz wie in der Neuzeit in Rußland. Der antike Demos war im Gegensatz dazu kriegerisch und politisch interessiert. Als eine Schicht ökonomischer Interessenten waren die Freigelassenen die gegebene Kultgemeinde des Augustus als des Bringers des Friedens. Die von ihm gestiftete Augustalenwürde ersetzte etwa unseren Hoflieferantentitel.

Das Mittelalter kennt die Freigelassenen als einen besonderen Stand nur in der vorstädtischen Frühzeit. Innerhalb der Städte wurde die Schicht der Leibeigenen, deren Erbschaft dem Herrn ganz oder teilweise verfiel, durch den Satz: Stadtluft macht frei, und außerdem durch die städtischen Privilegien der Kaiser, welche den Zugriff der Herren auf die Erbschaft von Stadtbürgern verboten, schon in der ersten Zeit der städtischen Entwicklung beschränkt und fiel mit der Zunftherrschaft völlig dahin. Während in der Antike eine Zunftorganisation, welche vollbürgerliche, freigelassene und unfreie Handwerker umschlossen hätte, als politische Grundlage der Stadt als eines Militärverbandes völlig ausgeschlossen gewesen wäre, geht die mittelalterliche Zunftverfassung gerade umgekehrt von der Ignorierung der außerstädtischen ständischen Unterschiede aus.

Die antike Polis war, können wir resümieren, seit der Schaffung der Hoplitendisziplin eine *Kriegerzunft*. Wo immer eine Stadt aktive Politik zu Lande treiben wollte, mußte sie in größerem oder geringerem Umfang dem Beispiel der Spartiaten folgen: trainierte Hoplitenheere aus Bürgern zu schaffen. Auch Argos und Theben haben in der Zeit ihrer Expansion Kontingente von Kriegervirtuosen, in Theben noch durch die Bande der persönlichen Kameradschaft verknüpft, geschaffen. Städte, welche keine solche Truppe besaßen, sondern nur ihre Bürgerhopliten, wie Athen und die meisten anderen, waren zu Lande auf die Defensive angewiesen. Überall aber waren nach dem Sturz der Geschlechter die Bürgerhopliten die ausschlaggebende Klasse der Vollbürger. Weder im Mittelalter noch irgendwo sonst findet diese Schicht eine Analogie. Auch die nicht spartanischen hellenischen Städte hatten den Charakter eines chronischen Kriegslagers in irgendeinem Grade ausgeprägt. In der ersten Zeit der Hoplitenpolis hatten daher die Städte zunehmend den Abschluß gegen außen im Gegensatz zu der weitgehenden Freizügigkeit der hesiodischen Zeit entwickelt, und es bestand sehr vielfach die Beschränkung der Veräußerlichkeit des Kriegerloses. Diese Einrichtung verfiel aber in den meisten Städten schon früh und wurde ganz überflüssig, als teils geworbene Söldner, teils, in den Seestädten, der Flottendienst in den Vordergrund traten. Aber auch damals blieb der Kriegsdienst letztlich maßgebend für die politische Herrschaft in der Stadt, und diese behielt den Charakter einer militaristischen Zunft bei. Nach außen war es grade die radikale Demokratie in Athen, welche die angesichts der beschränkten Bürgerzahl nahezu phantastische, Ägypten und Sizilien umspannende Expansionspolitik stützte. Nach innen war die Polis als ein militaristischer Verband absolut souverän. Die Bürgerschaft schaltete in jeder Hinsicht nach Belieben mit dem einzelnen. Schlechte Wirtschaft, speziell Vergeudung des ererbten Kriegerloses (der bona paterna avitaque der römischen Entmündigungsformel), Ehebruch, schlechte Erziehung des Sohnes, schlechte Behandlung der Eltern, Asebie, Hybris: – jedes Verhalten überhaupt, welches die militärische und bürgerliche Zucht und Ordnung gefährdete oder die Götter zum Nachteil der Polis erzürnen konnte – wurde trotz der berühmten Versicherung des Perikles in der thukydideischen Leichenrede: daß in Athen jeder leben könne, wie er wolle, hart gestraft und führte in Rom zum Einschreiten des Zensors. Prinzipiell also war von persönlicher Freiheit der Lebensführung keine Rede und, soweit sie faktisch bestand, war sie, wie in Athen, erkauft durch die geringere Schlagkraft der Bürgermiliz. Auch ökonomisch verfügte die hellenische Stadt unbedingt über das Vermögen der einzelnen: im Fall der Verschuldung verpfändete sie noch in hellenistischer Zeit auch Privatbesitz und Person ihres Bürgers an den Gläubiger. Der Bürger blieb in erster Linie Soldat. Neben Quellwasser, Markt, Amtsgebäude und Theater gehört nach Pausanias zu einer Stadt das Gymnasion. Es fehlte nirgends. Auf Markt und Gymnasion verbringt der Bürger den Hauptteil seiner Zeit. Seine persönliche Inanspruchnahme durch Ekklesia, Geschworenendienst, Ratsdienst und Amtsdienst im Turnus, vor allem aber durch Feldzüge: jahrzehntelang Sommer für Sommer, war in Athen gerade in der klassischen Zeit eine solche, wie sie bei differenzierter Kultur weder vorher noch nachher in der Geschichte erhört ist. Auf alle irgend erheblichen Bürgervermögen legte die Polis der Demokratie die Hand. Die Leiturgie der Trierarchie: Ausrüstung und Beschaffung des Kommandos von Kriegsschiffen, die Hierarchie: Herrichtung der großen Feste und Aufführungen, die Zwangsanleihen im Notfall, das attische Institut der Antidosis, überlieferte alle bürgerliche Vermögensbildung der Labilität. Die absolut willkürliche Kadijustiz der Volksgerichte (Zivilprozesse vor hunderten von rechtsunkundigen Geschworenen) gefährdete die formale Rechtssicherheit so stark, daß eher die Fortexistenz von Vermögen wundernimmt als die sehr starken Peripetien bei jedem politischen Mißerfolg. Dieser wirkte um so vernichtender, als einer der wichtigsten Vermögensbestandteile: die Sklaven, dann durch massenhaftes Entlaufen zusammenzuschrumpfen pflegten. Andererseits bedurfte die Demokratie für die Pachtung ihrer Lieferungen, Bauten, Abgaben der Kapitalisten. Eine rein nationale Kapitalistenklasse wie in Rom in Gestalt des Ritterstandes war aber in Hellas nicht entwickelt. Die meisten Städte suchten vielmehr gerade umgekehrt durch Zulassung und Heranziehung gerade auch auswärtiger Reflektanten die Konkurrenz dieser zu steigern, und die einzelnen Stadtgebiete waren zu klein, um hinlängliche Gewinnchancen zu bieten. Besitz von Land, in meist mäßigem Ausmaß Besitz von Sklaven, welche Zins an den Herrn zahlten oder als Arbeiter vermietet wurden (Nikias), daneben Schiffsbesitz und Kapitalbeteiligung am Handel waren die typischen Vermögensanlagen der Bürger. Dazu trat für die herrschenden Städte die Anlage in auswärtigen Hypotheken und Bodenbesitz. Diese war nur möglich, wenn das lokale Bodenbesitzmonopol der beherrschten Bürgerzünfte gebrochen war. Staatlicher Landerwerb, der dann an Athener verpachtet oder an attische Kleruchen gegeben wurde, und Zulassung der Athener zum Bodenbesitz in den Untertanenstädten waren daher wesentliche Zwecke der Seeherrschaft. Der Grund- und Menschenbesitz spielte also in der ökonomischen Lage der Bürger auch in der Demokratie durchaus die ausschlaggebende Rolle. Der Krieg, der alle diese Besitzverhältnisse umstürzen konnte, war chronisch und steigerte sich im Gegensatz gegen die ritterliche Kriegsführung der Geschlechterzeit zu außerordentlicher Rücksichtslosigkeit. Fast jede siegreiche Schlacht brachte die massenhafte Abschlachtung der Gefangenen, jede Eroberung einer Stadt Tötung oder Sklaverei der ganzen Einwohnerschaft. Jeder Sieg entsprechend plötzliche Steigerung der Sklavenzufuhr. Ein solcher Demos konnte unmöglich primär in der Richtung des befriedeten *ökonomischen* Erwerbs und eines *rationalen* Wirtschaftsbetriebes orientiert sein.

Darin verhielt sich das mittelalterliche Stadtbürgertum schon der ersten Entwicklungsperiode ganz erheblich anders. Die nächstverwandten Erscheinungen finden sich im Mittelalter wesentlich in den Seestädten Venedig und namentlich Genua, deren Reichtum an ihrer überseeischen Kolonialmacht hing. Dabei handelte es sich aber dem Schwerpunkt nach um Plantagen- oder grundherrlichen Besitz einerseits, Handelsprivilegien und gewerbliche Siedlungen andererseits, nicht aber um Kleruchien oder um Kriegssold oder um Dotierung der Masse der Bürger aus Tributen wie im Altertum. Die mittelalterliche *gewerbliche Binnenstadt* vollends steht dem antiken Typus ganz fern. Zwar war nach dem Siege des Popolo das Unternehmertum der oberen Zünfte oft außerordentlich kriegerisch gesinnt. Die Beseitigung lästiger Konkurrenten, Beherrschung oder Zollfreiheit der Straßen, Handelsmonopole und Stapelrechte spielen dabei vorwaltend die entscheidende Rolle. Allerdings kennt auch die mittelalterliche Stadt starke Umwälzungen des Grundbesitzstandes sowohl als Folge auswärtiger Siege, wie einer Umwälzung der Parteiherrschaft in der Stadt. Besonders in Italien: der Grundbesitz der jeweils besiegten oder feindlichen Partei gibt der herrschenden Partei Gelegenheit zu Pachtungen von Land von der staatlichen Zwangsverwaltung oder zu direkt käuflichem Erwerb, und jede Niederwerfung einer fremden Gemeinde vermehrt auch das unterworfene Landgebiet und damit die Möglichkeit des Bodenerwerbs für die siegreiche Bürgerschaft. Aber der Radikalismus dieser Besitzveränderungen ist nicht zu vergleichen mit den ungeheuren Besitzumwälzungen, welche noch in der Spätzeit der antiken Städte jede Revolution und jeder siegreiche auswärtige oder Bürgerkrieg mit sich brachte. Und vor allem steht nicht der *Grundbesitz* im Vordergrunde des ökonomischen Interesses bei der Expansion. Die mittelalterliche Stadt war unter der Herrschaft der Zünfte ein ganz außerordentlich viel stärker in der Richtung des Erwerbs durch rationale Wirtschaft orientiertes Gebilde als irgendeine Stadt des Altertums, solange die Epoche der unabhängigen Polis dauerte. Erst der Untergang der Stadtfreiheit in hellenistischer und spätrömischer Zeit änderte dies durch die Vernichtung der Chance, ökonomischen Verdienst auf dem Wege der kriegerischen Politik der Stadt für die Bürger zu schaffen. Gewiß: auch im Mittelalter waren einzelne Städte, so namentlich Florenz, in dessen Armee zuerst die Artillerie auftaucht, Träger des Fortschritts der Kriegstechnik zu Lande. Und schon das Bürgeraufgebot der Lombarden gegen Friedrich I. bedeutete eine militärtechnisch erhebliche Schöpfung. Aber die Ritterheere blieben doch den Stadtheeren im ganzen mindestens ebenbürtig, im Durchschnitt namentlich in Niederungen weit überlegen. Den Stadtbürgern konnte militärische Stärke zwar als Stütze, aber in Binnenlanden nicht als Grundlage ihres ökonomischen Erwerbs dienen. Dieser war dadurch, daß der Sitz der höchsten Militärs nicht in den Städten lag, auf den Weg *rationaler Wirtschaftsmittel* hingewiesen.

Vier große Machtschöpfungen sind von der antiken Polis als solcher unternommen worden: das sizilianische Reich des Dionysios, der attische Bund, das karthagische und das römisch-italische Reich. Den peloponnesischen und den boiotischen Bund dürfen wir beiseite lassen, weil ihre Großmachtstellung ephemer war. Jede jener vier Schöpfungen ruhte auf einer anderen Basis. Die Großmacht des Dionysios war eine auf Söldner und nur daneben auf das Bürgerheer gestützte reine Militärmonarchie, die für uns als untypisch kein spezifisches Interesse bietet. Der attische Bund war eine Schöpfung der Demokratie, also einer Bürgerzunft. Dies mußte notwendig zu einer ganz exklusiven Bürgerrechtspolitik führen und bedingte andererseits die völlige Unterordnung der verbündeten demokratischen Bürgerzünfte unter die Bürgerzunft der herrschenden Stadt. Da die Höhe der Tribute nicht fest vereinbart, sondern einseitig in Athen festgestellt wurde, wenn auch nicht vom Demos selbst, sondern von einer kontradiktorisch verhandelnden Kommission, welche der Demos wählte, und da alle Prozesse der Bundesgenossen nach Athen gezogen wurden, so war die dortige kleine Bürgerzunft unumschränkte Herrin des weiten Reiches, nachdem mit wenigen Ausnahmen die Herstellung eigener Schiffe und Kontingente der Untertanen durch Geldzahlungen ersetzt und damit der gesamte Matrosendienst der herrschenden Bürgerschaft zugewiesen war. Eine einzige endgültige Vernichtung der Flotte dieses Demos mußte daher dieser Herrschaft ein Ende bereiten. Die Großmachtstellung der Stadt Karthago, beherrscht streng plutokratisch von großen Geschlechtern, welche Handels- und Seekriegsgewinn in typischer antiker Art mit großem Grundbesitz, der hier aber kapitalistisch mit Sklaven bewirtschafteter Plantagenbesitz war, verbanden, ruhte auf Söldnerheeren. (In Verbindung mit der Expansionspolitik ging die Stadt erst zur Münzprägung über.) Die Beziehung der Heerführer, deren Heer an ihnen persönlich, ihren Erfolgen und Schicksalen mit seinen Beutechancen hing, zu den Patrizierfamilien der Stadt konnte niemals die Spannung verlieren, welche bis auf Wallenstein herab jedem auf eigener Werbung ruhenden Heerführertum gegenüber seinem Auftraggeber eigen gewesen ist. Dieses nie ruhende Mißtrauen schwächte die militärischen Operationen, so daß die Überlegenheit der Taktik des Berufsheeres der Söldner gegenüber den italischen Bürgeraufgeboten nicht dauernd behauptet werden konnte, sobald auch dort an die Spitze ein einzelner Dauerfeldherr gestellt wurde und die militärische Leistungsfähigkeit der Korporale und Soldaten dem Soldheere ebenbürtig geworden war. Dem Mißtrauen der karthagischen Plutokratie und spartanischen Ephoren gegen die siegreichen Feldherren entspricht durchaus das Verhalten des attischen Demos und die von ihm entwickelte Institution des Ostrakismos. Die Abneigung der herrschenden Schicht dagegen: im Falle der Entstehung einer Militärmonarchie die Knechtschaft der unterworfenen auswärtigen Völker teilen zu müssen, lähmte die Expansionskraft. Allen antiken Hoplitenschaften gemeinsam ist ferner die durch mächtige, ökonomisch nutzbare, politische Monopolinteressen gestützte Abneigung, die eigene politische Sondervergemeinschaftung der vollberechtigten Bürger durch Öffnung der Schranken des Bürgerrechts zu erweitern und in einem einzigen Bürgerrecht eines aus zahlreichen Einzelgemeinden bestehenden Reiches aufgehen zu lassen. Alle auf dem Wege zu einem interstädtischen Bürgerrecht liegenden Vergemeinschaftungsformen haben jene Grundtendenz niemals ganz verschwinden lassen. Denn alles, was der Bürger als Recht, als Grundlage seines Prestiges und ideellen Bürgerstolzes ebenso wie als ökonomische Chance genoß, hing an seiner Zugehörigkeit zur militärischen Bürgerzunft, und die strenge Exklusivität der Kultgemeinschaften gegeneinander bildete ein weiteres Moment der Hemmung einer einheitsstaatlichen Bildung. Ganz unüberwindlich waren alle jene Momente nicht, wie das Gebilde des boiotischen Bundesstaates beweist, der ein gemeinsames boiotisches Bürgerrecht, gemeinsame Beamte, eine durch Repräsentanten der einzelnen Bürgerschaften beschickte beschließende Versammlung, gemeinsame Münze und gemeinsames Heer neben einer Gemeindeautonomie der einzelnen Städte kannte. Aber er steht in dieser Hinsicht innerhalb der hellenischen Welt nahezu isoliert da. Der peloponnesische Bund bedeutete nichts ähnliches, und alle anderen Bundesverhältnisse lagen nach der grade entgegengesetzten Richtung. Es waren durchaus besondere soziale Bedingungen, welche die römische Gemeinde dazu gebracht haben, in dieser Hinsicht eine vom antiken Typus sehr stark abweichende Politik zu treiben.

In Rom war in ungleich stärkerem Maß als in irgendeiner antiken Polis eine Honoratiorenschicht stark feudalen Gepräges Träger der Herrschaft geblieben und nach nur zeitweiliger Erschütterung stets erneut geworden. Dies tritt auch in den Institutionen deutlich zutage. Der Sieg der Plebs hatte eine Demeneinteilung im hellenischen Sinne nicht gebracht, sondern der Form nach eine Herrschaft der in den Tribus sitzenden Bauern, der Sache nach aber die Herrschaft der *stadtsässigen* ländlichen Grundrentner, die allein ständig an dem politischen Leben der Stadt teilnahmen. Sie allein waren ökonomisch „abkömmlich", also amtsfähig, und der Senat als Repräsentation der großen Beamten Träger der *Amtsadelsbildung*. Dazu tritt nun die außerordentlich starke Bedeutung feudaler und halbfeudaler Abhängigkeitsverhältnisse. In Rom hat die Klientel als Institution, wenn auch ihres alten militärischen Charakters zunehmend entkleidet, bis in die spätesten Zeiten ihre Rolle gespielt. Wir sahen ferner, daß die Freigelassenen der Sache nach geradezu unter einer Art von sklavenartiger Gerichtshörigkeit standen: Caesar ließ einen seiner Freigelassenen hinrichten, ohne daß dagegen Widerspruch entstanden wäre. Der römische Amtsadel wurde je länger je mehr eine Schicht, welche nach dem Umfang ihres Grundbesitzes nur in den frühhellenischen, als „Tyrannen" verschrienen Figuren eines interlokalen Adels von der Art des Miltiades eine schwache Analogie fand. Die Zeit des älteren Cato rechnete noch mit Gütern mäßigen Umfanges, immerhin weit größeren als etwa dem Erbbesitz des Alkibiades oder der von Xenophon als normal vorausgesetzten Landgüter. Aber die einzelnen Adelsfamilien kumulierten unzweifelhaft schon damals Massen solchen Besitzes und waren überdies direkt an den für standesgemäß und, durch Vermittlung ihrer Freigelassenen und Sklaven, auch an den für unstandesgemäß geltenden Geschäften aller Art durch die ganze Welt hin beteiligt. Kein hellenischer Adel konnte sich entfernt mit dem ökonomischen und sozialen Niveau der römischen Geschlechter der späteren Republik messen. Auf den wachsenden Grundbesitzungen des römischen Adels wuchs die Zahl der Parzellenpächter (coloni), welche vom Herrn mit Inventar ausgerüstet und in der Wirtschaftsführung kontrolliert, nach jeder Krise immer tiefer verschuldet, faktisch erblich auf ihren Stellen blieben und vollständig von dem Herrn abhängig, in den Bürgerkriegen von den Parteiführern (ebenso wie von den Feldherren noch im numantinischen Kriege die Klienten) zur Kriegshilfe aufgeboten wurden.

Aber nicht nur massenhafte Einzelpersonen standen im Klientelverhältnis. Der siegreiche Feldherr nahm verbündete Städte und Länder in persönlichen Schutz, und diese Patronage blieb in seinem Geschlecht: so hatten die Claudier Sparta und Pergamon, andere Familien andere Städte in Klientel, empfingen ihre Gesandten und vertraten im Senat deren Wünsche. Nirgends in der Welt ist eine derartige politische Patronage in den Händen einzelner, formell rein privater Familien vereinigt gewesen. Längst vor aller Monarchie existierten private Herrschergewalten, wie sie sonst nur Monarchen besitzen.

Diese auf Klientelbeziehungen aller Art ruhende Macht des Amtsadels hat die Demokratie nicht zu durchbrechen vermocht. An einer Eingemeindung der Geschlechter in die Demen und die Erhebung dieser Verbände zu Konstituentien des politischen Verbandes zum Zweck der Zerbrechung der Macht der Geschlechterverbände nach attischer Art ist in Rom gar nicht gedacht worden. Ebensowenig ist jemals versucht worden, so wie es die attische Demokratie nach der Vernichtung des Areiopags tat, einen erlosten Ausschuß des Demos als Verwaltungsbehörde und frei aus der ganzen Bürgerschaft erloste Geschworene als Gerichtsbehörde zu konstituieren. In Rom behielt die jenem Areiopag am meisten entsprechende Vertretung des Amtsadels, der Senat, als ständige Körperschaft gegenüber den wechselnden Wahlbeamten die Verwaltungskontrolle in der Hand, und selbst die siegreiche Militärmonarchie hat zunächst nicht den Versuch gemacht, diese Geschlechter auf die Seite zu schieben, sondern sie nur entwaffnet und auf die Verwaltung befriedeter Provinzen beschränkt.

Die patrimoniale Konstruktion der herrschenden Schicht äußerte sich auch in der Art der Führung der Amtsgeschäfte. Ursprünglich wurde das Bureaupersonal wohl überall von den Beamten selbst gestellt. Innerhalb der Friedensverwaltung wurde die Bestellung des subalternen Personals allerdings später seiner Verfügung weitgehend entzogen, aber den Feldherrn unterstützten sicherlich seine Klienten und Freigelassenen, daneben auch die freie Gefolgschaft persönlicher und politischer Freunde aus verbündeten Geschlechtern in der Ausübung seines Amtes. Denn im Felddienst war die Übertragung der Amtswahrnehmung an Beauftragte weitgehend gestattet. Auch der Prinzeps der ersten Zeit der Militärmonarchie führte seine Verwaltung unbeschadet der später zunehmenden Einschränkung zu einem immerhin so großen Teile mit Hilfe seiner Freigelassenen, daß diese Schicht gerade damals unter der Herrschaft der von jeher klientelreichen Claudier den Höhepunkt ihrer Macht erreichte und ein claudischer Kaiser dem Senat drohen konnte, auch formell die Gesamtverwaltung ganz in die Hand dieser seiner persönlichen Untertanen zu legen. Und ganz wie bei den spätrepublikanischen Adelsgeschlechtern lag auch beim Prinzeps einer der wichtigsten Schwerpunkte seiner ökonomischen Macht in den namentlich unter Nero gewaltig vermehrten Grundherrschaften und in solchen Gebietsteilen, die, wie namentlich Ägypten, wenn auch nicht, wie man behauptet hat, rechtlich, so doch faktisch wie eine Art persönlicher Patrimonialherrschaft verwaltet wurden. Diese so bis in späte Zeiten nachwirkende Bedeutung des patrimonialen und feudalen Einschlags der römischen Republik und ihrer Honoratiorenverwaltung ist in ihrer Eigenart in einer nie völlig unterbrochenen Tradition von altersher, wenn auch ursprünglich naturgemäß in kleinerem Kreise, vorhanden gewesen und war die Quelle sehr wichtiger Unterschiede gegenüber dem Hellenentum. Schon die äußere Lebensführung wies charakteristische Unterschiede auf. In Hellas begann in der Zeit des Wagenkampfes der adlige Mann sich auf dem Ringplatz zu tummeln, wie wir sahen. Der Agon, das Produkt des individuellen Ritterkampfes und der Verklärung des ritterlichen Kriegsheldentums, war Quelle der entscheidendsten Züge der hellenischen Erziehung. Gegenüber dem Turnier des Mittelalters war, so sehr Wagen und Pferde im Vordergrund standen, doch der wichtige Unterschied von Anfang an vorhanden: daß bestimmte offizielle Feste ein für allemal nur in dieser Form des Agon begangen wurden. Und mit dem Vordringen der Hoplitentechnik verbreitete sich nur der Kreis des Agon. Alles, was auf dem Gymnasion geübt wurde: Speerkampf, Ringen, Faustkampf, vor allem Wettlauf, nahm diese Form an und wurde dadurch „gesellschaftsfähig". Die rituellen Gesänge zu Ehren der Götter wurden durch musische Agone ergänzt. Zwar glänzte der vornehme Mann dabei durch die Qualität seines Besitzes: Pferde und Wagen, die er für sich laufen ließ. Aber der Form nach mußten die plebejischen Agone als ebenbürtig anerkannt werden. Der Agon wurde organisiert mit Preisen, Schiedsrichtern, Kampfregeln und durchdrang das gesamte Leben. Nächst dem Heldengesang wurde er das wichtigste nationale Band des Hellenentums im Gegensatz zu allen Barbaren.

Schon das älteste Auftauchen der Hellenen auf Bildwerken scheint nun als ihnen spezifisch die Nacktheit, das Fehlen aller Bekleidung außer den Waffen, zu erweisen. Von Sparta, der Stätte des höchsten militärischen Trainings aus, verbreitete sie sich über die hellenische Welt, und auch der Lendenschurz fiel fort. Keine Gemeinschaft der Erde hat eine Institution wie diese zu einer solchen alle Interessen und die ganze Kunstübung und Konversation bis zu den platonischen Dialogkämpfen beherrschenden Bedeutung entwickelt. Bis in die Spätzeit unter byzantinischer Herrschaft sind die Zirkusparteien die Form, in welche sich Spaltungen der Massen kleiden, und die Träger von Revolutionen in Konstantinopel und Alexandrien. Den Italikern blieb diese Bedeutung der Institution, wenigstens diejenige Art ihrer Entwicklung, welche sie in der klassischen hellenischen Zeit genommen hat, fremd. In Etrurien herrschte der Stadtadel der Lukumonen über verachtete Plebejer und ließ bezahlte Athleten vor sich auftreten. Und auch in Rom lehnte der herrschende Adel ein solches Sich-gemein-machen mit und vor der Menge ab. Niemals hat sein Prestigegefühl einen solchen Verlust von Distanz und Würde ertragen, wie sie ihm diese nackten Turnfeste der „Graeculi" bedeuteten, ebensowenig wie den kultischen Singtanz, die dionysische Orgiastik oder die abalienatio mentis der Ekstase. Es trat im römischen politischen Leben die

Bedeutung der Rede und des Verkehrs auf der Agora und in der Ekklesia ebenso weit zurück, wie der Wettkampf auf dem Gymnasion, der gänzlich fehlte. Reden wurden erst später und dann wesentlich im Senat gehalten und hatten demgemäß einen ganz anderen Charakter als die politische Redekunst des attischen Demagogen. Tradition und Erfahrung der Alten, der gewesenen Beamten vor allem, bestimmte die Politik. Das Alter und nicht die Jugend war maßgebend für den Ton des Verkehrs und die Art des Würdegefühls. Rationale Erwägung, nicht aber die durch Reden angeregte Beutelust des Demos oder die emotionale Erregung der Jungmannschaft gab in der Politik den Ausschlag. Rom blieb unter der Leitung der Erfahrung, Erwägung und der feudalen Macht der Honoratiorenschicht.

Nachwort

Max Webers posthum publizierte, unvollendete Abhandlung „Die Stadt“ liegt in einem Bearbeitungsstand vor, der auf die Zeit zwischen Ende 1913 und Mitte 1914 datiert werden kann. Es läßt sich nicht eindeutig entscheiden, für welchen Kontext Weber die Studie geschrieben hat und wie er sie gegebenenfalls nach Fertigstellung hätte verwenden wollen.

Der Text bündelt eine Vielzahl von Fragen, die Weber zum Teil in seinen früheren Arbeiten erörtert, zum Teil in seinen vergleichenden religionssoziologischen Studien traktiert hat, denen er sich nach 1910 zugewandt hatte. Die hinter den wechselnden Fragestellungen und Vergleichsperspektiven stehende Leitfrage ist, warum sich trotz der Ubiquität des Phänomens Stadt nur im Okzident ein sich selbst verwaltendes städtisches Bürgertum herausgebildet habe. Es geht Weber darum, einerseits den Okzident vom Orient abzusetzen, andererseits die unterschiedlichen Ausprägungen der okzidentalen Stadtgemeinde herauszuarbeiten. Für den Okzident stehen griechisch-römische Antike und europäisches Mittelalter, für die Antike konkret die autonomen Stadtstaaten Athen, Sparta und Rom in ihrer jeweiligen Blütezeit; für das Mittelalter werden je nach Argumentationsbedarf die italienischen Städte (bei denen noch zwischen den Seestädten und den Binnenstädten zu unterscheiden ist), die Städte des kontinentalen Bereichs nördlich der Alpen oder die englischen Städte herangezogen. Für den kontrastierenden Vergleich mit dem Orient wird sowohl auf das ägyptische und vorderasiatische Altertum als auch auf China, Japan und Indien in der Gesamtheit ihrer historischen Entwicklung Bezug genommen. Weitere historische Beispiele (etwa aus Rußland, Mekka, Konstantinopel oder sogar den Städten der afrikanischen Goldküste) kommen im Einzelfall zur Hervorhebung spezieller Gesichtspunkte hinzu. Während der Vergleich zwischen den großen Kulturkreisen darauf zielt, die Einzigartigkeit der okzidentalen Stadtgemeinde und ihres politisch verfaßten Bürgertums herauszustellen, geht es bei dem innerokzidentalen Vergleich zwischen Antike und Mittelalter vornehmlich darum zu zeigen, warum trotz auffälliger Parallelitäten in den jeweiligen Verfassungsentwicklungen erst im Mittelalter wesentliche Voraussetzungen für die Entstehung des „modernen Kapitalismus“ und des „modernen Staats“ gelegt werden konnten.

1. Aspekte der Stadtgeschichte in früheren Arbeiten Webers

Die „Stadt“-Studie bietet einen in dieser Form im Weberschen Werk einzigartigen universalhistorischen Entwurf, der zugleich eine Synthese aus den Ergebnissen jener komparatistischen Unternehmungen darstellt, die Weber sowohl in den der Arbeit an der „Stadt“ vorausgegangenen wie in den etwa gleichzeitig damit betriebenen Studien erzielt hat. Insofern läßt sich nicht auf frühere Arbeiten verweisen, die das hier durchgeführte Untersuchungsprogramm bereits in allen Hinsichten auf Fragestellung, Methodik und Vergleichsobjekte erkennen ließen. Als Vorstudien können mit gewissen Einschränkungen Webers frühere Arbeiten zur Antike gelten, da sich in ihnen feststellen läßt, wie Weber – auch im Hinblick auf das Thema „Stadt" – seine universalhistorische Perspektive erweitert, wie er zu methodischen Klärungen gelangt, die für seine weiteren Arbeiten grundlegend werden sollten, und wie er einige Deutungsmuster entwickelt, die er dann in der „Stadt" auf zuvor nicht behandelte historische Materialien anwenden sollte. Es zeigt sich auch im vorliegenden Text, in dem die Antike zwar keineswegs im Vordergrund der Erörterungen steht, jedoch beachtlichen Raum einnimmt, in welch hohem Maße sich der „‚Gelehrte' Max Weber [...] in der Beschäftigung mit dem Altertum" (A. Heuss)[1] ausgebildet hat.

Ein wesentliches Thema seiner früheren Untersuchungen zur Antike war die Frage nach der Eigenart und den Entwicklungsschranken des antiken Kapitalismus gewesen, der nach Webers Einschätzung weitgehend auf der Ausnutzung politisch-militärisch vermittelter Erwerbschancen basiert hatte. Weber hatte sich dieser Fragestellung zunächst in seiner „Römischen Agrargeschichte" von 1891, dann in dem Aufsatz „Die sozialen Gründe des Untergangs der antiken Kultur" von 1896, schließlich in den verschiedenen Fassungen des Artikels „Agrarverhältnisse im Altertum" für das „Handwörterbuch der Staatswissenschaften" von 1897, 1898 und (nun im Umfang einer Monographie) 1908/09 gewidmet. Dabei zeigte sich eine Ausweitung seines Vergleichsrahmens von der römischen Geschichte über die gesamte griechisch-römische Antike bis zur Behandlung des gesamten vorderorientalischen Altertums, wie sie in der fortschreitenden Einbeziehung des alten Ägyptens, Mesopotamiens und Israels in den immer umfänglicher werdenden Fassungen der „Agrarverhältnisse" zum Ausdruck kam. Weber rezipierte dafür eine umfängliche Literatur, die sich seit dem späten 19. Jahrhundert für den Bereich der „klassischen" griechisch-römischen Welt verstärkt Themen der Sozial- und Wirtschaftsgeschichte angenommen hatte und die aufgrund der zunehmenden Erschließung monumentaler Quellen für das alte Ägypten und den Alten Orient einen geradezu dramatischen Erkenntniszuwachs verzeichnete. Auch wenn Weber sich in einem erstaunlichen Ausmaß darum bemühte, eine weitverzweigte spezialisierte Literatur auszuwerten, wird man dem Werk Eduard Meyers eine gewichtige Bedeutung für die Ausweitung seiner Darstellung der vorderorientalischen Kulturen zuschreiben können.

In diesen Studien hatte das Thema Stadt bereits eine wichtige Rolle gespielt, da es Weber – ungeachtet der wechselnden thematischen Schwerpunkte seiner Arbeiten – immer darum gegangen war, ein Gesamtbild der „Kultur" zu zeichnen. So hatte er in dem Essay zum Untergang der antiken Kultur (MWG I/6) die „Kultur des Altertums" als „ihrem Wesen nach zunächst: *städtische* Kultur" definiert und als „auf der Stadt als ökonomischem Untergrund" ruhend bezeichnet. Die Entwicklung in der römischen Kaiserzeit, die insgesamt durch die Verlagerung der „Küstenkultur" ins Binnenland und einen sich immer mehr verschärfenden strukturellen Widerspruch zwischen einer zunehmend naturalwirtschaftlich orientierten Ökonomie und einem auf Geldwirtschaft angewiesenen administrativ-militärischen „Überbau" gekennzeichnet sei, habe zum Schwinden städtischer Kultur, zu ihrem „Winterschlaf" im „ländlich gewordenen Wirtschaftsleben" geführt. „Erst als auf der Grundlage der freien Arbeitsteilung und des Verkehrs die *Stadt* im Mittelalter wieder erstanden war, als dann der Übergang zur Volkswirtschaft die bürgerliche Freiheit vorbereitete und die Gebundenheit unter den äußern und innern Autoritäten des Feudalzeitalters sprengte, da erhob sich der alte Riese in neuer Kraft und hob auch das geistige Vermächtnis des Altertums empor an das Licht der modernen bürgerlichen Kultur".

In der letzten Fassung der „Agrarverhältnisse im Altertum" (MWG I/6), in der es Weber immer wieder um das wechselseitige Bedingungsverhältnis zwischen ökonomischen und politischen Strukturen gegangen war, hat er betont, daß die „antike *Agrargeschichte* [...] in ihrem Verlauf in die Peripetieen der antiken Stadtgeschichte so eng verflochten [war], daß sie von ihnen isoliert kaum behandelt werden könnte". Er führte weiter aus, daß „Organisations*stadien*" festzustellen seien, „die sich, bis zu einem gewissen Maße bei allen *denjenigen* ‚antiken' Völkern, von der Seine bis zum Euphrat, welche *überhaupt städtische* Entwickelung gekannt haben, wiederholt zu haben scheinen". Auf die Stufe eines auf Dörfern und Hausgemeinschaften basierenden Bauerngemeinwesens mit einer lockeren politischen Struktur, gegebenenfalls mit einem über eingeschränkte Rechte verfügenden Häuptling oder Richter an der Spitze, folgt der Zusammenschluß in einer von einer Burg, als „nähere Vorstufe der Stadt", geschützten Siedlung und die Herausbildung eines „Burgenkönigtums" mit einer „persönliche[n] *Gefolgschaft*". Danach gabelt sich die Entwicklung: im Orient kann der König seine Macht ausbauen, die Grundrenten und Handelsgewinne weitgehend monopolisieren, die Bevölkerung zu fron- und abgabepflichtigen Untertanen machen und sich selbst ein Heer und eine Bürokratie aufbauen. So entsteht ein „bürokratisches Stadtkönigtum" bzw. in einer späteren Phase bei entsprechender territorialer Ausdehnung und fortschreitender Rationalisierung des Herrschaftsapparates der „autoritäre *Leiturgiestaat*, der *planmäßig* die Deckung der Staatsbedürfnisse durch ein kunstvolles System von öffentlichen Lasten erstrebt und die ‚Untertanen' als reine Objekte behandelt".

Für die mediterrane Entwicklung ist dagegen entscheidend, daß ein Kriegeradel Anteil an den Grundrenten und Handelsgewinnen nehmen kann, der ihm seine Eigenständigkeit gegenüber dem Monarchen sichert, der schließlich einer „sich selbst verwaltende[n], militärisch gegliederte[n] *städtische[n]* Gemeinde" weichen muß. Hier kann sich schließlich aus der – mit dem Prinzip der Selbstequipierung gegebenen – militärischen Notwendigkeit der fortschreitenden Einbeziehung der breiteren Bürgerschaft eine Entwicklung von der „Adels-", über die „Hopliten-" bis hin zur „demokratischen Bürgerpolis" ergeben. Schließlich setzt sich auch in den hellenistischen Reichen und im römischen Reich der bürokratisch organisierte Leiturgiestaat durch, der den Kapitalismus „erstickt".

Für die divergierende Entwicklung macht Weber primär die unterschiedlichen geographischen Bedingungen verantwortlich, die er auf die Formel des Gegensatzes von der „Küstenkultur" der griechisch-römischen und der „Stromufer- und Bewässerungskultur" der ägyptischen und vorderorientalischen Antike zuspitzt. Seiner Theorie liegen zwei – aus heutiger Sicht problematische – Entscheidungen zugrunde. Zum einen die These, die Anlage von Städten sei primär aus Handelsinteressen erfolgt und die Kontrolle über die Fernhandelsgewinne sei entscheidend für den Fortgang sozialer Differenzierung (namentlich wenn eine Aristokratie aufgrund dieser Ressourcen die Bauernschaft in Abhängigkeit bringen konnte) und für die Entwicklung der politischen Strukturen gewesen. Diese These hat Weber seit seiner „Römischen Agrargeschichte" stets wie ein Axiom eingesetzt. Zum zweiten wird unterstellt, daß die Notwendigkeiten der Stromregulierung die bürokratischen Strukturen in den orientalischen Monarchien bedingten; ideengeschichtlich handelt es sich um eine Variante des traditionellen Topos der „orientalischen Despotie".

Angesichts dieser Gegenüberstellung zweier Grundmuster von Kulturentwicklung hat Weber in den „Agrarverhältnissen" verschiedentlich die Gemeinsamkeit okzidentaler Strukturen in Antike und Mittelalter angesprochen, zugleich aber (sicherlich auch mit einem Seitenblick auf Eduard Meyer) vor dem Ziehen vorschneller Analogien gewarnt, die „oft direkt schädlich für die unbefangene Erkenntnis" seien. Der Schlußabschnitt dieser langen Abhandlung trägt zwar den Titel „Grundlagen der Entwicklung in der römischen Kaiserzeit", zeichnet diese jedoch nur in wenigen Strichen nach. Viel ausführlicher widmet sich Weber der Frage nach der „Eigenart der antiken Polis" und danach, „wie sie sich denn zur ‚Stadt' des *Mittelalters* verhält", wobei es ihm darauf ankommt, warum „das Mittelalter *unsrer* kapitalistischen Entwickelung längst vor dem Auftauchen kapitalistischer Organisationsformen *näher* stand als die Polis". Als wesentliche Faktoren werden der Vorrang der Landwirtschaft in der Antike einerseits, des Gewerbes im Mittelalter andererseits, sowie die Auswirkungen auf den Charakter der typischen sozialen Konflikte (um Landbesitz im ersten, um Erwerbschancen im gewerblichen Sektor im zweiten Falle) betont. Weiter wird die Rolle der Zünfte des Mittelalters sowohl für die Organisation der gewerblichen Arbeit wie als Instrument politischer Interessenvertretung hervorgehoben; für beides habe es in der Antike kein Äquivalent gegeben. Schließlich wird die militärische Prägung der antiken Polis akzentuiert, die eine „kriegerische Beutepolitik als *Stadt*politik" nahegelegt habe, während die mittelalterliche Stadt „von Anfang an, und *zunehmend*, ‚bürgerlichen' Charakters" gewesen sei, nämlich auf „friedlichen *Markt*erwerb zugeschnitten".

Die unterschiedlichen militärischen Möglichkeiten der autonomen Polis als *„vollkommenste* Militärorganisation" des Altertums einerseits, der in größere Herrschaftsverbände eingebetteten Stadt des Mittelalters andererseits hätten den unterschiedlichen Charakter des jeweiligen Bürgertums geprägt: „Der ‚Bürger' ist im Mittelalter von Anfang an in *weit* höherem Maße ‚homo oeconomicus' als der Bürger einer antiken Polis es sein will oder kann." Weber betont jedoch wiederholt, daß diese Entgegensetzung vor allem dann gerechtfertigt sei, wenn man an die „industrielle Binnenstadt" in Frankreich, Deutschland oder England denke, während die „Seestädte" Italiens aufgrund ihrer Ausrichtung auf den Fernhandel wie ihrer militärischen Möglichkeiten mehr Analogien zum antiken Muster zeigten. Auf die Unterschiede in der ökonomischen Entwicklung von „See-" und „Landstädten" – hier in Italien – war Weber bereits in seiner Dissertation über die „Geschichte der Handelsgesellschaften im Mittelalter" zu sprechen gekommen. Als Postulat formuliert Weber schließlich: „Eine wirklich kritische *Vergleichung* der Entwickelungsstadien der antiken Polis und der mittelalterlichen Stadt [...] wäre ebenso dankenswert wie fruchtbar, – natürlich nur, wenn sie als Ziel *nicht,* nach Art der heute modischen Konstruktionen von generellen Entwickelungsschemata, nach ‚Analogien' und ‚Parallelen' jagt, sondern gerade umgekehrt nur dann, wenn ihr Zweck die Herausarbeitung der *Eigenart* jeder von beiden, im Endresultat so verschiedenen, Entwickelungen [...] ist."

Webers Arbeiten zur Antike zielten nicht nur auf die Herausstellung der Charakteristika der antiken Ökonomie im Vergleich zur mittelalterlichen und modernen. Sie dienten auch der methodischen Verständigung über den heuristischen Gebrauch von Idealtypen. Dies geschah namentlich in der Auseinandersetzung mit diversen Stufentheorien, wie sie seinerzeit in der historischen Nationalökonomie verbreitet waren. Insbesondere galt dies für die Ablehnung von „Kulturstufen"-Theorien, die eine bei allen Völkern gegebene quasi gesetzmäßige Entwicklung vom Nomadentum zum Ackerbau postulierten. Weber hat seine Position in der Abhandlung „Der Streit um den Charakter der altgermanischen Sozialverfassung in der deutschen Literatur des letzten Jahrzehnts" 1904 (MWG I/6) grundsätzlich entwickelt; die Verwerfung der Annahme eines ursprünglichen Nomadenlebens ohne jede Form des Ackerbaus war ihm in den „Agrarverhältnissen" auch insofern wichtig, als er die grundlegenden Unterschiede zwischen Orient und Okzident auf die Bedeutung der Milchviehzucht im Okzident und deren Fehlen im Orient zurückführte.

Für seine weiteren Arbeiten wurde vor allem die Auseinandersetzung mit dem Konzept der „Wirtschaftsstufen" relevant, wie sie u.a. Schönberg,[2] Schmoller[3] und Bücher[4] entwickelt hatten, die in verschiedenen Varianten eine Abfolge von „Hauswirtschaft" über „Stadtwirtschaft" zur „Volkswirtschaft" postuliert zu haben schienen. Namentlich Karl Büchers Modell war von führenden Althistorikern wie Eduard Meyer[5] und Karl Julius Beloch[6] scharf angegriffen worden, weil sie Bücher eine gesetzmäßige Abfolge von Stufen sowie eine Identifikation der Antike mit der Stufe der Hauswirtschaft unterstellten – ob zu recht oder nicht, kann hier dahingestellt bleiben. Dagegen verfochten sie eine weitgehende strukturelle Gleichartigkeit von antiker und frühmoderner Ökonomie. Gegen die Stufentheorien von Schmoller und Bücher wandten sich auch Mediävisten wie namentlich Georg von Below, der eine Gleichsetzung der Stadtwirtschaft mit dem Mittelalter ablehnte.[7] In der mediävistischen Diskussion kam noch die Kritik an Sombart hinzu, der in seinem „Modernen Kapitalismus" von 1902 die Abgrenzung zwischen der Bedarfsdeckungswirtschaft des Mittelalters und der Erwerbswirtschaft der Neuzeit vertreten hatte.[8]

Wie schon in seinem „Objektivitäts"-Aufsatz von 1904 in bezug auf die „Stadtwirtschaft" (MWG I/7) – auf den Below hinsichtlich der methodischen Grundsatzfrage wiederholt zustimmend verwiesen hat –, so hat Weber in seinen „Agrarverhältnissen" von 1908/09 auch die (auf Rodbertus zurückgehende) Kategorie der „Haus-" bzw. „Oikenwirtschaft" „im Sinne einer ‚idealtypischen' *Konstruktion* einer Wirtschaftsverfassung" interpretiert, die nicht einfach mit der antiken Ökonomie in ihrer gesamten räumlichen und zeitlichen Erstreckung gleichgesetzt werden dürfe. Weber verstand unter dem Oikos den Typ des fürstlichen oder grundherrlichen Haushalts, der vorrangig an Bedarfsdeckung interessiert ist und diesen Bedarf durch Fronarbeiten und Naturalabgaben von Abhängigen deckt. Als universal verwendbare Kategorie kommt dies dann auch in seinen späteren Schriften, so auch in der „Stadt" vor. In der Sache distanzierte sich Weber in den „Agrarverhältnissen" eindeutig von den modernisierenden Annahmen Meyers und Belochs, hielt gleichwohl jedoch – wie auch noch in der „Stadt" zu sehen – an der Kategorie des „antiken Kapitalismus" fest, gerade um seine von politischen und militärischen Faktoren bedingte Eigenart in Abgrenzung zum modernen Kapitalismus bestimmen zu können.

2. Die Themen der „Stadt" im Kontext der Forschung

Die allgemeine Stadttypologie

Weber beginnt seine Studie mit allgemeinen Erörterungen zur Kategorie der Stadt, in denen er verschiedene siedlungsgeographische, ökonomische und rechtliche Merkmale durchspielt und immer wieder die Inkongruenz dieser Kriterien betont. Für die ökonomische Definition ist entscheidend, daß es sich um eine Marktansiedlung handelt, bei der aufgrund einer bestehenden Produktionsspezialisierung die ortsansässige Bevölkerung regelmäßig einen erheblichen Teil ihres Alltagsbedarfes auf dem Markt deckt; dies grenzt die Stadt im ökonomischen Sinne sowohl von einem fürstlichen oder grundherrlichen Oikos wie von Orten mit nur periodisch stattfindenden Messen ab. Ein grundlegendes Unterscheidungsmerkmal für Städte besteht darin, welche Schichten mit ihrer Kaufkraft wesentlich die Erwerbschancen der ortsansässigen Produzenten bestimmen. In der „Konsumentenstadt" stammt die Kaufkraft entweder aus Einnahmen patrimonialer und politischer Natur, aus den Mitteln eines Fürsten („Fürstenstadt") bzw. den Gehältern und Pfründen von Beamten („Beamtenstadt"), oder aus diversen Rentenquellen, Grundrenten, Kapitalerträgen oder Staatspensionen („Grundrentnerstadt", „Rentnerstadt"). Beruht dagegen die Kaufkraft für den einheimischen Markt auf den Erträgen ortsansässiger Erwerbsbetriebe, liegt entweder eine (sei es auf Industrie, sei es auf Handwerk basierende) „Gewerbestadt" vor (in der die Unternehmer als Großkonsumenten, die Arbeiter und Handwerker als Massenkonsumenten auftreten) oder eine „Händlerstadt" bzw. „Handelsstadt" (in der die Einkünfte der Großkonsumenten auf ihren überörtlichen Geschäftsbeziehungen beruhen). Nicht eindeutig ist, ob diese beiden der Konsumentenstadt gegenübergestellten Typen unter „Produzentenstadt" als Oberbegriff zu ziehen sind oder letzterer Begriff nur als Synonym für „Gewerbestadt" verstanden werden soll. Auf jeden Fall vermeidet Weber eine eindeutige Zuordnung einzelner Typen zu spezifischen historischen Epochen. Dies entspricht seiner generellen Absage an Modelle von Wirtschaftsstufen. Mit der Kategorie der „Fürstenstädte" wird ein zwar historischer, jedoch epochenübergreifender Gesichtspunkt angesprochen, da in einer Vielzahl von Fällen (wenngleich nicht immer) Städte aus Ansiedlungen neben einem fürstlichen Großhaushalt hervorgegangen seien und den Erwerb ihrer ökonomischen Stadtqualität der zunehmenden Orientierung des Hofes (und der ihm verbundenen Großhaushalte von Vasallen und Beamten) an Bedarfsdeckung auf dem Markt verdankten.

Weber verzichtet jedoch darauf, „eine weitere Spezialisierung und Kasuistik, wie sie eine streng ökonomische Städtetheorie zu leisten hätte, vorzuführen" und betont, „daß die empirischen Städte fast durchweg Mischtypen darstellen und daher nur nach ihren jeweils vorwiegenden ökonomischen Komponenten klassifiziert werden können".

Webers Versuch, eine ökonomische Stadttypologie zu entwickeln, ist vor allem als eine Auseinandersetzung mit Werner Sombart zu verstehen. Sombarts Darlegungen im 2. Band seines „Modernen Kapitalismus" gelten den „Aufgaben einer Städtetheorie" und der „Genesis der kapitalistischen Stadt"; sie werden wiederholt und zum Teil ergänzt in einem Aufsatz von 1907.[9] Sombart betont die Notwendigkeit, eine „ökonomische Theorie der Städtebildung" zu entwickeln, und verweist darauf, daß ökonomische und rechtliche Definitionen auseinanderfallen können.[10] Sombart bezeichnet als „eigentliche Städtegründer" oder „primäre Städtebildner" Monarchen, Grundherren, Kaufmänner, die mit Fremden Handel treiben, Handwerker und Industrielle, die gewerbliche Produkte nach auswärts verkaufen.[11] Er betont die Rolle von Grund- und Staatsrentnern für die frühkapitalistische Großstadt des 18. Jahrhunderts,[12] stellt die mit der Entfaltung des Kapitalismus zunehmende Tendenz heraus, daß sich die Großstadt zu einem „Konsumtionscentrum" entwickle, da in den „hochkapitalistischen Großstädten" ein „industrielles Rentnertum" tonangebend werde, und bezeichnet als einen der modernen Städtetypen „die reine Konsumtionsstadt", wie sie im „Typus der reinen Residenzstadt, wie Potsdam, oder der Pensionopolis, wie Wiesbaden" erkennbar werde.

Webers Typologie, sein Nachdruck auf der Bedeutung der Herkunft der Kaufkraft der örtlichen Konsumenten, die Hervorhebung der verschiedenen Formen des Rentnertums ist sicherlich durch die Auseinandersetzung mit Sombart geprägt, stellt jedoch eine eigenständige Konzeption dar. Während sich Sombart ganz auf die europäischen Städte der Neuzeit konzentriert, geht es Weber offensichtlich darum, eine für alle Epochen und Kulturen anwendbare Typologie zu entwickeln. Weber war Sombart jedoch insofern gefolgt, als er für die Stadt unterstellt hatte, daß sie vom Ertrag nicht-landwirtschaftlicher Arbeit lebte; der auf seine Absage an eine weitere Erörterung einer „streng ökonomischen Städtetheorie" folgende Absatz mit der Hervorhebung der Ackerbürgerstädte in Antike und Mittelalter korrigiert dies in gewisser Weise.

Für die weiteren Ausführungen Webers bleiben die am Anfang des Textes vorgenommenen Typologisierungen weitgehend unerheblich; die Begriffe „Konsumentenstadt", „Produzentenstadt", „(Grund-)Rentnerstadt" und „Beamtenstadt" werden im späteren Text nicht mehr aufgenommen.

Wenn somit die Relevanz dieser Passagen für den gesamten Text nicht zwingend scheint, so kann doch auf jeden Fall ausgeschlossen werden, daß es sich hier (oder gar beim ganzen Text) um Ausführungen zur „Stadtsoziologie" handelt, weder in der Art, wie sie seinerzeit Georg Simmel betrieb,[13] noch gar in einem später gebräuchlichen Sinne.

Die Stadtgemeinde

Nach Beendigung der Diskussion um einen generellen Stadtbegriff leitet Weber zur Erörterung des „politisch-administrativen" Stadtbegriffs über. Die Stadt in diesem Sinne, die über ein abgegrenztes Stadtgebiet verfügt, wird historisch auf den Ursprung aus einer „Festungsstadt" zurückgeführt. Es handle sich um einen – im Regelfall durch eine Mauer – befestigten Ort, der sich von anderen befestigten Ansiedlungen dadurch unterscheide, daß er zu einer mit einer Garnison versehenen herrscherlichen Burg gehörte, so daß sich ökonomischer „Marktfrieden" und militärischer „Burgfrieden" ergänzten. Für die Entwicklung der Stadtverfassung sei überall entscheidend gewesen, wieweit der Herrscher sich ein Monopol auf die Erträge des (Fern- bzw. See-) Handels habe sichern können oder diese nolens volens mit seinem Gefolge habe teilen müssen bzw. wie sich die *„politisch-*

militärische Struktur desjenigen Herrschaftsverbandes [entwickelt habe], innerhalb dessen die Stadtgründung oder Stadtentwicklung sich vollzog".

Die Stadt, die sich durch die Kombination von Befestigung und Markt auszeichnet, ist für Weber ein universales Phänomen. Dies gilt jedoch nicht für die Stadt als „Gemeinde", für die neben Befestigung und Markt ein eigenes Gericht und – in Grenzen – eigenes Recht, Verbandscharakter und partiell Autonomie und Autokephalie konstitutiv seien. Städte mit Verbandscharakter, in denen eine Stadtbürgerschaft Träger ständischer Privilegien gewesen sei, seien das auszeichnende Merkmal der okzidentalen Kultur, das sie scharf vom Orient abhebe.

Die über die allgemeine rechtliche Definition der Stadt hinausgehenden, eben genannten Kriterien finden sich in der Sache weitgehend bereits in einschlägigen Darstellungen Georg von Belows. Below hatte sich bei seinen Bemühungen um eine Definition der „Stadt im Rechtssinne"[14] – wie in allen seinen Arbeiten – auf die mittelalterlichen Verhältnisse in Deutschland bezogen; er hatte jedoch in der Frage geschwankt, ob man der mittelalterlichen deutschen Stadt „Gemeinde"-Qualität zuschreiben solle,[15] oder ob diese Kategorie nicht besser auf die mit vergleichsweise geringeren Selbstverwaltungsrechten ausgestatteten mittelalterlichen Dörfer bzw. modernen Städte passe.[16] Möglicherweise hängt dies mit seiner Deutung zusammen, die Landgemeinde habe in diversen Hinsichten das Muster für die Stadtverfassung abgegeben.[17]

Weber geht es auch hier wieder um eine von einer konkreten historischen Konstellation ablösbare Kategorie, die eine Minimaldefinition abgibt, die von den italienischen Stadtstaaten des Mittelalters und den antiken Stadtrepubliken a fortiori erfüllt wird. Problematisch wird jedoch die Assoziation von „Gemeinde" und „anstaltsmäßiger Gebietskörperschaft", die das Recht auf alle Rechtsunterworfenen nach dem Territorialprinzip anwendet. Der Charakter als Gebietskörperschaft impliziert Grenzen der Autonomie, die durch den übergeordneten staatlichen Verband gesetzt sind. Weber ist sich bewußt, daß der ein Spannungsverhältnis zum „Staat" implizierende Gemeindebegriff eigentlich nur auf die nicht mehr über politische Unabhängigkeit verfügenden Städte innerhalb der hellenistischen Großstaaten bzw. innerhalb des Römischen Reiches zutrifft. Auch insofern erscheint seine Aussage problematisch, daß mit der „Durchführung des Ortsgemeindeprinzips" die Polis als solche (nicht etwa ihre Untereinheiten) zu einer „anstaltsmäßigen Gebietskörperschaft" geworden sei.

Typische Verlaufsformen der Verfassungsentwicklung in frühen Gesellschaften

Auch wenn Weber sich von ökonomischen Stufenmodellen distanziert, so rechnet er doch mit bestimmten typischen Verlaufsformen der Verfassungsentwicklung. Weber nimmt das Schema der „Organisationsstufen" aus den „Agrarverhältnissen" in der „Stadt" insofern wieder auf, als er die Phänomene des Burgkönigtums bzw. eines Burgadels sowie des ritterlichen Kampfes, speziell mit Streitwagen, als seit der Mitte des 2. Jahrtausends v.Chr. universale Erscheinungen „von China bis Irland" nachzuweisen sucht, was mitunter zu recht angestrengten Interpretationen der Befunde führt. Auch für die mittelalterliche Entwicklung des Okzidents sei ausschlaggebend gewesen, daß die Burg die militärische Beherrschung des

Landes ermöglicht habe, so daß entscheidend gewesen sei, wer über dieses Herrschaftsmittel verfügt habe.

Weber konstatiert, daß außerhalb des Okzidents im Regelfall keine Entwicklung zu einer Stadtgemeinde stattgefunden habe bzw. diese über „Ansätze" nicht hinausgekommen sei. Begründungen dafür lassen sich im vorliegenden Text nur in höchst verkürzter Form finden, sie sind jedoch für die wichtigsten Beispiele aus den „Agrarverhältnissen" bzw. aus den religionssoziologischen Studien zu entnehmen. Für das antike Ägypten und Mesopotamien wird erneut auf die durch die Bedürfnisse der Stromregulierung und Bewässerung bedingte Stärke der königlichen Bürokratie hingewiesen, wobei für Mesopotamien nicht ganz ausgeschlossen wird, daß es gewisse Ansätze zu einer Stadtgemeindebildung gegeben haben könnte. Aufmerksamkeit finden auch die kanaanitischen Städte (vor ihrer Eroberung durch die Israeliten) und die phoinikischen Seestädte, in denen ein Handelspatriziat seine Herrschaft dauerhaft bewahrt und nicht (jedenfalls nicht vor der hellenistischen Zeit) einer breiteren Schicht der Bürgerschaft politische Partizipation eingeräumt habe, wofür auch in Karthago keine Notwendigkeit bestanden habe, da man sich für die Expansionspolitik auf Söldner stützte.

Besonderes Interesse gilt schließlich den Verhältnissen im alten Israel, wo die Entwicklung zur Polis etwa den Stand erreicht habe, der sich für das archaische Griechenland und die Frühphase der römischen Republik feststellen lasse, zumal man auch hier das typische Phänomen feststellen könne, daß ein stadtsässiger, wehrhafter Adel die Bauern in seine Abhängigkeit gebracht habe. Die Entwicklung in Israel fügt sich jedoch nicht ohne weiteres dem Schema der Weberschen „Organisationsstadien". Wie Weber sich im einzelnen die Herausbildung eines städtischen Patriziats innerhalb der ursprünglich stark bäuerlich geprägten Eidgenossenschaft der vereinigten Stämme, den Charakter des späteren Königtums, dessen zentralistische Tendenzen an den Rechten der traditionellen Honoratioren Schranken fanden, die Eigenart und zeitliche Ansetzung des „Stadtstaats" Juda, schließlich die Konstituierung der aus dem Exil zurückgekehrten jüdischen Bevölkerung als rein religiöser, nicht politischer Gemeinde vorstellt, läßt sich aus den – gerade angesichts der Komplexität der Verhältnisse – äußerst knappen Bemerkungen im vorliegenden Text der „Stadt" schwerlich verstehen, ohne daß man die früheren Äußerungen in den „Agrarverhältnissen" und vor allem die umfangreichen Studien zum Judentum heranzieht.

Die ostasiatischen Städte

Weber skizziert ferner, warum sich in den großen ostasiatischen Reichen Japan, Indien und China keine Stadtautonomie entwickelt habe. Für Japan werden das Fehlen von Befestigungen und die unmittelbare Kontrolle durch Beamte der Monarchie angeführt, die nur gewisse Formen von Selbstverwaltung auf der Ebene von Stadtvierteln bzw. Berufsverbänden zugelassen habe. Für China und Indien wird ebenfalls betont, daß die Städte Sitze der Monarchen bzw. ihrer Behörden gewesen seien, so daß in China Selbstverwaltung am ehesten noch im Dorf stattfinden konnte. Aber Weber begnügt sich nicht mit den Feststellungen über die Stärke der Zentralgewalten, die er im chinesischen Fall erneut auch mit dem Zusammenhang von Stromregulierung und Bürokratisierung erklärt. Indien und

China werden in besonderer Weise als Gegenmodelle zur okzidentalen Stadt angesehen, da es hier religiöse Faktoren gewesen seien, die die Möglichkeit einer auf Verbrüderung basierenden Stadtgemeindebildung verhindert hätten. Und dies, obwohl sich für das indische Altertum durchaus Beispiele einer von einem Patriziat getragenen Stadtautonomie feststellen ließen, und es sowohl für Indien wie für China (in beiden Fällen wohl die gesamte Geschichte hindurch) beachtliche faktische, wenngleich nicht rechtlich abgesicherte, Kompetenzen von Gilden und Zünften gegeben habe. Entscheidend sei aber gewesen, daß die nach dem endgültigen Sieg des Brahmanismus etablierte Kastenordnung, mit der rituellen Absonderung der Berufe voneinander, jegliche Tischgemeinschaft als Verwirklichung von Verbrüderung definitiv ausgeschlossen habe. In der chinesischen Gesellschaft habe der Ahnenkult auch den Stadtbewohner an seine Sippe und das Herkunftsdorf gebunden, somit den Zusammenschluß zu einer Stadtgemeinde, wenn nicht prinzipiell, so doch de facto ausgeschlossen. Auch diese Bemerkungen erschließen sich erst ganz, wenn man Webers Studien zu Hinduismus und Buddhismus (MWG I/20) bzw. Konfuzianismus und Taoismus (MWG I/19) heranzieht.

Verbrüderung

Die schon erwähnte Kategorie der „Verbrüderung“ ist grundlegend nicht nur für den Zivilisationsvergleich, sondern auch für die Unterschiede, die trotz aller Gemeinsamkeiten innerhalb der okzidentalen Kultur bestehen. Der Verbrüderungscharakter gilt als auszeichnendes Merkmal der okzidentalen Stadtgemeinde. Nur sie gründet auf willkürlich konstituierten Verbänden im Gegensatz zu natürlichen oder als natürlich gedachten Abstammungsgemeinschaften. Zwischen den Mitgliedern dieser Verbände bestehen keine Hemmnisse für alle Formen sozialen Verkehrs, einschließlich der Markttransaktionen; neben *connubium* und *commercium* ist es vor allem Kommensalität, das Bestehen von Tischgemeinschaft, die symbolischer Ausweis von Verbrüderung ist. In der „Stadt“ unterscheidet Weber zwischen Verbrüderungen, die von Verbänden verwandtschaftlicher oder militärischer Natur ausgehen, und solchen, bei denen sich Individuen zusammenschließen; in beiden Fällen wird aber die prinzipielle rechtliche Gleichheit der beteiligten Gruppen oder Individuen impliziert. Die höchste Intensität wird bei der von Individuen getragenen Verbrüderung erreicht. Historisch sieht Weber das Verbrüderungsprinzip deshalb vor allem in der mittelalterlichen Stadtgemeinde verwirklicht, und zwar in der ursprünglichen Eidverschwörung (*coniuratio*), aus der die Kommune hervorgeht, weiter in den Sonderverbandsbildungen des *popolo* der italienischen Kommunen und schließlich auch auf der Ebene kleinerer Verbände sowohl berufsständischer wie religiöser Provenienz.

Weber hat sich nicht dazu geäußert, woher er die Kategorie der Verbrüderung gewonnen hat, die in seinem früheren Werk noch keine erkennbare Rolle gespielt hatte, in der „Stadt“ jedoch zentral wird. Die Bruderschaftsterminologie deckt ein breites Spektrum sozialer Zusammenschlüsse ab, die in je unterschiedlicher Weise auf der christlichen Brüderlichkeitsidee gründen. Geläufig war die Bezeichnung „Verbrüderung“ in erster Linie für die, der wechselseitigen Fürbitte und dem Totengedächtnis dienenden, Gebets-Verbrüderungen zwischen Klöstern im frühen Mittelalter. Inhaltlich zeigt Webers Kategorie eine beachtliche Nähe zu Gierkes Konzept der „freien Einungen“ als „gewillkürte“ bzw. „gekorene Genossenschaften“ in der Abgrenzung zu auf Abstammung oder Verwandtschaft basierenden Verbänden.[18] Gierke, der die Genossenschaften als genuin germanischrechtliches Phänomen ansah, hatte diesen Einungscharakter primär am Beispiel der mittelalterlichen Gilden mit ihrer Verknüpfung religiöser und sozialer Funktionen herausgestellt; er spricht in diesem Kontext auch einmal beiläufig von „Verbrüderungen“.[19] Weber akzentuiert jedoch noch stärker als Gierke die kultische Dimension solcher Zusammenschlüsse und sieht in der „Verbrüderung“ – ungeachtet der neuen Möglichkeiten, die erst durch das Christentum eröffnet worden seien – eine von den spezifisch mittelalterlichen Verhältnissen ablösbare Kategorie.

Grenzen der Verbrüderung in der Antike

Weber hat die Verbrüderung in der Antike vor allem im Akt des „Synoikismos“ verwirklicht gesehen. Diese, der Quellensprache entlehnte, Kategorie war ein geläufiger Begriff der Forschung. Es geht bei dieser „Zusammensiedlung“ um die Konstituierung eines politischen Entscheidungszentrums, bei der für Weber entscheidend ist, daß sich in Griechenland und Rom die wehrfähigen Geschlechter – unter Aufgabe ihrer Burgen, wie er unterstellt – in der Stadt ansiedelten. In der „Stadt“ hebt Weber den kultischen Zusammenschluß im Sinne einer Verbrüderung hervor, die sich namentlich in der Speisegemeinschaft dieser Wehr- und Sippenverbände ausweise. (Das Argument paßt in Grenzen auf die griechischen Verhältnisse, jedoch schwerlich auf Rom). Die Prägung der antiken Verbrüderung durch den ursprünglichen Zusammenschluß von Geschlechtern, die mit der Exklusivität ihrer Kulte die Abgrenzung zu den Nicht-Adligen aufrecht erhalten hätten, sei erst später von seiten der „sippenlosen“ Plebs aufgehoben worden. Diese Argumentation folgt offensichtlich der Intention, den Kontrast zu den Phänomenen der Verbrüderung im Mittelalter herauszustellen.

Für die im Mittelalter mögliche Verbrüderung von Individuen sei nämlich entscheidend gewesen, daß alle schon der gemeinsamen Kirche angehört hätten (was zugleich den Ausschluß der Juden bedingte). Einen welthistorisch folgenreichen Durchbruch, der eine positive religiöse Disposition für diese Form der Verbrüderung geschaffen habe, sieht Weber in der Herauslösung des Christentums aus den Vorschriften des jüdischen Gesetzes, wie sie Paulus durchgesetzt habe. Symbolisiert werde dies durch den von Paulus im Galaterbrief geschilderten Konflikt in Antiochia, bei dem Petrus zunächst die Tischgemeinschaft mit (unbeschnittenen) Heidenchristen gepflegt hatte, diese dann aber aufgrund der Vorhaltungen von Vertretern der (judenchristlichen) Gemeinde aus Jerusalem wieder aufgab. Allerdings kommt Weber in der „Stadt“ darauf nur mit einem Satz zu sprechen. Größte Bedeutung legt er dem „Tag von Antiochien“ jedoch in der Hinduismus-Studie bei, in der der Kontrast zur indischen Kastenordnung, die eben gerade jede Tischgemeinschaft über die Kastengrenzen hinweg ausgeschlossen habe, betont wird. „Die Abstreifung aller rituellen Geburts-Schranken für die Gemeinschaft der Eucharistie, wie sie in Antiochia vor sich ging, war auch – hingesehen auf die religiösen Vorbedingungen – die Konzeptionsstunde des ‚Bürgertums' des Occidents, wenn auch dessen Geburt, in den revolutionären ‚conjurationes' der mittelalterlichen Städte, erst mehr als ein Jahrtausend später erfolgte. Denn ohne Kommensalität, christlich gesprochen: ohne gemeinsames Abendmahl, war eine Eidbrüderschaft und ein mittelalterliches Stadtbürgertum gar nicht möglich" (MWG I/20, S. 96f.).

Commune und coniuratio

Das Gegenstück zum antiken Synoikismos liegt in der mittelalterlichen *coniuratio*, durch die eine Commune konstituiert wird. Das entscheidende Moment liegt in der Verbrüderung von Individuen durch Eidverschwörung. Dies gilt auch für die Verbände innerhalb einer Stadt, die sich nach dem gleichen Muster konstituieren. Die Frage nach der Bedeutung von Tischgemeinschaften wird (abgesehen vom Hinweis auf die grundsätzliche Bedeutung der Abendmahlsgemeinschaft) hier jedoch nicht mehr konkret aufgenommen, obwohl die Geselligkeit ein konstitutives Element etwa von Gilden und Zünften darstellt.

Die Kommune-Gründung durch *coniuratio*, wechselseitige promissorische Eidesleistung der Bürger, sieht Weber insbesondere in den oberitalienischen Städten seit dem Ende des 10. Jahrhunderts verwirklicht, die angesichts des faktischen Fehlens einer Zentralgewalt bzw. der vielfältigen Überkreuzungen von Herrschaftsrechten die besten Chancen dafür besaßen. In anderen Ländern, besonders in Deutschland, lagen die Verhältnisse anders, wie sich u.a. in den wiederholten Versuchen des Verbots städtischer Schwurgemeinschaften durch die Kaiser ausweist. Hier gab es in vielen Fällen eine komplizierte Gemengelage zwischen der Konzession von Rechten durch den Stadtherrn und der Usurpation durch die Bürger, wobei Weber hervorhebt, daß es in der Natur der Urkunden liegt, die Gewährung von oben zu dokumentieren, den möglicherweise vorausgegangenen, durch Usurpationsversuche ausgelösten, Konflikt jedoch zu übergehen. Bei „Neugründungsstädten" konnte das ökonomische Interesse des Stadtherrn den Anstoß zur Konstituierung einer Stadtgemeinde geben. Insgesamt gibt es also ein breites Spektrum von Möglichkeiten zwischen „originärer", d.h. auf *coniuratio* beruhender, und „abgeleiteter", d.h. vom Stadtherrn konzessionierter Kommunebildung. (Einen – ausführlich behandelten – Extremfall stellen die englischen Städte dar, deren Rechte sämtlich aus Konzessionen der Krone stammten, die aber später im Parlament eine Interessenvertretung auf nationaler Ebene erhielten.)

Die erfolgreiche Kommunegründung durch eine Eidverbrüderung stellt für Weber einen usurpatorischen Akt dar, da sich die *coniuratio* gegen eine bestehende legitime Herrschaftsgewalt richtet. Diese Einschätzung war in der Forschung des 19. und frühen 20. Jahrhunderts sicherlich geläufig. Bei manchen Autoren verband sich dies auch mit der Tendenz, in einer nachträglichen Legitimierung durch die Landesherren die eigentliche Voraussetzung für den Fortbestand von Bürgergemeinden zu sehen. Dies wirft die Frage auf, ob Weber sich dieser Interpretation anschließt. Dagegen dürfte sprechen, daß er Italien (wo diese Form der nachträglichen Sanktionierung kaum eine Rolle spielte) als eigentliche Heimat der *coniurationes* bezeichnet; weiter, daß er betont, bei der Hervorhebung des usurpatorischen Charakters der Kommunegründung handle es sich um eine „formalrechtliche“ Sichtweise, die den soziologischen und politischen Implikationen des Vorgangs nicht gerecht werde. Allerdings gibt es auch mögliche Bezüge zu Webers Herrschaftssoziologie, die prima facie eine andere Deutung nahelegen könnten. Weber hatte nämlich in der aus dem Jahre 1914 stammenden Planung für seinen Beitrag zum „Grundriß der Sozialökonomik“ auch einen Abschnitt „Die nichtlegitime Herrschaft. Typologie der Städte“ vorgesehen. Der vorliegende Text kann gewiß nicht als ganzes, wohl aber hinsichtlich der Ausführungen zur Kommunegründung durch „usurpatorische Verbrüderungen“ und der Umgestaltung der Verfassung durch die Formierung des *popolo* damit in Beziehung gesetzt werden. (Außerdem bezüglich der Bewertung der antiken Tyrannis und der italienischen Signorie.) „Nichtlegitime Herrschaft“ kommt hier jedoch wörtlich nicht vor. In bezug auf die Konstituierung des *popolo* in den italienischen Städten – gegen die aus der ursprünglichen *coniuratio* hervorgegangene Honoratiorenherrschaft – spricht Weber davon, es habe sich um den „erste[n] ganz *bewußt illegitime[n]* und *revolutionäre[n]* politischen Verband“ gehandelt. Die bewußte Illegitimität liegt hier darin, daß mit der Konstituierung einer „politische[n] Sondergemeinde innerhalb der Kommune, mit eigenen Beamten, eigenen Finanzen und eigener Militärverfassung [...] im eigentlichsten Wortsinn ein Staat im Staate“ gegründet worden sei. (Das gleiche ließe sich mutatis mutandis auch von der Eidverschwörung der römischen Plebs und der Konstituierung ihrer Sondergemeinde sagen.) Ob in Webers Herrschaftssoziologie ein systematischer Ort für „nichtlegitime Herrschaft“ überhaupt denkbar ist, kann hier ebenso auf sich beruhen bleiben wie die Frage, ob Weber bei der weiteren Entwicklung seiner Herrschaftssoziologie gegebenenfalls das demokratische Legitimationsprinzip als viertes Element aufgenommen hätte. Berücksichtigt man, wie hoch Weber den Verbrüderungscharakter der originären *coniuratio* bewertet, und daß er den auf die ursprüngliche Kommunebildung folgenden Bewegungen zur Einschränkung oder Brechung der Honoratiorenregimes die Rationalisierung von Recht und Verwaltung zuschreibt, dann sollte man nicht annehmen, daß Weber mit seiner Betonung des formalrechtlich usurpatorischen Charakters der Kommunegründung zugleich das legitimitätsstiftende Element, das im freien Zusammenschluß der Bürger liegt, gänzlich ignoriert habe. Auf politische Grundüberzeugungen Webers zurückgehende Vorbehalte dürften sich eher hinsichtlich einer nach seiner Einschätzung zu weit getriebenen „Demokratisierung“ feststellen lassen, wie sie sich besonders in seinen Bewertungen der athenischen Demokratie niederschlagen.

Gilden, Zünfte und Stadtverfassung

Die Dominanz der Honoratioren in den mittelalterlichen Kommunen wurde durch eine „Serie [...] neuer Revolutionen“ überwunden. „Deren Träger waren abermals beschworene Einigungen von Bürgern“, namentlich Zünfte unterschiedlicher Natur, wobei Weber insbesondere die Unterschiede zwischen der italienischen und der deutschen Entwicklung betont.

Weber konnte sich für die Fragen der Entstehung und Entwicklung der mittelalterlichen Stadtgemeinden auf eine weitverzweigte historische und nationalökonomische Forschungsliteratur stützen, wobei er sich im Regelfall auf die Publikationen deutscher Wissenschaftler beschränkt haben dürfte. Die fachwissenschaftliche Diskussion seiner Zeit war höchst unübersichtlich; zum einen, weil hinter vielen Fragestellungen außerwissenschaftliche, durch aktuelle Probleme bedingte, Interessen standen: an dem Verhältnis von Staat und Gemeinde (als über originäre oder nur abgeleitete Kompetenzen verfügend), oder dem von Zunftzwang und Gewerbefreiheit (die angesichts des Aufbrechens der „sozialen Frage" nicht mehr uneingeschränkt als positiv bewertet werden konnte) sowie an der Prägung mittelalterlicher Institutionen durch primär germanische oder römische Rechtsfiguren (auch vor dem Hintergrund der Auseinandersetzungen um die Kodifikation eines einheitlichen deutschen Privatrechts). Zum anderen litt die innerfachliche Diskussion darunter, daß sich Autoren in unterschiedlichem Maße entweder nur auf deutsche oder auch auf außerdeutsche Verhältnisse in je unterschiedlichen Zeiten bzw. auch auf unterschiedliche Typen von Städten bezogen, die divergierende Quellenbasis bei der Aufstellung generalisierter Theorien jedoch häufig nicht berücksichtigten. Hinzu kam ferner, daß über die Verwendung zentraler Kategorien wie Gilde und Zunft keine Einigkeit bestand, unmittelbare Übernahmen aus der Quellensprache und Umwandlungen zu Termini einer fachwissenschaftlichen Begriffsprache sich zumeist in einem ungeklärten Verhältnis nebeneinander fanden. Die weit verbreitete Neigung zu einem höchst polemischen Diskussionsstil trug im Regelfall ebenfalls nicht zu einer Klärung der Probleme bei.

Weber hat sich teils explizit, teils implizit auf den „Kampf der ‚Städtetheorien'" bezogen, an dem er speziell die Neigung zu einer formalrechtlichen Betrachtungsweise kritisierte. Die „Gildentheorie" war in unterschiedlichen Akzentuierungen zuerst von Wilda, später von Nitzsch und Gierke vertreten,[20] von Below, Hegel und Gross bekämpft worden.[21] Sie besagte, grob gesagt, daß die Anfänge von Stadtgemeinden in Gilden, namentlich im Zusammenschluß aller Kaufleute eines Ortes in einer „Gesamtgilde", zu sehen seien. Weber sah eine politische Funktion von Gilden nur in Fällen gegeben, in denen die Konstituierung einer Stadtgemeinde obrigkeitlicher Privilegierung verdankt wurde wie in England (in Frankreich nur im Sonderfall von Paris) bzw. hielt in bezug auf Deutschland „Gesamtgilden" für ein spätes Phänomen von eingeschränkter regionaler Bedeutung. Auch auf die Hofrechtstheorie, wie sie etwa von Nitzsch verfochten,[22] von Below und anderen kritisiert wurde,[23] spielt Weber an. Diese Theorie besagte im wesentlichen, daß die Zünfte auf die Organisation von Fronhandwerkern zurückgingen, entsprechend die Stadtverfassung in der Fronhofsverfassung ihr Vorbild habe. Weber akzeptiert, daß die Verbände von Fronhofshandwerkern eine gewisse Vorbildfunktion für die Zünfte in Gestalt freier Einungen gehabt haben könnten, verweist jedoch zugleich auf die Einflüsse, welche von religiös geprägten Bruderschaften ausgingen. Er wendet sich, vor allem im Blick auf Italien, zugleich dagegen, Zünfte vorschnell mit „Handwerkerzünften" zu identifizieren. Andere Konzepte zur Erklärung der Ursprünge der (deutschen) Stadtverfassungen, Sohms Hervorhebung des Marktrechts[24] oder Belows Betonung der Rolle der Landgemeinden, übergeht Weber weitgehend.

Mit den wichtigsten Forschungspositionen war Weber sicherlich vertraut. Eine andere Frage ist, wieweit er diese Diskussionen in sämtlichen Ausfächerungen rezipiert hat, ob er sich manchmal mehr auf erste zeitgenössische Resümees stützte bzw. auch hinsichtlich einzelner Beispiele wie der viel diskutierten Fälle von Freiburg im Breisgau und Köln bestimmten Autoritäten folgte. Dies läßt sich aufgrund der von ihm verwendeten Materialien, die sich natürlich in einer Vielzahl von Publikationen durchaus unterschiedlicher Tendenz finden ließen, schwerlich entscheiden. Auch wenn man annehmen muß, daß er seine Beispiele im Regelfall der einschlägigen Sekundärliteratur entnommen hat, so kann doch kein Zweifel daran bestehen, daß er sie in einen originären, in dieser Form nicht durch die Spezialliteratur vorgegebenen Interpretationsrahmen eingefügt hat.

Mittelalterliche und antike Verfassungsentwicklung

Das zuerst in den „Agrarverhältnissen" entwickelte Schema typischer Verfassungsentwicklungen hat Weber auch angelegt, um die jeweiligen Tendenzen zur Herausbildung der Geschlechterstadt und ihrer Überwindung durch die zunehmende Partizipation breiterer Schichten der Bürgerschaft in Antike und Mittelalter in Parallele zu setzen. Die Darstellung geht dabei im Regelfall von den mittelalterlichen Phänomenen aus und fragt dann nach Entsprechungen in der Antike. Der Sonderfall Venedig wird vor allem deshalb so ausführlich dargestellt, weil hier zum einen mit der Entwicklung der Dogenherrschaft in Richtung „zu einem erblichen patrimonialfürstlichen Stadtkönigtum" eine sonst im Mittelalter nicht anzutreffende Parallele zu dem am Anfang der antiken Stadtstaaten stehenden, wenngleich zumeist nur aus Überresten erschließbaren, Königtum zu finden ist; und zum anderen, weil Venedig, nachdem es mit der konstitutionellen Einbindung des Dogen das Stadium der Geschlechterherrschaft erreicht hatte, nicht die sonst sowohl für Antike wie Mittelalter typische Entwicklung zur Modifizierung dieses Systems mitmachte, sondern hier das Patriziat seine Herrschaft im vollen Umfang bewahren konnte. Voraussetzung war dafür auch, daß man sich Instrumente schuf, mit denen die für andere italienischen Städte so charakteristischen Geschlechterfehden unterbunden wurden. Die innere Disziplinierung verlieh Venedig jene Stabilität, die an Sparta erinnerte.

Die auffälligsten Ähnlichkeiten hinsichtlich der Formen des Verfassungswandels ergeben sich, wenn für das Mittelalter das Beispiel der italienischen Städte herangezogen wird. Sie liegen zumal darin, daß die bisher von der politischen Macht ausgeschlossenen Bürger sich in Form einer Sondergemeinde organisieren, die sich eigene Magistrate gibt, die den Magistraten der Gesamtgemeinde unter Beanspruchung einer „Kassations-Kollegialität" entgegengestellt werden. Der italienische Popolo mit dem Volkskapitan an der Spitze hat so seine Pendants in der römischen Plebs unter Führung der Volkstribunen und im spartanischen Demos mit seinen Ephoren. Sowohl im italienischen wie im römischen Fall führen die „Ständekämpfe" nicht zu einer völligen Überwindung der Macht der Geschlechter, sondern zu einer Kompromißlösung, aus der jeweils eine, aus altem Patriziat und den Führungsgruppen des „Volkes" gebildete, neue Führungsschicht hervorgeht. Ausnahmen bilden Sparta, dessen Verfassungsordnung die Vernichtung eines ursprünglichen Adels vorausgesetzt habe, und Athen, wo sich (als Folge der militärischen Bedeutung seiner Flotte) die Entwicklung zu einer Demokratie vollzog, an der alle, auch die besitzlosen, Bürger teilhatten (die damit nicht mehr den Beschränkungen ihrer politischen Rechte wie in einer Hoplitenpolis unterlagen). In beiden Fällen ist eine wesentliche Folge die Rationalisierung von Recht und Verwaltung durch Formalisierung der Gerichtsverfahren, Kodifikation des herkömmlichen und zunehmende Satzung neuen Rechts sowie die Entwicklung einer differenzierten, auf kurzen Amtszeiten und spezifischen Kompetenzzuweisungen basierenden Ämterstruktur. Parallelen ergeben sich auch insofern, als man in bestimmten inneren Konfliktkonstellationen eine Befriedung der Verhältnisse von einem Schiedsrichter (Podestà, Aisymnet) erwartete, sie liegen auch darin, daß aus der Ständekampfsituation eine Alleinherrschaft (Signorie, Tyrannis) erwachsen konnte, wobei dies freilich in Italien mit weitaus größeren, dauerhaften Konsequenzen verbunden war. (Beim Podestat gilt dies für die Auswirkungen auf Verwaltung und Recht, die sich nach der Umwandlung der Signorien in erbliche Fürstentümer durch eine fortschreitende „Rationalisierung der Verwaltung" noch verstärkten.) Die Verfassungsentwicklung im nördlicheren Europa, besonders in Deutschland, zeigt bei manchen Entwicklungen jedoch auch deutliche Abweichungen, die vor allem durch die hier gegebene scharfe Grenzziehung zwischen Stadt und Land bedingt sind, die zugleich impliziert, daß es in diesen Städten keinen Adel mit ritterlicher Lebensführung gegeben hat. Die grundsätzliche Vergleichbarkeit der inneren politischen Entwicklung in Antike und Mittelalter darf nicht darüber hinwegtäuschen, daß die schrittweise Einbeziehung breiterer Bürgerschichten in das Stadtregiment im ersten Fall aus ihrer Unentbehrlichkeit für das Hoplitenheer resultierte, während im zweiten Fall (neben der Abwehr von Übergriffen der Magnaten in Italien) die ökonomischen Interessen von Gewerbetreibenden hinter den Forderungen nach politischer Partizipation standen.

Manche der von Weber gezogenen Parallelen zwischen den antiken und den italienischen Stadtrepubliken lassen sich in den Kontext einer langen ideengeschichtlichen Tradition stellen. So war der Vergleich zwischen Venedig und Sparta seit dem Aufkommen des „mito di Venezia" in Florenz an der Wende vom 14. zum 15. Jahrhundert als Topos etabliert; dies gilt auch für die Gleichsetzung bestimmter städtischer Magistrate mit Ephoren und Tribunen.

Die „Fakten" der antiken Verfassungsgeschichte konnte Weber einer Vielzahl von Handbüchern zur Geschichte und zum Staatsrecht Griechenlands und Roms entnehmen. Auf Grund seiner vergleichenden Perspektive gelingen ihm dabei verschiedene Einsichten, die sich in der ihm zugänglichen Forschung schwerlich finden lassen, jedenfalls nicht in dieser Pointiertheit. Dies gilt etwa für die Erkenntnis, daß die spartanische Verfassungsordnung erst das Ergebnis eines Ständekampfes gewesen sein könne, der zur Eliminierung eines ursprüngliches Adels geführt habe.

Für die italienische Geschichte hat sich Weber deutlicher an einzelnen Werken der deutschen Forschung orientiert. Für Venedig war dies – neben der von ihm selbst genannten Studie von Lenel – sicherlich der 1. Band von Kretschmayrs „Geschichte", für Florenz ist in erster Linie an die Arbeiten von Davidsohn zu denken.[25] Für die ihn speziell interessierenden Themen Podestà und Signorie hat er, wie er selbst angibt, die einschlägigen Arbeiten von Hanauer und Salzer[26] ausgewertet. Angesichts der Qualität dieser bis in die Gegenwart als Standardwerke anerkannten Arbeiten wird man gegen Webers Literaturauswahl kaum gravierende Einwände erheben können. Problematisch dürfte allenfalls sein, daß Weber bei der Orientierung an Salzer dessen Betonung der „demokratischen" Wurzeln der Signorie übernimmt und damit einer zu sehr formalrechtlichen Sichtweise folgt.

Homo politicus und homo oeconomicus

Weber warnt ausdrücklich davor, aus den Entsprechungen hinsichtlich der Verfassungsentwicklung in Antike und Mittelalter den Fehlschluß auf „gleiche ökonomische Grundlagen" zu ziehen. Der Schlußteil der Abhandlung (so, wie sie vorliegt) nimmt das am Ende der „Agrarverhältnisse" skizzierte Programm auf, die divergierende ökonomische Orientierung des antiken und des mittelalterlichen Bürgers herauszuarbeiten. Diese liege in der unterschiedlichen militärischen Kapazität und der andersartigen Zusammensetzung der Bürgerschaften begründet: Dominanz von Bauern in der Antike, die sich auch in der Art und Weise niederschlägt, in der die Unterabteilungen der Bürgerschaft konstituiert werden, ausschlaggebende Rolle von Handwerkern und Kaufleuten im Mittelalter. Stärker als in den „Agrarverhältnissen" bezieht sich Weber jetzt nicht nur auf die Wertvorstellungen der Eliten, die eine Unternehmerstellung weitgehend ausschlossen, sondern auch auf die Verhaltensmuster der breiten Masse der jeweiligen Bürgerschaft. Weil diese in der Antike an den Eroberungen – durch Landverteilungen, Beute, Sold, Getreideversorgung etc. – partizipiert, wird sie nicht auf den Weg des rationalen Wirtschaftsbetriebs verwiesen (den nur solche Gruppen wie Freigelassene und Metöken gehen, die diese Prämien auf den Bürgerstatus nicht oder nur eingeschränkt wahrnehmen können). Ein solcher Demos bewirkt, daß die Stadtwirtschaftspolitik sich an Konsumenten-, und nicht an Produzenteninteressen orientiert. Die mit der Zugehörigkeit zur Bürgerschaft verbundenen Gratifikationen lassen (im athenischen Fall) den Demos die Exklusivität des Bürgerrechts verteidigen, was wiederum negativ auf die Fähigkeit zu stabiler Reichsbildung zurückwirkt. Die Statusgrenzen gegenüber Sklaven und anderen Nichtbürgern schließen eine Organisation nach Art der Zünfte aus, die im Mittelalter die erste Organisationsform freier Arbeit bieten. (Antike Äquivalente von Handwerkerorganisationen gibt es nur in der Form von Zwangsverbänden, die zur Erfüllung öffentlicher Aufgaben herangezogen werden.)

Der Kontrast zwischen den Mitgliedern der antiken „Kriegerzunft", deren Städte „den Charakter eines chronischen Kriegslagers" gezeigt hätten, und für die im Prinzip „von persönlicher Freiheit der Lebensführung keine Rede" gewesen sei, und den Angehörigen eines friedlichen Produzentenstandes im Mittelalter wird betont. Er wird hier zum einen dadurch erhöht, daß für die Antike wiederum die auf Expansion angelegten Stadtrepubliken als Muster herangezogen werden. Dagegen werden die in die hellenistischen Großreiche und das römische Imperium eingebundenen Städte (erneut) ausgeblendet, obwohl Weber selbst feststellt, daß in ihnen auch für die Vollbürger die Ausrichtung auf das friedliche Erwerbsleben im Vordergrund stehen mußte. Zum anderen dient dem kontrastierenden Vergleichsverfahren, daß für das Mittelalter hier bevorzugt die „bürgerliche *gewerbliche Binnenstadt*" nördlich der Alpen herangezogen wird, die aufgrund ihrer Einbettung in größere Herrschaftsstrukturen (anders als die italienischen Städte) nie die Chance zu einer expansiven Politik besessen hat. Weber sagt, daß „alle conjurationes und Einungen des Okzidents [...], von der frühen Antike angefangen, [...] Zusammenschlüsse der *wehrhaften* Schichten der Städte" gewesen seien. Im Hinblick auf die strukturellen Voraussetzungen für die Entfaltung ökonomischer Rationalität erscheint es demnach so, daß die Chancen dafür um so größer werden, je stärker der Charakter als Wehrverband zurücktritt bzw. überwunden wird. Welche Perspektiven sich daraus auf die unterschiedliche ökonomische Entwicklung in der frühen Neuzeit in Italien, Frankreich, Deutschland, den Niederlanden und ganz besonders in England (wo den Städten diese Eigenschaft als Wehrverband nie zugekommen war) gegebenenfalls ableiten ließen, wird nicht weiter ausgeführt, sondern nur mit der Feststellung angedeutet, daß im Hinblick auf die „entwicklungsgeschichtliche Sonderstellung" der mittelalterlichen Stadt „der eine, wesentlich südeuropäische, speziell italienische und südfranzösische [Typus], dem Typus der antiken Polis trotz aller Unterschiede dennoch wesentlich näher steht als der andere, vornehmlich nordfranzösische, deutsche und englische [...]".

Deutlich wird jedoch, daß Weber unter diesem Gesichtspunkt zu einer sehr kritischen Bewertung der athenischen Demokratie kommt, die ihre Bürger durch Politik und Kriegsdienst in einem Maße in Anspruch genommen habe, wie es „bei differenzierter Kultur weder vorher noch nachher in der Geschichte" vorgekommen sei. Gerade damit sei ihnen aber der Weg in Richtung des „befriedeten *ökonomischen* Erwerbs und eines *rationalen* Wirtschaftsbetriebes" versperrt geblieben. Die Verpflichtungen der wohlhabenden Bürger, öffentliche Aufgaben durch Liturgien zu finanzieren, habe ebenso eine ständige Bedrohung der privaten Vermögen dargestellt, wie sie ebenso von den auch in Zivilsachen urteilenden Volksgerichten aus „hunderten von rechtsunkundigen Geschworenen" ausgegangen sei, deren „Kadijustiz" formale Rechtssicherheit (damit auch die Entwicklung einer formalen Rechtswissenschaft wie in Rom) ausgeschlossen habe.

Eine kritische Sicht der athenischen Demokratie war – besonders im Hinblick auf Liturgien und Volksgerichte – sicherlich in der wissenschaftlichen Literatur des 19. und frühen 20. Jahrhunderts vorherrschend. Webers Sichtweise läßt sich darüber hinaus noch in Kontinuität zu einer älteren Tradition der Entgegensetzung von Antike und Moderne verstehen. Seit der Mitte des 18. Jahrhunderts hatten schottische und französische, schließlich amerikanische Theoretiker diskutiert, daß die antiken, auf materiellen Gewinn durch Expansion angelegten Staaten für eine auf friedlichen Handel und Gewerbe setzende Gesellschaftsordnung nicht mehr vorbildlich sein könnten; mitunter wurde dies auf alle antiken Republiken bezogen, zumeist in spezifischer Weise auf Sparta, das als „militärisches Kloster" bezeichnet wurde; hinzu kam die Ablehnung der unmittelbaren Demokratie und die Befürwortung einer Repräsentativverfassung. Im nachrevolutionären Frankreich wurde die Absetzung von der Antike noch verschärft, weil man die These einer unmittelbaren Verbindung zwischen dem Antikekult der Revolution und dem Terror der Jakobinerherrschaft pflegte. In seinem bekannten Essay von 1819 („De la liberté des anciens comparée à celle des modernes") hat Benjamin Constant diese Sicht auf die Formel vom Gegensatz zwischen moderner, rechtsstaatlich geschützter, individueller Freiheit und einer antiken Freiheit gebracht, in der ein Höchstmaß an politischer Partizipation mit dem Fehlen jeglicher Schranken gegen den Eingriff des Staates in individuelle Rechte erkauft worden sei. Diese Tradition wurde unter anderem in den Werken von Fustel de Coulanges („La cité antique", 1864) und Jacob Burckhardt („Griechische Kulturgeschichte", 1898-1902) fortgesetzt.

Obwohl Weber sich der Problematik von Constants Theoriebildung bewußt war, scheinen manche seiner Äußerungen doch stark dieser Tradition verhaftet zu bleiben. Dies könnte nicht nur mit seiner prononcierten Vergleichsabsicht zusammenhängen, sondern auch mit seinen politischen Wertvorstellungen. In der Herrschaftssoziologie des jüngeren Teils von „Wirtschaft und Gesellschaft" hat Weber seinen Typus der „herrschaftsfremden Verbandsverwaltung", die „unmittelbare Demokratie" heißen soll, „*solange* die Genossenversammlung *effektiv* ist", mit den charakteristischen Regelungen zur „Minimisierung von Herrschaft" (kurze Amtsfristen, Abberufungsrecht, Turnusprinzip, Rechenschaftspflicht, Berichtspflicht, Sonderaufträge, Nebenberufscharakter des Amtes) konzis umrissen. Die – eigentlich auch aufgrund seiner Ausführungen in der „Stadt" naheliegende – Applizierung dieser Kategorie auf die athenische Demokratie hat er jedoch mit der apodiktischen Behauptung abgelehnt, daß in diesem Falle die Größenordnung weit überschritten gewesen sei, bis zu der ein solches System praktikabel sein könne. Hier schlägt offensichtlich auch seine Überzeugung durch, daß ein Demos sich in größeren Verbänden nicht selbst verwalten könne, sondern es nur darum gehen könne, wie das Führungspersonal ausgewählt und beeinflußt werde. Politische Führung geht einher mit einem „Pathos der Distanz".[27] Dies zeigt sich auch in den emphatischen Ausführungen über den würdevollen Habitus der politischen Führungsschicht in Rom, die am Schluß des vorliegenden Textes stehen, wenn auch (wegen seines unvollendeten Zustands) etwas zufällig.

3. Die Rezeption des Textes in der wissenschaftlichen Kritik

Die Abhandlung „Die Stadt" nimmt in Webers Werk eine exzeptionelle Stellung ein, da sie der einzige Text ist, der die Spezifika des abendländischen Bürgertums sowohl im diachronen inner-okzidentalen Vergleich zwischen Antike und Mittelalter wie im Kontrast zu den orientalischen Kulturen – die zwar Städte, jedoch kein politisch organisiertes Stadtbürgertum gekannt haben – herausstellt. In seiner Eigenart liegt zugleich begründet, daß der Text, obwohl er ein „Hauptglied in Webers Gesamtwerk"[28] darstellt, als ganzer kaum rezipiert worden ist, da er über die begrenzten Fragestellungen diverser Disziplinen weit hinausging. Zudem bedingte die Form der Publikation, zunächst als Aufsatz, dann als Kapitel von „Wirtschaft und Gesellschaft", daß keine eingehenden Auseinandersetzungen zeitgenössischer Kritiker speziell mit diesem Text erfolgten; zeitgenössische Reaktionen auf „Wirtschaft und Gesellschaft" konzentrierten sich im Regelfall auf die Erörterung einiger grundsätzlicher Probleme des Weberschen Verständnisses von „Soziologie". Im sozialwissenschaftlichen Kontext wäre noch am ehesten Interesse an Webers Typologien zu erwarten gewesen; die spätere Inanspruchnahme Webers als Inspirator einer „Stadtsoziologie" beruht dagegen auf einem Mißverständnis. Historiker, zumal der Antike und des Mittelalters, hätten sich grundsätzlich von dem stark historischen Charakter der Abhandlung angesprochen fühlen können, wenngleich die Art und Weise der Präsentation nicht geläufigen fachwissenschaftlichen Darstellungsformen entsprach.

Unmittelbare Beachtung und Auswirkungen haben Teile von Webers Ausführungen zunächst im Bereich der Althistorie gefunden; hier spielte sicherlich mit, daß Weber sich mit seinen Arbeiten zur „Römischen Agrargeschichte" und zu den „Agrarverhältnissen im Altertum" bei aller Distanz zur Zunft in Fachkreisen Respekt erworben hatte; hinzu kam, daß die Ende des 19. Jahrhunderts im Zusammenhang mit der „Bücher-Meyer-Kontroverse" in Gang gekommene Grundsatzdebatte über die Eigenart der antiken Ökonomie weiterging. Namentlich Johannes Hasebroek hat in seinen Untersuchungen zu den Organisationsformen des Handels und zur Stellung der Händler in der klassischen Polis sowie zur Sozial- und Wirtschaftsgeschichte des archaischen Griechenlands wiederholt auf Webers Kennzeichnung des antiken Bürgers als *homo politicus* bzw. auf dessen Rekonstruktion der Entwicklung von der Geschlechter- über die Hopliten- zur Bürgerpolis Bezug genommen und sich dessen Konzeption (einschließlich der Ausführungen in den „Agrarverhältnissen") weitgehend zum Vorbild genommen.[29] Allerdings hat Hasebroek innerhalb seiner Disziplin eine Minderheitenposition vertreten; es setzte sich stärker eine eher modernisierende Betrachtung der antiken Wirtschaft in der Tradition Eduard Meyers durch, wie sie zumal von Rostovtzeff[30] forciert wurde. Ein neues Interesse an Weber ist dann seit den 1970er Jahren spürbar geworden, als mit der Diskussion um Moses Finleys Arbeiten zur antiken Ökonomie[31] auch Weber als eine entscheidende Quelle für dessen Sichtweise wieder in das Blickfeld geriet.[32]

In der Mediävistik stellten die ausführlichen, in ihrem Grundtenor positiven Diskussionen von Webers „Stadt", die zwei russische Autoren im Anschluß an die 1923 erfolgte Publikation einer russischen Übersetzung des Textes[33] vorlegten, eine Ausnahme dar; auf die spätere dezidiert marxistische Geschichtswissenschaft blieben sie jedoch ohne Wirkungen. In der zünftigen Forschung zur mittelalterlichen Stadtgeschichte scheint Weber zunächst nur vereinzelt Beachtung gefunden zu haben. Wenn sich auch nicht ausschließen läßt, daß seine Studie mehr Wirkungen gezeitigt hat, als sich aus dem weitgehenden Fehlen expliziter Bezugnahmen erkennen läßt, so dürfte doch ein deutlicher Rekurs auf Webers Modellbildung erst seit den 1970er Jahren eingesetzt haben, zumal in Arbeiten, die sich mit den Ursprüngen der Stadtkommune befassen.[34]

Für die Spezialisten der nicht-okzidentalen Kulturen gilt, daß sie zwar Webers „Fehlanzeige" hinsichtlich eines politisch verfaßten Stadtbürgertums teilen mochten;[35] wieweit Webers gesamte Analyse dieser Kulturen (für die der Komplex Stadt und Stadtbürgertum nur einen Teilaspekt darstellt) für eine Sichtweise tragen kann, die mehr als eine Negativfolie der abendländischen Entwicklung darstellt, bleibt auch in der lebhaften neueren Diskussion umstritten.

Webers Analyse der okzidentalen Stadtgemeinde stellt „bis zur Gegenwart eine uneingelöste Herausforderung an die Geschichtswissenschaft"[36] (Klaus Schreiner) dar. Nachdem Otto Brunner 1953 den Vergleich zwischen antikem und mittelalterlichem Stadtbürgertum aufgenommen und dabei die durch das unterschiedliche Verhältnis von Stadt und Umland bedingten Unterschiede zwischen den Epochen betont hatte,[37] zeigt sich erst in jüngster Zeit in Althistorie und Mediävistik eine zunehmende Bereitschaft, sich dieser Herausforderung zu stellen. Auch neuere Versuche historisch orientierter Soziologen, die Eigenarten der europäischen Entwicklung im Kontext eines Zivilisationsvergleichs zu erhellen, belegen die anhaltende Inspiration, die von Webers Modellbildung ausgeht. Solange man sich dieser Frage stellt, die den Vergleich zwischen den Epochen und Kulturen fordert, werden Webers Darlegungen zur universalhistorischen Besonderheit des okzidentalen Bürgertums schwerlich obsolet werden.

Anmerkungen

[1] Heuss, Alfred, Max Webers Bedeutung für die Geschichte des griechisch-römischen Altertums, in: Historische Zeitschrift, Band 201, 1965, S. 52–556, hier S. 531.

[2] Schönberg, Gustav, Zur wirthschaftlichen Bedeutung des deutschen Zunftwesens im Mittelalter, in: Jahrbücher für Nationalökonomie und Statistik, Band 9, 1867, S. 1–72 und 97–169, hier S. 14 und 164.

[3] Schmoller, Gustav, Studien über die wirthschaftliche Politik Friedrichs des Großen und Preußens überhaupt von 1680–1786, in: Jahrbuch für Gesetzgebung, Verwaltung und Volkswirthschaft im Deutschen Reich, Jg. 8, 1884, S. 1–61, hier S. 15 ff.

[4] Bücher, Karl, Die Entstehung der Volkswirtschaft, in: ders., Die Entstehung der Volkswirtschaft. – Tübingen: H. Laupp 1893, S. 1–78*.

[5] Meyer, Eduard, Die wirtschaftliche Entwickelung des Altertums. – Jena: Gustav Fischer 1895.

[6] Beloch, [Karl] Julius, Die Grossindustrie im Altertum, in: Zeitschrift für Socialwissenschaft, Jg. 2, 1899, S. 18–26; ders., Zur griechischen Wirtschaftsgeschichte, ebd., Jg. 5, 1902, S. 95–103 und 169–179.

[7] Below, Georg von, Zur Würdigung der historischen Schule der Nationalökonomie. IV. Schmollers Stufentheorie, in: Zeitschrift für Socialwissenschaft, Jg. 7, 1904, S. 367–391.

[8] So u.a. Below, G[eorg] v[on], Die Entstehung des modernen Kapitalismus [Rezension Werner Sombart, Der moderne Kapitalismus, Leipzig 1902], in: Historische Zeitschrift, Band 91, 1903, S. 432–485.

[9] Sombart, Werner, Der moderne Kapitalismus, Band 2. – Leipzig: Duncker & Humblot 1902, S. 18–195 und S. 196–224; ders., Der Begriff der Stadt und das Wesen der Städtebildung, in: Archiv für Sozialwissenschaft und Sozialpolitik, Band 25, 1907, S. 1–9.

[10] Sombart, Kapitalismus, Band 2, S. 191; ders., Begriff der Stadt, S. 4.

[11] Sombart, Begriff der Stadt, S. 7 f.

[12] Sombart, Kapitalismus, Band 2, S. 201, 221, 223.

[13] Simmel, [Georg], Die Großstädte und das Geistesleben, in: Die Großstadt. Vorträge und Aufsätze zur Städteausstellung (Jahrbuch der Gehe-Stiftung zu Dresden, Band 9). – Dresden: Zahn & Jaensch 1903, S. 185–206.

[14] Below, Georg v[on], Die ältere deutsche Stadtverfassung, in: Deutsche Monatsschrift für das gesamte Leben der Gegenwart, Band 10, 1906, S. 313–321, hier S. 314.

[15] So Below, Georg von, Die Entstehung der deutschen Stadtgemeinde. – Düsseldorf: L. Voß 1889, S. 2 f.

[16] So Below, Georg v[on], Zur Entstehung der deutschen Stadtverfassung. Zweiter Theil, in: Historische Zeitschrift, Band 59, 1888, S. 193–247, hier S. 194.

[17] Below, Georg von, Der Ursprung der deutschen Stadtverfassung. – Düsseldorf: L. Voß 1892; ders., Stadtgemeinde, Landgemeinde und Gilde, in: Vierteljahrschrift für Social- und Wirtschaftsgeschichte, Band 7, 1909, S. 411–445.

[18] Gierke, Otto, Das deutsche Genossenschaftsrecht, Band 1: Rechtsgeschichte der deutschen Genossenschaft. – Berlin: Weidmann 1868, S. 9 und 221.

[19] Gierke, Genossenschaftsrecht, Band 1, S. 237.

[20] Wilda, Wilhelm E. Das Gildenwesen im Mittelalter – Halle: Renger 1831; Nitzsch, [Karl W.], Über die niederdeutschen Genossenschaften des 12. und 13. Jahrhunderts, in: Königlich Preussische Akademie der Wissenschaften zu Berlin, Monatsberichte 1879, S. 4–28; für Gierkes Verteidigung der Gildentheorie ist seine Rezension von Hegel, Städte und Gilden der germanischen Völker im Mittelalter, in: Deutsche Litteraturzeitung, Jg. 13, 1892, Sp. 55–59, einschlägig.

[21] Gross, Charles, Gilda Mercatoria. Ein Beitrag zur Geschichte der englischen Städteverfassung. – Göttingen: Deuerlich 1883; Hegel, Städte und Gilden der germanischen Völker im Mittelalter. Eine Antikritik, in: Historische Zeitschrift, Band 70, 1893, S. 442–459; Below, Georg von, Die Bedeutung der Gilden für die Entstehung der deutschen Stadtver-

fassung, in: Jahrbücher für Nationalökonomie und Statistik, 3. Folge, Band 3, 1892, S. 56–68.

[22] Nitzsch, K[arl] W., Ministerialität und Bürgerthum im 11. und 12. Jahrhundert. Ein Beitrag zur deutschen Städtegeschichte (Vorarbeiten zur Geschichte der staufischen Periode, Band 1). – Leipzig: B.G. Teubner 1859.

[23] Below, Georg von, Kritik der hofrechtlichen Theorie, in: ders., Territorium und Stadt. Aufsätze zur deutschen Verfassungs-, Verwaltungs- und Wirtschaftsgeschichte (Historische Bibliothek, Band 11). – München [u.a.]: R. Oldenbourg 1900, S. 303–320.

[24] Sohm, Rudolph, Die Entstehung des deutschen Städtewesens. – Leipzig: Duncker & Humblot 1890.

[25] Lenel, Entstehung; Kretschmayr, Heinrich, Geschichte von Venedig, Band 1: Bis zum Tode Enrico Dandolos (Allgemeine Staatengeschichte, hg. von Karl Lamprecht, 1. Abteilung: Geschichte der europäischen Staaten, Werk 35). – Gotha: Friedrich A. Perthes 1905; Davidsohn, Robert, Geschichte von Florenz, Bände 1–3 (in 4). – Berlin: Ernst S. Mittler 1896–1912; Davidsohn, Robert, Forschungen zur Geschichte von Florenz, 4. Teil: 13. und 14. Jahrhundert. – Berlin: Ernst S. Mittler 1908.

[26] Hanauer, Berufspodestat; Salzer, Anfänge.

[27] Hennis, Wilhelm, Max Webers Fragestellung. Studien zur Biographie des Werks. – Tübingen: J.C.B. Mohr (Paul Siebeck) 1987, S. 212.

[28] Bendix, Reinhard, Max Weber – Das Werk. Darstellung, Analyse, Ergebnisse. – München: R. Piper 1964, S. 375, Anm. 44.

[29] Hasebroek, Johannes, Staat und Handel im alten Griechenland. Untersuchungen zur antiken Wirtschaftsgeschichte. – Tübingen: J.C.B. Mohr (Paul Siebeck) 1928, v. a. S. 29–31.

[30] So hat Rostovtzeff, M[ichael], Rezension von Hasebroek, Griechische Wirtschafts- und Gesellschaftsgeschichte, in: Zeitschrift für die gesamte Staatswissenschaft, Band 92, 1932, S. 333–339.

[31] Zusammengefaßt in Finley, M[oses] I., The Ancient Economy (Sather Classical Lectures, vol. 43). – Berkeley [u.a.]: University of California Press 1973.

[32] Bruhns, Hinnerk und Nippel, Wilfried, Max Weber, Moses I. Finley et le concept de cité antique, in: OPUS, vol. 6–8, 1987–1989, S. 27–50.

[33] Siehe die Nachweise bei Weiß, Johannes, Das Werk Max Webers in der marxistischen Rezeption und Kritik. – Opladen: Westdeutscher Verlag 1981, S. 224.

[34] Ennen, Edith, Die europäische Stadt des Mittelalters. – Göttingen: Vandenhoeck & Ruprecht 1972, S. 120 ff.; Keller, Hagen, Die Entstehung der italienischen Stadtkommunen als Problem der Sozialgeschichte, in: Frühmittelalterliche Studien, Band 10, 1976, S. 169–211, v. a. S. 211.

[35] Becker, C[arl] H., Islamstudien, Band 1: Vom Werden und Wesen der islamischen Welt. – Leipzig: Quelle & Meyer 1924, S. 36.

[36] Schreiner, Klaus, Die mittelalterliche Stadt in Webers Analyse und die Deutung des okzidentalen Rationalismus-Typus. Legitimität, Kulturbedeutung, in: Kocka, Jürgen (Hg.), Max Weber, der Historiker (Kritische Studien zur Geschichtswissenschaft, Band 73). – Göttingen: Vandenhoeck & Ruprecht 1986, S. 119–156, hier S. 130, 140.

[37] Brunner, Otto, Stadt und Bürgertum in der europäischen Geschichte, in: Geschichte in Wissenschaft und Unterricht, Jg. 4, 1953, S. 525–537.

Anhang

Zur Textkonstitution

Die vorliegende Ausgabe beruht auf dem entsprechenden Band I/22–5 der Max Weber-Gesamtausgabe (MWG); sie enthält Max Webers unvollendete Studie „Die Stadt", die posthum zuerst im „Archiv für Sozialgeschichte und Sozialpolitik" 1921 und dann erneut als Kapitel von „Wirtschaft und Gesellschaft" 1922 publiziert worden ist. Die Edition beruht auf dem Erstdruck im „Archiv" als derjenigen Fassung, die der „letzten Hand" am nächsten ist.

Um die Besonderheit des außergewöhnlich „historischen" Textes ermessen zu können, der ein erstes Resümee der von Weber zur Bestimmung der Eigenart des okzidentalen Bürgertums durchgeführten Epochen- und Kulturvergleiche bietet, sei auf die ausführliche Sachkommentierung in der MWG verwiesen.

Die Textkonstitution folgt durchweg den Grundsätzen der MWG. Entsprechend den allgemeinen Editionsregeln wurden Texteingriffe auf ein Minimum beschränkt, d.h. nur bei Textverderbnissen vorgenommen. Webers Orthographie mit ihren Eigentümlichkeiten wurde belassen; Vereinheitlichung wechselnder Schreibweisen (wie z.B. „Kommune" und „Commune" mit uneinheitlichem Gebrauch des grammatischen Geschlechts) wurden nicht vorgenommen. Dies gilt erst recht für weitergehende sprachliche Anpassungen (so bedient sich Weber in der Regel des Gierkeschen Begriffes der „Einung", die zweimalige Verwendung von „Einigung" könnte insofern ein Schreib- oder Satzfehler sein; es liegt jedoch kein, eine Emendation rechtfertigendes, Textverderbnis vor). Ebenfalls beibehalten wurde Webers eigenartige Verwendung von Doppelpunkten und Gedankenstrichen (auch in ungewöhnlichen Kombinationen mit anderen Satzzeichen).

Die am Text vorgenommenen Emendationen sind im textkritischen Apparat von MWG I/22–5 nachgewiesen. Darüber hinaus sind in folgenden Fällen stillschweigende Texteingriffe, ebenfalls gemäß den Verfahren der MWG, vorgenommen worden:

a) Bei Umlauten: Sie werden – soweit sie Folge der zu Webers Zeiten üblichen Drucktechniken sind – der heutigen Schreibweise angeglichen (Ä statt Ae). Die Schreibweise ss für ß wird zu ß vereinheitlicht.

b) Bei Abkürzungen: Sie werden, sofern sie schwer verständlich und heute nicht mehr üblich sind, in eckigen Klammern ausgeschrieben.

c) Bei offensichtlichen Druckfehlern: Banale Fehler bei Begriffen sowie Personen- und Ortsnamen werden berichtigt.

d) Bei Interpunktionsfehlern: Sie werden korrigiert, sofern dies für das Verständnis des Textes erforderlich ist.

Zur Entstehung und Überlieferung des Textes

Der vorliegende Text ist nicht mehr von Max Weber veröffentlicht worden. Sein unvermittelter Abbruch spricht dafür, daß er unvollendet blieb.

Über die Genese der Abhandlung liegen keine gesicherten Nachrichten vor. Ein Hinweis ist in einem Brief Webers vom 21. Juni 1914 an den Historiker Georg von Below enthalten (MWG II/8), mit dem er sich für die Zusendung von dessen Buch über den „deutschen Staat des Mittelalters" bedankte: „Ich werde wohl im Winter anfangen, einen ziemlich umfangreichen Beitrag zum ‚Grundriß der Sozialwissenschaften' drucken zu lassen, der die Formen der politischen Verbände *vergleichend* und systematisch behandelt, auf die Gefahr hin, dem Anathema: ‚Dilettantenvergleiche' zu verfallen. Ich meine: das was der mittelalterlichen Stadt *spezifisch* ist, also: das was die Geschichte grade uns darbieten *soll* (darin sind wir absolut einig!), ist doch nur durch die Feststellung was *andern* Städten (antiken, chinesischen, islamischen) fehlte, zu entwickeln – und so mit Allem." Dieses Selbstzeugnis belegt Webers Absicht, in absehbarer Zeit seinen Beitrag zum – wie es richtig heißen muß – „Grundriß der Sozialökonomik" (= GdS), dessen dritte Abteilung „Wirtschaft und Gesellschaft" (= WuG) vorbehalten sein sollte, vorzulegen und in diesem Kontext auch das Thema „Stadt" in einer universalhistorischen Perspektive zu behandeln. Aus dem Brief an Below läßt sich nicht völlig eindeutig schließen, daß Weber diesen Abschnitt schon fertiggestellt hatte. Da er jedoch bereits in einem Brief an den Verlag vom 30. Dezember 1913 davon gesprochen hatte, daß er für das geplante Werk neben einer „geschlossene[n] Theorie und Darstellung [...], welche die großen Gemeinschaftsformen zur Wirtschaft in Beziehung setzt", auch eine „umfassende soziologische Staats- und Herrschaftslehre" „ausgearbeitet" habe, ist es wahrscheinlich, daß zu dem zu diesem Zeitpunkt vorliegenden Manuskript auch Ausführungen zum Thema „Stadt" gehörten. Da Weber jedoch seinen GdS-Beitrag bis zum August 1914 wegen der Redaktionsarbeiten am Gesamtwerk und ständiger Umarbeitungen seines eigenen Textes nicht zum Druck gebracht hat, läßt sich aus diesen brieflichen Äußerungen nicht entnehmen, in welcher Form der Abschnitt über die „Stadt" im Sommer 1914 vorgelegen hat.

Webers Intention, den Themenkomplex „Stadt" im Kontext seines GdS-Beitrags zu behandeln, wird auch aus seinem, auf den 2. Juni 1914 datierten, Plan für das Gesamtwerk deutlich, in dem er für die III. Abteilung „Wirtschaft und Gesellschaft" im Kapitel 8: „Die Herrschaft" einen Abschnitt c): „Die nichtlegitime Herrschaft. Typologie der Städte" vorgesehen hatte. Hier kann – unabhängig von der Frage, ob Weber in seiner Herrschaftssoziologie später an dem Konzept der „nichtlegitimen Herrschaft" festgehalten hätte – bezweifelt werden, ob der überlieferte Text dieser Konzeption entspricht, jedenfalls dann, wenn „Typologie der Städte" unter „nichtlegitime Herrschaft" zu subsumieren ist. Webers Ausführungen zur fehlenden Legitimität von Stadtregimes betreffen nur Teile des Textes (namentlich zur Kommunegründung durch *coniuratio,* zu den Sonderverbandsbildungen des *popolo* im italienischen Mittelalter sowie zu Entsprechungen in der Antike), keinesfalls aber die Abhandlung insgesamt.

Es gibt allerdings Indizien dafür, daß Weber sich auch den vorliegenden Text als Teil seines großen GdS-Beitrags vorgestellt hat. Weber hat den Text mit einer Fülle von Vor- und Rückverweisen – „wie wir sehen werden", „wie wir sahen", etc. – versehen. Die Mehrzahl der mehr als vierzig Verweise läßt sich innerhalb des vorliegenden Textes der „Stadt" auflösen. Es gibt jedoch mindestens drei Verweise, deren Auflösung am ehesten in älteren Teilen von WuG zu finden ist, drei weitere stellen Zweifelsfälle dar. Eine Ankündigung an anderer Stelle in WuG – „die später zu besprechende Mischung von Geschlechtern und popolo grasso in Italien" (MWG I/22–4) – läßt sich als Verweis aus einem anderen Teil des Werkes auf die „Stadt" verstehen. Allerdings bleibt zu bedenken, daß nicht eindeutig zu rekonstruieren ist, auf welchen Textbestand und in welcher Anordnung sich Weber zum Zeitpunkt der Einfügung dieser Verweise bezogen hat.

Auch deshalb ist mit der Feststellung, daß Weber allem Anschein nach bei der Niederschrift der „Stadt" von einer Einordnung in seinen GdS-Band ausging, noch nicht ausgemacht, ob bzw. in welcher Form er den Text, wenn er einmal fertiggestellt gewesen wäre, in WuG integriert hätte. Die sowohl für Teile des Vergleiches zwischen Antike und Mittelalter wie für den Kontrast zwischen dem Okzident und den ostasiatischen Kulturen hervortretende religionssoziologische Ausrichtung könnte auf einen engeren Zusammenhang mit den dafür einschlägigen Studien Webers sprechen. Es ist deshalb vermutet worden, daß der Text letztlich der „Wirtschaftsethik der Weltreligionen" zugeordnet worden wäre. Ein Anhaltspunkt dafür könnte in einer Selbstanzeige in den Verlagsmitteilungen vom 25. Oktober 1919 für den 2. Band der „Gesammelten Aufsätze zur Religionssoziologie" vorliegen. Weber kündigte an, daß die Aufsätze erweitert werden sollten „durch eine kurze Darstellung der ägyptischen und mesopotamischen und der zarathustrischen religiösen Ethik, namentlich aber durch eine der Entstehung der sozialen Eigenart des Okzidents gewidmeten Skizze der Entwicklung des europäischen Bürgertums in der Antike und im Mittelalter" (MWG I/19, S. 28). Weniger als zwei Wochen vor der Formulierung dieses Werbetextes, der am 24. September beim Verlag eingegangen war (MWG I/19, S. 45), hatte Weber am 11. September in einem Brief an den Verleger von einem, für diesen Band noch zu schreibenden Aufsatz („im Kopf fertig") über die „allgemeinen Grundlagen der occidentalen Sonderentwicklung" gesprochen. Ob diese beiden Ankündigungen denselben Aufsatz meinen und wie sich dieser letztlich zum vorliegenden Text über die „Stadt" verhalten hätte, läßt sich nicht klären. Über einen im Januar 1918 in Berlin gehaltenen Vortrag Webers über das „abendländische Bürgertum" ist weiteres nicht bekannt; das gleiche gilt für einen Münchener Vortrag zum gleichen Thema vom März 1919.

Eine eindeutige werkgeschichtliche Zuordnung des erhaltenen Textes der „Stadt" läßt sich aufgrund dieses Befundes nicht vornehmen. Der Text hätte vermutlich umgestaltet werden müssen, wenn Weber ihn in WuG oder in die „Gesammelten Aufsätze zur Religionssoziologie" bzw. in Teilen in beide Werke hätte übernehmen wollen.

Angesichts des Fehlens eindeutiger Informationen über Webers Arbeit speziell an diesem Text kann die Eingrenzung seiner Entstehungszeit nur aufgrund interner Evidenz sowie der Korrelation mit den sonstigen verfügbaren bio-bibliographischen Informationen über Webers Arbeiten erfolgen. Der Text selbst enthält keine Anhaltspunkte für Datierungen, sieht man einmal davon ab, daß Weber nach der Oktoberrevolution von 1917 schwerlich noch vom „heutigen Rußland" und nach dem November 1918 gewiß nicht mehr vom „polnischen Siedlungsgebiet unseres Ostens" gesprochen hätte. Die aus Webers verwendeter Literatur, soweit rekonstruierbar, zu erschließenden Datierungshinweise können grundsätzlich nur zur Feststellung eines terminus post quem führen. Neben älterer Literatur wird eine Reihe von Arbeiten benutzt, die zwischen 1908 und 1913 erschienen sind. Von den von Weber selbst genannten Arbeiten ist Hatscheks Buch, „Englische Verfassungsgeschichte", erst im Juli 1913 erschienen; der ebenfalls zitierte Aufsatz von Strack über die Freigelassenen in der Antike lag Ende November 1913 vor; die Auswertung einer weiteren, frühestens Ende 1913 verfügbaren Arbeit ist wahrscheinlich. Damit ist nur evident, daß Weber auf jeden Fall im Dezember 1913 noch an dem vorliegenden Text gearbeitet haben muß, da die jüngste nachweisbar verwendete Publikation frühestens zu diesem Zeitpunkt verfügbar war. Aus den bisherigen Feststellungen kann man weder herleiten, wann Weber mit der Niederschrift des Textes begonnen noch zu welcher Zeit er die seit Ende 1913 verfügbare Literatur eingearbeitet hat.

Für eine Bestimmung des wahrscheinlichen Entstehungszeitraums bleibt man deshalb auf inhaltliche Überlegungen angewiesen. Danach sollte außer Zweifel stehen, daß Webers Arbeit an der „Stadt" frühestens nach der Anfang 1908 erfolgten Fertigstellung der letzten Fassung der „Agrarverhältnisse im Altertum" für das „Handwörterbuch der Staatswissenschaften" eingesetzt haben kann. In diesem Text hatte Weber erstmals einen Vergleich zwischen Antike und Mittelalter skizziert und am Ende hervorgehoben: „Eine wirklich kritische *Vergleichung* der Entwickelungsstadien der antiken Polis und der mittelalterlichen Stadt [...] wäre ebenso dankenswert wie fruchtbar". Für die späteren, die griechisch-römische Antike betreffenden, Ausführungen zur Stadt stellte dieser Lexikonartikel, wie sich aus einer Reihe von Parallelen erkennen läßt, eine wichtige Grundlage dar.

Der Inhalt des Textes spricht weiter dafür, daß große Teile in der vorliegenden Form erst seit ca. 1911 entstanden sind, als Weber an den Studien über Konfuzianismus und Hinduismus sowie über das antike Judentum, das Christentum und den Islam arbeitete. Erst in diesem Zusammenhang verfügte er über das nötige Material und die angemessenen Kategorien, um die Stadttypen des Orients und Okzidents – unter Berücksichtigung aller konkreten historischen Unterschiede in beiden Bereichen – vergleichen zu können. Eine Reihe von Ausführungen in der „Stadt" lesen sich, wie oben im Nachwort dargelegt, wie Kurzversionen seiner ausführlicheren Analysen in den religionssoziologischen Aufsätzen. Sie dürften deshalb ein fortgeschrittenes Stadium dieser Studien voraussetzen, von denen zumindest diejenigen zu China, Indien und zum Judentum 1913 in ersten Fassungen vorlagen. In der aus dem Jahre 1913 stammenden Einleitung zur „Wirtschaftsethik der Weltreligionen" heißt es, daß das Christentum in der „Stadt des Okzidents in ihrer Einzigartigkeit gegenüber allen anderen Städten" und im „Bürgertum in dem Sinne, in welchem es überhaupt nur dort in der Welt entstanden ist", seinen „Hauptschauplatz" gefunden habe (MWG I/19, S. 87). Die inhaltliche Übereinstimmung mit wesentlichen Thesen des „Stadt"-Textes liegt auf der Hand, ohne daß sich daraus jedoch herleiten ließe, daß dieser Text schon (in welchem Zustand auch immer) vorgelegen haben müsse.

Es ist aufgrund der bisher getroffenen Feststellungen durchaus damit zu rechnen, daß Weber auch im Laufe des Jahres 1914 noch an der „Stadt" (wie an seinem gesamten GdS-Beitrag) gearbeitet hat. Wenn dies der Fall gewesen sein sollte, so muß diese Arbeit spätestens mit dem Ausbruch des 1. Weltkriegs unterbrochen worden sein. Weber meldete sich am 2. August 1914 freiwillig zum Militärdienst und wurde beim Aufbau der Heidelberger Reservelazarette eingesetzt. Diese Aufgabe hat zumindest in den ersten Monaten seine ganze Arbeitskraft in Anspruch genommen und eine längere Unterbrechung seiner gesamten wissenschaftlichen Arbeit bedingt. Seit dem Sommer 1915 und dann intensiv nach der Entlassung aus dem Militärdienst am 30. September 1915 hat sich Weber wieder mit seinen Studien zur Wirtschaftsethik der Weltreligionen befaßt. Denkbar wäre, daß er sich bei dieser Gelegenheit zugleich auch wieder der „Stadt" zugewendet hat. Allerdings finden sich für eine Wiederaufnahme der Arbeit seit diesem Zeitpunkt weder im Text selbst noch in den verfügbaren bio-bibliographischen Informationen über Webers wissenschaftliche Produktion seit dieser Zeit irgendwelche Anhaltspunkte. Auch die Durchsicht des Briefwechsels Max Webers mit dem Verleger und der im Archiv des Verlages J.C.B. Mohr (Paul Siebeck) in Tübingen verwahrten Materialien (Druckaufträge und Arbeitstagebücher der Verlagsangestellten) erbrachte keinen anderen Befund.

Alles in allem ergibt sich, daß wesentliche Partien, wenn nicht das Ganze des „Stadt"-Textes erst seit ca. 1911 entstanden sein dürften. In der vorliegenden Form repräsentiert er wahrscheinlich einen Bearbeitungsstand von 1914. Für spätere Zusätze oder Überarbeitungen gibt es keine zwingenden Hinweise; die Möglichkeit kann aber auch nicht definitiv ausgeschlossen werden.

Die Ungewißheit über den Status des nachgelassenen Textes hat auch die Geschichte seiner posthumen Publikation bestimmt. Am 30. Juni 1920 schrieb Marianne Weber an den Verleger Paul Siebeck, daß sie Manuskripte ihres Mannes gefunden habe, darunter: „ein großes Konvolut: Formen der Stadt". Marianne Weber hat das Manuskript schließlich im Oktober 1920 an den Verlag J.C.B. Mohr (Paul Siebeck) geschickt, weil der Redakteur des „Archivs für Sozialwissenschaft und Sozialpolitik", Emil Lederer, auf den Abdruck in der Zeitschrift drängte. Es hat allerdings bis zum Juli 1921 gedauert, bis der Text in Druck ging und im August 1921 unter dem Titel „Die Stadt. Eine soziologische Untersuchung" im „Archiv", Band 47, Heft 3, S. 621–772, erschien.

Im Juni 1921 schloß Marianne Weber mit dem Verlag einen Vertrag, in dem ihre Herausgeberschaft bezüglich der von Weber für den GdS verfaßten Teile abschließend geregelt wurde. Zusammen mit der Rücksendung des Vertrages am 3. Juni 1921 ersuchte Marianne Weber den Verlag, die „Stadt" für den „Grundriß" noch nicht setzen zu lassen, sondern die „für das Archiv gesetzten Bögen" an sie und Palyi zu senden, damit sie gemeinsam überlegen könnten, ob der Text überhaupt in den „Grundriß" passe: „Er ist an sich *wundervoll*, aber in etwas andrer Diktion – rein historisch, nicht systematisch – deshalb muß man noch überlegen, ob er nicht aus dem Rahmen herausfällt. Max Weber hatte allerdings in seinem Stoffverteilungsplan im ersten Grundrißband einen solchen Abschnitt vorgesehen".

Am 7. Juni 1921 kündigte Oskar Siebeck an, daß er dieser Bitte folgen werde. Bis in den Herbst hinein korrespondierte Marianne Weber mit dem Verlag wegen der Aufnahme der

„Stadt" in den GdS, da sie sich über die Zuordnung nicht schlüssig war und als Alternative zu einer Plazierung im „Grundriß" (zunächst dachte sie als „Nachtrag") eine Aufnahme in eine künftige Ausgabe „gesammelter Aufsätze" erwog, bevor sie doch den Druck im GdS verlangte. Der Verlag plädierte für die Publikation in einer Aufsatzsammlung; zum einen könne man dadurch den Umfang des GdS-Beitrags reduzieren, zum anderen sei der Text erst kürzlich (d.h. im August 1921) im „Archiv" erschienen. Dagegen verwies Marianne Weber schließlich am 26. Oktober 1921 auf den Werkplan von 1914 und darauf, daß Max Weber „zweifellos die Stadt als höchste Form der Vergesellschaftung in den Grundriß *aufnehmen*" wollte. Nachdem Werner Siebeck im November 1921 diesem Plan doch noch zugestimmt hatte, wurde der Text unter dem Titel „Die Stadt" zum größten Teil – S. 513–596 – in der 3. Lieferung des GdS im Juni 1922, S. 597–600 in der 4. Lieferung im Dezember 1922 noch einmal veröffentlicht. Allerdings erhielt er nicht die Plazierung, die dem Weberschen Werkplan von 1914 entsprochen hätte, sondern wurde in den 2. Teil („Typen der Vergemeinschaftung und Vergesellschaftung") als letztes, VIII. Kapitel nach der „Rechtssoziologie" eingestellt.

Von der vorliegenden Abhandlung Webers ist kein Manuskript überliefert; es muß als verschollen gelten. Das Verhältnis der beiden überlieferten Fassungen zueinander läßt sich sowohl aufgrund der Abläufe bei der Drucklegung wie einer Überprüfung der in der zweiten Fassung vorgenommenen Veränderungen klären.

Der Verbleib des Manuskripts, das Marianne Weber für den Druck im „Archiv" an den Verlag geschickt hatte, ist nicht zu rekonstruieren. Es war verlegerische Praxis, Manuskripte sofort nach ihrem Eintreffen zu setzen und dann unverzüglich zurückzusenden. Ob dies auch hier geschehen ist, läßt sich nicht mehr ermitteln. Es ist nicht bekannt, ob Marianne Weber das Manuskript zurückerhalten und was sie gegebenenfalls damit gemacht hat. Es ist jedoch auszuschließen, daß sie es für die Drucklegung der 3. Lieferung des GdS an den Verlag zurückgeschickt hat. Am 25. März 1921 übermittelte sie Manuskriptteile für den GdS, die noch nicht gedruckt waren, an den Verlag. Beigefügt war der Sendung ein handschriftliches „genaues Verzeichnis der Kapitelfolge so, wie ich sie in Gemeinschaft mit Dr. Palyi festgestellt habe". In dieser Liste sind die einzelnen Kapitel jeweils mit einem Haken versehen worden – von wem, ist nicht klar. Beim neunzehnten und letzten Abschnitt, der „Stadt", fehlt dieses Prüfzeichen jedoch. Hier findet sich stattdessen von Marianne Webers Hand der Vermerk: „bereits bei Siebeck u[nd] im Archiv gedruckt". Nachdem der Verlag schließlich einer Publikation der „Stadt" im GdS zugestimmt hatte, schrieb Werner Siebeck am 15. November 1921 an Marianne Weber, er werde „nunmehr diesen Abschnitt sogleich für den Grundriss absetzen lassen".

Marianne Weber hat dem Verlag am 13. Dezember 1921 den Empfang der Druckbögen der „Stadt" für die Publikation im GdS bestätigt. Bis zum Februar 1922 haben Marianne Weber und Melchior Palyi an den Korrekturen der GdS-Druckfahnen gearbeitet. Angesichts des ungeklärten Schicksals des ursprünglichen Manuskripts könnte grundsätzlich nicht ausgeschlossen werden, daß bei dieser Gelegenheit das Original herangezogen worden wäre, um es mit den Druckbögen zu vergleichen und dann Fehler im Satz der ersten Fassung zu beheben.

Der Vergleich der beiden Textfassungen zeigt jedoch, daß sich die Herausgeber in WuG auf die Verbesserung von evidenten Fehlern im „Archiv"-Druck bzw. auf kleinere sprachliche Eingriffe beschränkt haben. Für keinen dieser Eingriffe ist die Kenntnis der Weberschen Vorlage erforderlich.

Für andere Eingriffe kann ausgeschlossen werden, daß auf das Manuskript zurückgegriffen wurde, da hier eine sachlich angemessene, den Herausgebern aber offensichtlich nicht vertraute Terminologie verändert wurde. Verschlechterungen des Textes liegen ferner beim Wegfall oder der Veränderung einzelner sinntragender Wörter vor, die gewiß auch durch neue Setzerfehler bedingt sein könnten. In einem anderen Fall wurde eine inhaltlich begründbare Emendation vorgenommen, bei der jedoch ein offensichtlicher Lese- oder Druckfehler als Sachfehler behandelt wurde.

Bei vorliegendem Manuskript (und seiner richtigen Entzifferung) hätte zumindest ein Teil der von Otto Hintze 1926 aufgeführten sinnentstellenden Fehler nicht übersehen werden dürfen, ebenso wie die erst von Johannes Winckelmann in den von ihm bearbeiteten Auflagen von WuG vorgenommenen Emendationen bei Namens- bzw. Begriffsverwechselungen – es sei denn, daß diese Fehler auf Lapsus von Weber selbst zurückzuführen sind.

Es gibt somit keinerlei Anhaltspunkte dafür, daß die in WuGvorgenommenen Texteingriffe auf das Manuskript zurückgehen; sie sind vielmehr aller Wahrscheinlichkeit nach von den Herausgebern selbständig vorgenommen worden.

Aus diesem Überlieferungsbefund folgt eindeutig, daß für die Konstituierung des Textes der Erstdruck, in: Archiv für Sozialwissenschaft und Sozialpolitik, Band 47, Heft 3, 1921, S. 621–772, als der letzten Hand am nächsten stehend zugrundegelegt werden muß, und der Zweitdruck, in: Grundriß der Sozialökonomik, Abteilung III: Wirtschaft und Gesellschaft. – Tübingen: J.C.B. Mohr (Paul Siebeck) 1922, S. 513–600, nicht als Variante gelten kann.

Offene Fragen ergeben sich hinsichtlich des Titels der Abhandlung, ihrer Untergliederung in Kapitel und der jeweiligen Bezeichnung dieser Kapitel. Marianne Weber hatte in ihrem ersten Schreiben an den Verlag von einem „Konvolut: Formen der Stadt" gesprochen. Ob dieser Titel über dem Manuskript stand oder sonst in irgendeiner Weise von Max Weber stammt, oder ob nicht vielmehr Marianne Weber damit nur den Inhalt des Textes charakterisieren wollte, ist nicht zu klären. Die Erstfassung im „Archiv" trug den Titel „Die Stadt. Eine soziologische Untersuchung"; beim zweiten Abdruck des Textes ist der Untertitel wieder weggelassen worden. Auch hier läßt sich nicht entscheiden, wer für den jeweiligen Titel verantwortlich ist; außer an Marianne Weber läßt sich für die Erstfassung an den Herausgeber des „Archivs" denken, der den Untertitel für die Publikation in dieser Zeitschrift für angemessen gehalten haben könnte. Daß der Untertitel von Max Weber stammte, der bei der Arbeit an diesem Text noch die Einbindung in seinen GdS-Beitrag vor Augen hatte, wird man mit ziemlicher Sicherheit ausschließen können, ganz abgesehen davon, daß die Kategorie „soziologisch" in seinem Text keine sonderlich prominente Rolle spielt. Da es keinen von Weber autorisierten Titel gibt und der Untertitel „Eine soziologische Untersuchung" schwerlich adäquat ist, erscheint die Beibehaltung nur des Titels „Die Stadt" als die beste Lösung, zumal sie keine spezifische Interpretation suggeriert.

Der Erstdruck weist eine Unterteilung des Textes in vier Kapitel auf: „I. Begriff und Kategorien der Stadt"; „II. Die Stadt des Okzidents"; „III. Die Geschlechterstadt im Mittelalter und in der Antike"; „IV. Die Plebejerstadt". Daß die grundsätzliche Einteilung in vier Gliederungseinheiten durch Max Weber vorgegeben und – in welcher Weise auch immer – aus dem Manuskript zu entnehmen war, scheint gut möglich. Davon zu trennen ist jedoch die Frage, ob Weber auch Urheber der Überschriften gewesen sein könnte. Die drei ersten Formulierungen erregen keine grundsätzlichen Bedenken, höchst problematisch ist jedoch „Plebejerstadt" als Überschrift des vierten Kapitels, vor allem deshalb, weil in Webers Text „Plebejerstadt" nicht vorkommt und weil alle Verwendungen von „Plebs", „Plebejer", „plebejisch" sich ausschließlich auf die (römische) Antike beziehen. Diese Diskrepanz fällt vor allem im Vergleich mit Überschrift und Wortgebrauch des dritten Kapitels („Die Geschlechterstadt im Mittelalter und der Antike") auf: die Überschrift paßt hier sehr gut auf Inhalt und Duktus der Darstellung und spiegelt auch Webers epochenübergreifende Verwendung der Kategorie „Geschlechterstadt" wider. In der GdS-Fassung ist das vierte Kapitel geteilt und dessen zweiter Teil unter die Überschrift „Antike und mittelalterliche Demokratie" gestellt worden. Die neue Unterteilung, die Umstellung auf Paragraphenzählung sowie die neue Überschrift gehen mit größter Wahrscheinlichkeit auf die Herausgeber zurück; wenn sie von Weber selbst stammten, hätten sie im „Archiv"-Druck nicht gefehlt. Aus diesem und den oben genannten Gründen wurde die im Erstdruck vorgenommene Kapiteleinteilung beibehalten. Dies gilt, trotz der Vorbehalte, auch für die den einzelnen Kapiteln zugeordneten Überschriften, da sich nicht mit Sicherheit ausschließen läßt, daß sie von Weber stammen könnten.

Die in WuG den einzelnen Kapitelüberschriften nachgestellten Inhaltsübersichten mußten, da sie eindeutig nicht auf Weber zurückgehen, in dieser Edition unberücksichtigt bleiben. Sie stammen nachweislich von Melchior Palyi, wie aus einem Brief von Marianne Weber an den Verlag vom 27. Januar 1922 hervorgeht: „Die Fahnen sämmtlicher Abschnitte der 3. u[nd] 4. Lieferung (außer der Stadt) sind 2x gelesen u[nd] noch bei *Ihnen.* Palyi hat jetzt weiter nichts als den Rest der ‚Stadt'. Warum er deren Revision nochmals wünscht$_{[,]}$ weiß ich nicht, vielleicht wegen der von ihm gemachten Kapitelüberschriften." Hinzu kommt die eindeutige Feststellung Marianne Webers im Vorwort zum zweiten Teil von WuG: „Die Inhaltsangabe der Kapitel war nur für die ‚Rechtssoziologie' fixiert".

Personenverzeichnis

Dieses Verzeichnis berücksichtigt alle Personen, die im Text Max Webers selbst Erwähnung finden, mit Ausnahme allgemein bekannter Persönlichkeiten.

Abimelech (hebr.: Mein Vater ist König). Herrschergestalt des Alten Testaments. Sohn des Richters Gideon und einer Nebenfrau aus Sichem; herrschte drei Jahre als „König" im kanaanitischen Sichem und versuchte, seine Herrschaft auch auf Teile der Israeliten auszudehnen.

Alexander der Große (356 – 323 v.Chr.). Makedonischer König (seit 336 v.Chr.). Bei seiner Eroberung des persischen Großreiches (seit 334 v.Chr.) stieß er 327/326 v.Chr. bis nach Indien vor.

Alexander III. Alexandrowitsch (10.3.1845 – 1.11.1894). Kaiser von Rußland (seit 1881). Kehrte nach den Reformansätzen unter seinem Vater Alexander II. Nikolajewitsch zu einer autokratischen Regierungsweise zurück.

Alexios I. Komnenos (1048 – 1118). Kaiser von Byzanz (seit 1081). Schloß 1081/82 ein Bündnis mit Venedig gegen den Angriff des Normannenherzogs Robert Guiskard auf Konstantinopel.

Ali ibn Abi Talib (um 600 – 661). Vierter Kalif (seit 656). Vetter und Schwiegersohn → Muhammeds. Konflikte mit innenpolitischen Gegnern führten zu seiner Ermordung. Auf diese Auseinandersetzungen folgte die Abspaltung der Schiiten als „Partei Alis", die allein seine Nachkommen als rechtmäßige Nachfolger des Propheten anerkennt.

Alkibiades (um 450 – 404 v.Chr.). Athenischer Politiker und Feldherr. Neffe des → Perikles. Initiator des athenischen Angriffs auf Sizilien (415 v.Chr.). Als Befehlshaber der nach Sizilien entsandten Flotte abberufen, darauf ins Exil geflohen. 408/407 v.Chr. wieder athenischer Stratege, danach erneut im Exil. 404 v.Chr. im persischen Machtbereich in Kleinasien ermordet.

Appius Claudius → Appius **Claudius** Caecus.

Augustus (ursprünglich Gaius Octavius) (63 v.Chr. – 14 n.Chr.). Adoptivsohn → Caesars. Begründete 27 v.Chr. die spezifische Form des römischen Kaisertums (Principat), bei der eine republikanische Fassade gewahrt wurde. Der Senat verlieh ihm den Ehrennamen Augustus, „der Erhabene".

Below, Georg Anton Hugo von (19.1.1858 – 20.10.1927). Deutscher Historiker. Professor in Königsberg (1889), Münster (1891), Marburg (1897), Tübingen (1901) und Freiburg im Breisgau (1905); zahlreiche Publikationen zur Verfassungs- und Wirtschaftsgeschichte des Mittelalters und zu Methodenproblemen der Geschichtswissenschaft. Zu Max Weber bestanden gute kollegiale Beziehungen.

Berthold II. von Zähringen (um 1050 – 12.4.1111). Herzog von Kärnten und Schwaben. Baute die Burg Zähringen im Breisgau und betrieb eine intensive Siedlungspolitik, v.a. in der Schwarzwaldregion.

Berthold III. von Zähringen (nach 1080 – 1122/33). Herzog. In seine Regierungszeit fällt wahrscheinlich die Gründung von Freiburg im Breisgau.

Beyerle, Konrad (14.9.1872 – 26.4.1933). Deutscher Rechtshistoriker. Professor in Breslau (1902), Göttingen (1906) und München (1918). Hauptarbeitsgebiete waren die Verfassungs- und Rechtsgeschichte des Bodenseeraums, Kölns und Bayerns. Als Mitglied der Nationalversammlung war er 1919/20 maßgeblich an der Ausgestaltung des Grundrechte-Teils der Weimarer Reichsverfassung beteiligt.

Broglio d'Ajano, Conte Romolo (26.6.1867 – 26.4.1924). Verfasser einer Dissertation zur venezianischen Seidenindustrie (München 1893) sowie des von Weber zitierten Aufsatzes zu Perugia. Später Privatdozent für Politische Ökonomie in Rom.

Brun, Rudolph (um 1300/10–17.9.1360). Ritter in Zürich aus stadtbürgerlichem Niederadel. Stürzte im Bunde mit den Handwerkern 1336 den Rat, führte die Zunftverfassung ein und wurde zum Stadtoberhaupt auf Lebenszeit bestellt.

Gaius Julius **Caesar** (100–44 v.Chr.). Römischer Politiker und Feldherr. Faktischer Alleinherrscher 48–44 v.Chr.

Calderini, Aristide (18.10. 1883–15.9.1968). Italienischer Althistoriker und Papyrologe. Seit 1925 Professor an der Katholischen Universität in Mailand. Verfasser des von Weber zitierten Buches zur griechischen Freilassungspraxis (1908).

Lucius Sergius **Catilina** (ca. 108–62 v.Chr.). Römischer Patricier. Praetor (68 v.Chr.), Statthalter in Africa (67–66 v.Chr.). Führer eines Umsturzversuchs verschuldeter Aristokraten und entwurzelter Kleinbauern (63 v.Chr.).

Marcus Porcius **Cato** Censorius (234–149 v.Chr.). Der Ältere Cato. Römischer Politiker und Schriftsteller. Consul (195 v.Chr.), Censor (184 v.Chr.). Berühmt als strenger Verfechter altrömischer Tugenden. Mit seiner Schrift „De agricultura" zugleich der älteste römische Agrarschriftsteller.

Charondas. Aus Katane (heute: Catania) auf Sizilien stammend. Berühmt als Gesetzgeber für griechische Poleis auf Sizilien und in Süditalien, wahrscheinlich in der 2. Hälfte des 6. Jahrhunderts v.Chr.

Chlodwig I. (um 466/67–27.11.511). Fränkischer König aus dem Hause der Merowinger (seit 481). Konsolidierte das Frankenreich durch Siege über den letzten römischen Statthalter in Gallien, die Burgunder und die Westgoten.

Marcus Tullius **Cicero** (106–43 v.Chr.). Römischer Politiker und Schriftsteller. Als Consul (63 v.Chr.) schlug er den Aufstand → Catilinas nieder. In seinen staatstheoretischen Werken („*De republica*" und „*De legibus*") übertrug er Konzeptionen der griechischen politischen Theorie auf die römischen Verfassungsverhältnisse.

Appius **Claudius** Caecus. Römischer Politiker. Censor (312 v.Chr.), Consul (307 und 296 v.Chr.), Dictator (Datum ungewiß, zwischen 292–285 v.Chr.).

Cruickshank, Brodie (?–17.11.1854). Englischer Schriftsteller. Verfasser des von Weber zitierten Erfahrungsberichts über einen langjährigen Aufenthalt an der Goldküste.

Dandolo, Enrico (um 1110–14.6.1205). Doge von Venedig (seit 1192). Eroberte im 4. Kreuzzug (1202–1204) Konstantinopel und begründete das venezianische Imperium im östlichen Mittelmeerraum.

David. König von Juda und Israel (um 1000 – um 960 v.Chr.). Vereinigte die beiden Reiche Israel und Juda, d. h. die nördlichen und südlichen Stämme der Israeliten, in Personalunion.

Della Bella, Giano (um 1240 – kurz nach 1311). Als Führer des Florentiner Popolo maßgeblich an der Durchsetzung der Gesetze gegen die Magnaten 1293 beteiligt. Lebte seit 1295 im französischen Exil.

Demosthenes (384–322 v.Chr.). Athenischer Politiker. Berühmtester Redner der Antike. Verfechter eines gemeingriechischen Kampfes gegen Philipp von Makedonien („Philippische Reden").

Dionysios I. (um 430–367 v.Chr.). Tyrann von Syrakus (seit 406/405 v.Chr.). Kämpfte gegen die Karthager und beherrschte schließlich einen großen Teil Siziliens sowie Gebiete in Süditalien.

Drakon. Athenischer Gesetzgeber. Regelte um 624 v.Chr. das Blutrecht neu.

Eduard (Edward) I. (17./18.6.1239–7.7.1307). Englischer König (seit 1272). Reformierte das angelsächsische Gewohnheitsrecht. Seine Einberufung der Vertreter von Städten und Grafschaften in Parlamente wurde maßgeblich für die Entwicklung dieser Institution.

Eduard (Edward) II. (25.4.1284–21.9.1327). Englischer König (seit 1307). Sohn → Eduards I. Seine Mißerfolge (u. a. der Verlust Schottlands) führten zu schweren Konflikten mit dem Adel. 1327 wurde er zur Abdankung zugunsten seines Sohnes → Eduard III. gezwungen und kurz darauf ermordet.

Eduard (Edward) III. 13.11.1312–21.6.1377). Englischer König (seit 1327, bis 1330 unter Vormundschaft). Sohn → Eduards II. Sein Anspruch auf die französische Krone löste den „Hundertjährigen Krieg" aus, dessen Auswirkungen wachsende Zugeständnisse an die Parlamente bedingten.

Ephialtes. Athenischer Politiker. Initiator des „Sturzes“ des Areiopags (462/461 v.Chr.). Wurde im Anschluß an diese, für die weitere Entwicklung der Demokratie grundlegende, Verfassungsreform ermordet.

Esra. Bedeutendster Gesetzeslehrer des nachexilischen Judentums. Nach der Tradition in dem nach ihm benannten Buch des Alten Testamentes kam Esra mit einem Heimkehrerzug aus Babylonien nach Jerusalem (wahrscheinlich 458 v.Chr.) und legte dort aufgrund einer Legitimation durch den persischen König autoritativ das jüdische Gesetz aus.

Friedrich I. „Barbarossa“ (1122–10.6.1190). Deutscher König und Kaiser (seit 1152/1155). Herzog von Schwaben (seit 1147). Die mit seinen Italienzügen (1158, 1163 und 1166–1168) betriebene Wiederherstellung der Reichshoheit in Oberitalien führte zu schweren Kämpfen mit den lombardischen Städten.

Friedrich II. (26.12.1194–13.12.1250). Deutscher König und Kaiser (seit 1212/1220). König von Sizilien (seit 1198). Während es ihm in Sizilien gelang, einen zentralistischen Beamtenstaat zu schaffen, war er in Deutschland gezwungen, den geistlichen und weltlichen Fürsten 1220 und 1232 weitgehende landesherrliche Rechte einzuräumen.

Gothein, Eberhard (29.10. 1853–13.11.1923). Deutscher Nationalökonom und Kulturhistoriker. Professor für Nationalökonomie in Karlsruhe (1884), Bonn (1890) und Heidelberg (1904). Verfasser von Arbeiten zur Kultur- und Wirtschaftsgeschichte Süditaliens, des Schwarzwalds und des Rheinlands. In Heidelberg gehörte er zum engeren Bekanntenkreis Max Webers.

Gaius Sempronius **Gracchus** (153–121 v.Chr.). Römischer Volkstribun (123 und 122 v.Chr.). Nahm die Reformpolitik seines Bruders → Tiberius Gracchus wieder auf und setzte dabei u. a. auf die Ritter als Gegengewicht zum Senat. Sein Versuch (121 v.Chr.), zusammen mit seinen Anhängern die Aufhebung seiner Reformgesetze zu verhindern, wurde vom Senat niedergeschlagen.

Tiberius Sempronius **Gracchus** (162–133 v.Chr.). Römischer Volkstribun (133 v.Chr.). Die Durchsetzung eines Ackergesetzes, das die Ansiedlung depossedierter Kleinbauern ermöglichen sollte, brachte ihn in Konflikt mit dem Senat. Als er seine (verfassungsrechtlich umstrittene) Wiederwahl zum Volkstribun durchsetzen wollte, wurde er von einer Gruppe Senatoren erschlagen.

Hadrian (76–138). Römischer Kaiser (seit 117). Verfolgte eine Politik der Konsolidierung der Reichsgrenzen, u. a. durch ein neues Rekrutierungssystem für das Heer und durch die Anlage von Grenzwällen.

Hanauer, Gerson (1874–1913). Verfasser des von Weber zitierten Aufsatzes über das Berufspodestat (1902), der auf seine Tübinger Dissertation zurückgeht. Später Gymnasialprofessor in Karlsruhe.

Harun al Raschid (766–24.3.809). Kalif (seit 786). Sein Bild in der Nachwelt wurde durch die Darstellung seiner Gerechtigkeitsliebe in „Tausendundeine Nacht“ geprägt.

Hatschek, Julius Karl (21.8. 1872–12.6.1926). Deutscher Staatsrechtler. Professor in Posen (1905) und Göttingen (1909). Verfasser grundlegender Werke zur englischen Verfassungsgeschichte und zum englischen Verwaltungsrecht.

Hegel, Karl von (7.6. 1813–5.12.1901). Deutscher Historiker. Sohn des Philosophen Georg Wilhelm Friedrich Hegel. Professor in Rostock (1841 bzw. 1848) und Erlangen (1856). Autor mehrerer Werke zur Verfassungsgeschichte der mittelalterlichen europäischen Städte. 1891 in den Adelsstand erhoben.

Heinrich I. (um 875–2.7.936). Deutscher König (seit 919). Herzog von Sachsen (seit 912). Wegen des von ihm betriebenen Baus von Burgen in Sachsen galt er im populären Geschichtsbild des 19. Jahrhunderts als „Städtegründer“.

Heinrich I. „Beauclerc“ (1068–1.12.1135). König von England (seit 1100). Jüngster Sohn → Wilhelm des Eroberers. Verstärkte den Einfluß der königlichen Zentralgewalt auf die Grafschaften.

Hesiod (um 700 v.Chr.). Griechischer Dichter aus Boiotien. Schrieb u. a. das Epos „Werke und Tage“, das Einblick in die bäuerliche Welt seiner Zeit bietet.

Homer (ca. 8. Jahrhundert v.Chr.). Nach der Tradition der Verfasser der „Ilias“ und der „Odyssee“.

Jakob II. (14.10.1633–16.9.1701). König von England (1685–1688). Zweiter Sohn des 1649 hingerichteten Königs Karl I. Seine Rekatholisierungspolitik führte zur Absetzung durch das Parlament in der „Glorious Revolution“.

Jephthah. Alttestamentliche Richtergestalt. Heerführer Israels im Kampf gegen die Ammoniter.

Johann I. „ohne Land“ (24.12.1167–19.10.1216). König von England (seit 1199). Jüngster Sohn Heinrichs II. Er hatte zuvor die Regierungsgeschäfte für seinen Bruder, König Richard Löwenherz, während dessen Teilnahme am Kreuzzug und anschließender Gefangenschaft (1190–94) geführt.

Judas Makkabäus († 160 v.Chr.). Führer der jüdischen Erhebung (seit 166 v.Chr.) gegen den Seleukidenherrscher Antiochos IV. Epiphanes. Im Kampf gefallen. Der von seinen Brüdern fortgesetzte Aufstand führte zur Wiederherstellung eines eigenständigen jüdischen Staates (142–63 v.Chr.).

Justinian (482–11.11.565). Römischer Kaiser (seit 527). Der Konsolidierung des von ihm wiederhergestellten Imperium Romanum diente u. a. die Kodifizierung des römischen Rechts. Der von den Zirkusparteien in Konstantinopel ausgehende „Nika-Aufstand“ des Jahres 532, der sich zu einer ernsthaften Bedrohung seiner Stellung auswuchs, wurde niedergeschlagen.

Katada (1145/46–1221). Großscherif von Mekka (seit 1201/1203).

Kleisthenes (6. Jahrhundert v.Chr.). Athenischer Politiker aus alter Adelsfamilie. Wahrscheinlich 525/524 v.Chr., noch während der Herrschaft der Peisistratiden, Archon. Legte mit der von ihm durchgesetzten, auf einer Neugliederung der Bürgerschaft basierenden Verfassungsreform von 508/507 v.Chr. die Grundlagen für die Entwicklung der athenischen Demokratie.

Lenel, Walter (3.8. 1868–29.4.1937). Deutscher Historiker. 1893–1918 Privatgelehrter in Straßburg; danach in Heidelberg; 1932 Honorarprofessor ebendort; verlor die Lehrbefugnis im August 1933 aus „rassischen Gründen“. Arbeiten zur italienischen Stadtgeschichte des Mittelalters, vor allem zu Venedig.

Leopold von Toskana (5.5.1747–1.3.1792). Kaiser, Erzherzog von Österreich, König von Böhmen und Ungarn (seit 1790, als Leopold II.). 1765–1790 als Leopold I. Großherzog von Toskana. Leitete dort Verwaltungs- und Wirtschaftsreformen ein.

Titus **Livius** (59 v.Chr.–17 n.Chr.). Römischer Historiker. Schrieb eine römische Geschichte in 142 Büchern, die die Zeit von 753 bis 9 v.Chr. behandelte. Erhalten sind Buch 1–10 (753–293 v.Chr.) und 21–45 (218–167 v.Chr.).

Lysandros († 395 v.Chr.). Spartanischer Politiker und Feldherr. Als Flottenbefehlshaber (seit 408 v.Chr.) zwang er 404 v.Chr. Athen zur Kapitulation im Peloponnesischen Krieg. Die Poleis im spartanischen Machtbereich kontrollierte er über seine Anhänger. Bis zu seinem Tode war er wegen seiner die herkömmliche Verfassungsordnung bedrohenden Ambitionen in Machtkämpfe in Sparta verwickelt.

Machiavelli, Niccolò (3.5.1469–3.6.1527). Italienischer Politiker und Staatstheoretiker. Von 1498 bis zur Restauration der Medici 1512 im Dienst der Florentinischen Republik. Wichtigste Werke: „Il Principe“ (1513), „Discorsi sopra la prima deca di Tito Livio“ (1513–17), „Istorie Fiorentine“ (1520–25).

Maitland, Frederic William (28.5. 1850–19.12.1906). Englischer Rechtshistoriker. Professor in Cambridge (seit 1888). Veröffentlichte grundlegende Untersuchungen und Quelleneditionen zur Geschichte des mittelalterlichen englischen Rechts.

Mazarin, Jules (eigentlich Giulio Mazarini) (14.7.1602–9.3.1661). Französischer Politiker italienischer Herkunft. Zunächst in päpstlichen Diensten, 1634 Nuntius in Paris, 1640 Eintritt in den französischen Staatsdienst unter Richelieu (und Erhebung zum Kardinal). Von 1642 bis zu seinem Tod als Nachfolger Richelieus leitender Minister.

Meyer, Eduard (25.1. 1855–31.8.1930). Deutscher Althistoriker. Professor in Breslau (1885), Halle (1889) und Berlin (1902). Seine Arbeiten galten der Geschichte der gesamten mittelmeerisch-vorderasiatischen Antike. Das Hauptwerk, die „Geschichte des Altertums“, ist in 5 Bänden zuerst 1884–1902 erschienen. Auf Meyers Stellungnahme im „Methodenstreit“ der Historiker hat Max Weber mit seinen „Kritischen Studien auf dem Gebiet der kulturwissenschaftlichen Logik“ 1906 geantwortet. Webers Studien zum Altertum haben erheblich von den Arbeiten Meyers profitiert. Im Weltkrieg fanden sich Meyer (als Verfechter einer rigorosen Siegfriedenspolitik) und Weber in unterschiedlichen politisch-publizistischen Lagern.

Miltiades der Ältere. Athenischer Aristokrat. Begründete um die Mitte des 6. Jahrhundert v.Chr. eine eigenständige Herrschaft auf der thrakischen Chersones.

Miltiades der Jüngere (ca. 550–489 v.Chr.). Athenischer Aristokrat. Übte zeitweise (wie → Miltiades der Ältere) eine eigenständige Herrschaft auf der thrakischen Chersones aus. 490 v.Chr. Sieger über die Perser bei Marathon.

Mommsen, Theodor (30.11.1817–1.11.1903). Deutscher Jurist und Altertumswissenschaftler. Professor in Leipzig (1848), Zürich (1852), Breslau (1854) und Berlin (1858 an der Preußischen Akademie, seit 1861 auch an der Universität). Mommsen war die alles überragende Forschergestalt auf dem Gebiet der römischen Geschichte. Seine „Römische Geschichte" (erstmals 1852–54 erschienen) war ein sensationeller Publikumserfolg, das „Römische Staatsrecht" (1871–1888) sein opus magnum. Zu den wichtigsten wissenschaftsorganisatorischen Leistungen Mommsens zählt die von ihm begründete umfassende Sammlung der lateinischen Inschriften (Corpus Inscriptionum Latinarum, seit 1863). Mommsen (der als liberaler Abgeordneter verschiedentlich Mandate im Preußischen Abgeordnetenhaus wahrgenommen hatte, zuletzt 1881–1884 auch im Reichstag) verkehrte im Elternhaus Webers; sein Sohn Karl war mit Max Weber befreundet, sein Sohn Ernst heiratete 1896 Max Webers Schwester Clara. Bei der Doktordisputation Max Webers 1889 kritisierte Mommsen Webers Thesen zur römischen Agrargeschichte, bezeichnete ihn jedoch gleichzeitig öffentlich als seinen intellektuellen Nachfolger.

Muhammed (um 570–8.6.632). Begründer des Islam.

Nehemia. Reformpolitiker des nachexilischen Judentums. Wahrscheinlich in Babylonien aufgewachsen. 445 v.Chr. ging er als persischer Beauftragter nach Jerusalem und betrieb die politische Reorganisation der jüdischen Bevölkerung.

Nero (37–68). Römischer Kaiser (seit 54).

Nikias (vor 469–413 v.Chr.). Athenischer Politiker und Feldherr. Befehlshaber des athenischen Expeditionscorps, das auf Sizilien 413 v.Chr. vernichtend geschlagen wurde. Einer der reichsten Männer seiner Zeit.

Paulus (ca. 10-ca. 62/64). Apostel. Aus einer streng jüdischen Familie in Tarsos (Kilikien) stammend, jedoch das römische Bürgerrecht besitzend. Nach seiner Bekehrung in Damaskus machte er mit seinen Missionsreisen im östlichen Mittelmeerraum (seit ca. 45) und der Durchsetzung des Prinzips, daß Heiden- wie Judenchristen nicht mehr an die jüdischen Ritualgesetze gebunden sein sollten, das Christentum zu einer universalistischen Religion.

Pausanias. Griechischer Schriftsteller des 2. Jahrhunderts n.Chr. Verfasser einer Beschreibung Griechenlands.

Peisistratos (um 600–528/527 v.Chr.). Tyrann in Athen (erstmals um 560 v.Chr., endgültig von ca. 546 v.Chr. bis zu seinem Tode).

Perikles (um 490–429 v.Chr.). Athenischer Politiker. Seit der Mitwirkung an der Reformpolitik des → Ephialtes Verfechter einer auf die Flottenmacht gestützten Hegemonialpolitik und einer weiteren Stärkung der politischen Beteiligung der Bürgerschaft im Inneren. Seit ca. 450 v.Chr. spielte Perikles mehr und mehr eine unangefochtene Führungsrolle in der athenischen Politik. Das von ihm initiierte Bauprogramm auf der Akropolis symbolisierte die politische Stärke und kulturelle Blüte Athens.

Petrus. Apostel. Der Jünger Jesu besaß in der christlichen Urgemeinde großes Ansehen und versuchte verschiedentlich, in den Streitigkeiten zwischen juden- und heidenchristlichen Gruppen zu vermitteln. Während der Christenverfolgung in Rom unter → Nero im Jahre 64 soll er den Märtyrertod gefunden haben.

Philipp II. August (21.8.1165–14.7.1223). König von Frankreich (seit 1180). Stärkte die Zentralgewalt, begünstigte die freiheitliche Entwicklung der Städte und des Bürgertums (als Verbündete gegen den Adel) und begründete die Großmachtstellung Frankreichs.

Platon (428/427–348/347 v.Chr.). Griechischer Philosoph.

Post, Albert Hermann (8.10. 1839–25.8.1895). Deutscher Jurist. Landgerichtsrat in Bremen. Verfasser zahlreicher Werke zur Rechtsvergleichung und ethnologischen Jurisprudenz.

Rathgen, Karl Friedrich Theodor (19.12. 1856–6.11.1921). Deutscher Nationalökonom. Nach der Promotion in Straßburg Professor in Tokio (1882–1890). Nach Habilitation in Berlin (1892) Professor in Marburg (1895) und Heidelberg (1900). Direktor des Instituts für Nationalökonomie und Kolonialpolitik in Hamburg (seit 1907). In seinen Schriften beschäftigte er sich vorwiegend mit Geschichte und Wirtschaft Japans.

Salzer, Ernst Jakob (18.2. 1876 – 1. 11.1915). Verfasser der von Weber zitierten Arbeit zur Signorie, mit der er 1899 in Berlin promoviert hatte. Später Archivrat am Königlich Preußischen Geheimen Staatsarchiv zu Berlin.

Savonarola, Girolamo (21.9.1452 – 23.5.1498). Dominikaner. Seit 1482 hauptsächlich in Florenz als Bußprediger wirkend. Nach dem Sturz der Medici 1494 engagierte er sich für eine populare Verfassungsordnung. Wegen seiner Angriffe auf den päpstlichen Hof wurde er schließlich als Häretiker und Schismatiker gehenkt und verbrannt.

Publius Cornelius **Scipio** Aemilianus Africanus Minor (um 185 – 129 v.Chr.). Römischer Politiker und Feldherr. Consul (147 und 134 v.Chr.). Beendete mit der Zerstörung Karthagos (146 v.Chr.) den Dritten Punischen Krieg. Als Oberbefehlshaber in Spanien nahm er nach langer Belagerung Numantia ein (134/133 v.Chr.).

Snouck Hurgronje, Christiaan (8.2. 1857 – 26.6.1936). Niederländischer Arabist. Promotion 1880 in Leiden. Die Ergebnisse eines einjährigen Forschungsaufenthalts in Dschidda und Mekka 1884/85 legte er in dem zweibändigen Werk über Mekka nieder, das Weber ausgewertet hat. Seit 1889 als Forscher und Regierungsberater in Niederländisch-Indien tätig, schließlich Professor für Arabisch in Leiden (seit 1906).

Solon (ca. 640 – ca. 560 v.Chr.). Athenischer Politiker. Als Archon mit besonderen Vollmachten (594/593 v.Chr.) Urheber einer umfassenden Gesetzesreform.

Stephan von Blois (um 1095 – 25.10.1154). Englischer König (seit 1135). Enkel → Wilhelm des Eroberers. War nach seiner umstrittenen Wahl (gegen die von Heinrich I. designierte Thronerbin Mathilde) fast ständig in Konflikte mit den mächtigen Baronen verwickelt.

Strack, Max Leberecht (9.9. 1867 – 1. 11.1914). Deutscher Althistoriker. Professor in Gießen (1904 bzw. 1907) und Kiel (1912). Hauptarbeitsgebiete waren die Geschichte der Ptolemäer und die Numismatik.

Waldrada von Tuszien. Nichte des deutschen Kaisers Otto I. Wurde 968 oder 969 Frau des venezianischen Dogen Pietro Candiano IV.

Wallenstein (Waldstein), Albrecht Wenzel Eusebius von (24.9.1583 – 25.2.1634). Kaiserlicher Heerführer im Dreißigjährigen Krieg, aus böhmischem Adel stammend. Weil er 1634 seine Offiziere auf sich persönlich verpflichtete, wurde er abgesetzt und von kaisertreuen Offizieren ermordet.

Wilhelm I. „der Eroberer" (um 1027 – 9.9.1087). Englischer König (seit 1066). Herzog der Normandie (seit 1035).

Xenophon (ca. 430/25 – um 354 v.Chr.). Griechischer Söldnerführer und Autor, aus Athen stammend. U.a. Verfasser eines Werkes zur Land- und Hauswirtschaft („Oikonomikos").

Glossar

Dieses Verzeichnis berücksichtigt Begriffe, Gottheiten und mythische Gestalten, die Weber in seinem Text erwähnt.

Achilleus. Gestalt der Ilias; größter Held des griechischen Heeres vor Troja.

Ackerbürger. Stadtbürger, die in der Gemarkung ihrer Stadt Landwirtschaft betreiben, entweder als ausschließliche Erwerbstätigkeit oder neben einem Gewerbe.

Aeneas. Gestalt der Ilias; präsumtiver Nachfolger des ⟶ Priamos.

Agamemnon. Gestalt der Ilias; Führer des griechischen Heeres vor Troja.

Agon. Sportlicher bzw. musischer Wettkampf der Griechen.

Agora. Markt- bzw. Versammlungsplatz in der ⟶ Polis.

Aisymneten. Mit außerordentlichen (Gesetzgebungs-)Vollmachten zur Behebung sozialer Spannungen betraute „Schiedsrichter" in der ⟶ Polis der archaischen Zeit.

Allmende. Das von einer Dorf- bzw. Stadtgemeinde gemeinschaftlich genutzte Land.

Anzianen, anziani (ital., Älteste). Speziell ein Kollegium zur Vertretung der Interessen des ⟶ Popolo.

Apollon. Griechischer Gott der Weissagung, Musik, Medizin; eines der wichtigsten Apollon-Heiligtümer ist das von Delphi (mit der Orakelstätte).

Areiopag. Nach seinem Sitz auf dem Areshügel benanntes athenisches Gericht bzw. Ratsgremium.

Athena. Griechische Göttin des Krieges, Schutzherrin der Künste und des Handwerks; Stadtgöttin Athens.

Auspicia. Götterzeichen, die – v.a. durch Beobachtung des Vogelflugs – in Rom vor Staatsakten eingeholt werden.

Autokephalie, autokephal. Unabhängigkeit, die durch ein eigenes Oberhaupt symbolisiert wird. Der für orthodoxe Nationalkirchen gängige Begriff wird von Weber in einem generalisierten Sinne für sich selbst regierende Stadtgemeinden verwendet.

Aventiure (mhd., Abenteuer). Der Schlüsselbegriff des mittelalterlichen Heldenepos, den Weber auch auf die Verhältnisse der homerischen Zeit überträgt.

Brahmanen. Die indische Priesterkaste.

Capitan, capitaneus populi ⟶ Volkscapitan.

Capitanei. Aus dem langobardischen Lehnsrecht stammende Bezeichnung für den unter den Grafen stehenden Lehnsadel in Oberitalien, der nach der Gründung von Kommunen die Führungsschicht der Städte bildet.

Centurie (lat.: centuria). In Rom die (auf die ursprüngliche Heeresorganisation zurückgehende) Abstimmungseinheit derjenigen ⟶ Comitien, die nach Vermögensklassen gegliedert sind.

Coloni ⟶ Kolonen.

Comitien (lat.: comitia). Die (nach ⟶ Tribus bzw. ⟶ Centurien gegliederten) römischen Volksversammlungen.

Commenda ⟶ Kommenda.

Commune (mlat.: comune) ⟶ Kommune.

Condottiere (ital.: condottiero). Söldnerführer in den italienischen Kriegen des 14. und 15. Jahrhunderts, der sich mit auf eigene Rechnung angeworbenen Soldaten bei Städten und Fürsten verdingt.

Confraternitas ⟶ Fraternitas.

Conjuratio. Die Eidverschwörung von Stadtbewohnern gegen einen Stadtherrn als Gründungsakt einer → Kommune.

Connubium → Konnubium.

Consules, Konsuln. (1) Die Obermagistrate der römischen Republik; (2) Bezeichnung für Mitglieder von Rats- und Magistratsgremien in Stadtgemeinden des Mittelalters.

Curia, curiae → Kurien.

Demoi, Demen. Plural von → Demos (2).

Demos. (1) Die Gesamtheit der Bürgerschaft einer → Polis, besonders auch im Sinne von „die große Masse", „das gemeine Volk" verwendet. (2) Die Ortsgemeinde als Unterabteilung der athenischen Bürgerschaft.

Ding. Die germanische Volks- und Gerichtsversammlung, zu der sich alle Freien eines Gerichtsbezirks zu festgelegten Terminen versammeln.

Doge. In Venedig das auf Lebenszeit gewählte Staatsoberhaupt.

Ekklesia. Volksversammlung der → Polis.

Ephoren. Die fünf obersten Jahresbeamten in Sparta.

Ergasterien. Arbeitshäuser, mit Sklaven betriebene Werkstätten.

Eupatride. Angehöriger des alten Adels in Athen.

Fraternitas. Bruderschaft, Verbrüderung.

Fronen, Fro(h)nden. Im Mittelalter Dienstleistungen, die einem Herrn erbracht werden müssen; von Weber universalhistorisch verwendet.

Gens. Geschlechter-, Sippenverband in Rom.

Gentry. Der aus der Ritterschaft und den städtischen Oberschichten gebildete niedere Adel in England.

Geschlechter → Patrizier.

Gilden. Im Mittelalter genossenschaftliche Vereinigungen zum wechselseitigen Schutz, für religiöse und gewerbliche Zwecke und zur Pflege der Geselligkeit; von Weber wird die Bezeichnung auch auf Äquivalente in anderen Gesellschaften angewendet.

Grundrenten. Einnahmen, die aus der Vergabe von Nutzungsrechten an ländlichen oder städtischen Liegenschaften bezogen werden.

Gymnasion (griech.). Stätte für sportliche Übungen und geistige Ausbildung; seit dem 4. Jahrhundert v.Chr. als Komplex mit diversen Sportanlagen und Gebäuden typisch für Städte mit griechischer Kultur in der gesamten mittelmeerisch-vorderorientalischen Welt.

Hektor. Gestalt der Ilias; Sohn des → Priamos; tapferster Held der Trojaner.

heterokephal. Unter Oberherrschaft stehend; Gegenbegriff zu → autokephal.

Hopliten. Die mit schwerer Panzerung in geschlossenen Reihen kämpfenden, sich selbst ausrüstenden (griechischen) Fußsoldaten.

Investiturstreit. Konflikt um das Recht der Einsetzung von Bischöfen und Äbten, speziell derjenige zwischen Kaiser und Papst im späten 11. und frühen 12. Jahrhundert.

Jury. Die Geschworenen im angelsächsischen Prozeß.

Kadi. Richter, der auf der Grundlage des islamischen Religionsgesetzes urteilt.

Kaste. Abgeschlossene Gesellschaftsschicht; speziell in Indien, wo es eine Hierarchie von Geburtskasten mit strikten Abgrenzungen untereinander gibt.

Khalif. Titel der Nachfolger Mohammeds als Oberhaupt der Muslime.

Klientel. In Rom das (als Ganzes nicht rechtlich geregelte) Gefolgschafts- und Schutzverhältnis zwischen einem sozial abhängigen Klienten und einem mächtigeren Patron; der Begriff wird von Weber auch auf Äquivalente in anderen Gesellschaften angewendet.

Klienten → Klientel.

Kolonen (lat.: coloni). Römische Kleinpächter, die in einem Abhängigkeitsverhältnis zu Großgrundbesitzern stehen; die Bezeichnung wird von Weber auch universalhistorisch angewendet.

Komitien → Comitien.

Kommenda. Im Mittelalter in Italien entwickelte Vertragsform, bei der ein Geldgeber einen (über See) reisenden Kaufmann mit Kapital ausstattet und ihn am Gewinn beteiligt.

Kommune. Die Bürgergemeinde in den Städten des Mittelalters.

Konnubium (lat.: con(n)ubium). Ehegemeinschaft; Möglichkeit des Eingehens einer rechtlich vollgültigen Ehe.

Konsuln → Consules.

Kurien (lat.: curiae). (1) Die ältesten Untergliederungen des römischen Volkes. (2) Die Stadträte in Städten des Römischen Reiches.

Laërtes. Gestalt der Odyssee; Vater des → Odysseus.

Leiturgie (griech.: leitourgia, Dienst). Die Verpflichtung von Bürgern zur Übernahme bzw. Finanzierung öffentlicher Aufgaben.

Liveries. Die Londoner Zünfte.

Magnaten. Die „ritterlich lebenden" Adligen im italienischen Mittelalter (auch Nobili genannt).

Mandarine. Europäische Bezeichnung für die examinierten Staatsbeamten, die in China (bis 1911/12) die politische und soziale Führungsschicht bilden.

Mentor. Gestalt der Odyssee; Freund des → Odysseus, dem dieser während seines Zugs nach Troja die Sorge für sein Haus anvertraut.

Metöken (griech.: metoikoi, „Mitbewohner"). In Athen die niedergelassenen Fremden mit gesichertem Rechtsstatus, jedoch ohne Bürgerrecht.

Ministeriale. Im Mittelalter persönlich unfreie Dienstleute geistlicher und weltlicher Fürsten, die am Hof, in Verwaltung und Militärdienst herausgehobene, mit hohem sozialen Ansehen verbundene Funktionen ausüben; aus ihnen geht später der niedere Adel hervor. Weber hat den Begriff sinngemäß auch auf vergleichbare Amtsträger in anderen Gesellschaften angewendet.

Mir. Die russische Dorfgemeinde.

Muntmannen. Im Mittelalter Personen, die sich unter den (Rechts-)Schutz (ahd.: munt) eines Herrn begeben und dafür militärische und finanzielle Dienstleistungen erbringen.

Nobili → Magnaten.

Nobilität. Der Amtsadel der römischen Republik, der sich aus → Patriziat (1) und plebejischer Elite zusammensetzt.

Odysseus. In der Ilias einer der Helden des Trojanischen Kriegs; die Abenteuer auf seinen Irrfahrten bis zur Rückkehr nach Ithaka werden in der Odyssee geschildert.

Oikos (griech., Haus, Haushalt). Von Weber als Begriff für den auf Bedarfsdeckung (durch abhängige Arbeitskräfte) orientierten Großhaushalt eines Herrschers oder Grundherrn verwendet.

Parochien. Kirchliche Amtsbezirke.

Patrizier, Patriziat. (1) Im Rom der ursprüngliche Adel. (2) Ein die soziale Herrschaft ausübender und politische Führung beanspruchender (stadtsässiger) Adel in verschiedenen Gesellschaften; in den Städten des Mittelalters die ratsfähigen Familien.

Patroklos. Gestalt der Ilias; Freund des → Achilleus; wird von → Hektor getötet.

Periöken (griech.: perioikoi, „Umwohner"). Die freie, aber gegenüber den → Spartiaten politisch minderberechtigte Bevölkerung Lakoniens und Messeniens, die in untertänigen Gemeinden mit beschränkter Selbstverwaltung und Verpflichtung zur Heerfolge angesiedelt ist.

Phratrie (griech.: phratria, Bruderschaft). Unterabteilung der → Phyle; ursprünglich wohl ein Rechtshilfe- und (wie Weber hervorhebt) Wehrverband; in Athen in klassischer Zeit die Gruppe, die über die Zugehörigkeit zur Bürgerschaft entscheidet.

Phyle. Auf (fiktiver) Abstammungsgemeinschaft beruhende Unterabteilung der Bürgerschaften der → Polis; in Athen in klassischer Zeit rational konstruierte, für die Heeresorganisation und die Bestellung der Magistrate und Ratsherren eingerichtete Untergliederung der Bürgerschaft.

Plebs, Plebejer. In Rom ursprünglich alle Bürger, die nicht zu den → Patriziern (1) zählen; später vor allem das „gemeine Volk".

Podesta, Podestat (ital.: podestà). In nord- und mittelitalienischen Städten (seit Mitte des 12. Jahrhunderts) gewählter, höchster Amtsträger für Verwaltung, Rechtsprechung und Heerwesen, der zumeist von auswärts geholt wird.

Polis, Poleis (Pl.). Ursprünglich die Bezeichnung für Burg, dann die für den griechischen Stadtstaat, der städtisches Zentrum und Umland in einer politischen Einheit umfaßt.

Popolanen, Popolo. Das nicht zu den → Magnaten zählende „Volk" der italienischen Städte, das sich politisch organisiert.

Popolo grasso (ital., „fettes Volk"). Das vermögende Bürgertum der italienischen Städte.

Popolo minuto (ital., „kleines Volk"). Die bürgerlichen Mittel- und Unterschichten der italienischen Städte.

präbendal. Präbende bezeichnet eigentlich die kirchliche Pfründe; präbendal bezieht sich bei Weber auf die Vergabe individueller Pfründen jeder Art, die im Gegensatz zu Lehen nicht vererbbar sind.

Priamos. In der Ilias König von Troja.

Prytaneion. Amts- bzw. Ratsgebäude in der → Polis.

Prytanen (griech.: prytaneis, Vorsteher). Allgemeine Bezeichnung für Magistrate; in Athen seit dem 5. Jahrhundert v.Chr. terminus technicus für das jeweilige Zehntel der Ratsmitglieder, das im Turnus die Geschäftsführung wahrnimmt.

Reislaufen (von mhd.: reis, Kriegszug). Der aus der frühneuzeitlichen Schweiz stammende Begriff für Söldnerdienst bei fremden Mächten wird von Weber auf die Frühzeit der Antike übertragen.

Rentner. Bezieher von Einkünften aus Besitzrechten oder Kapitalanlagen.

Richerzeche. „Bruderschaft der Reichen"; vom späten 12. Jahrhundert bis 1391 bestehende Genossenschaft des Kölner Patriziats, die weitgehend die Funktion einer Stadtregierung ausübte.

Schöffen. Ursprünglich die Urteilsfinder im → Ding; in den mittelalterlichen Städten die Mitglieder eines Richterkollegiums, das anfangs häufig zugleich als Rat fungiert.

Sheriff. In England der Vertreter des Königs in einer Grafschaft.

Signore (ital., Stadtherr) → Signorie.

Signorie. In italienischen Städten zumeist aus dem → Podestat hervorgehende dauerhafte (und vererbbare) Herrschaft eines Einzelnen.

Spartiaten. Die Vollbürger Spartas.

Sporteln. Gebühren, die einem Amtsträger als Teil seiner Amtseinkünfte zufallen.

Synoikismos (griech., „Zusammensiedlung"). Vereinigung bisher selbständiger Orte zu einer Stadt, sei es durch tatsächliche Umsiedlung, sei es durch Zentralisierung der politischen Instanzen.

Telemachos. Gestalt der Odyssee; Sohn des → Odysseus.

Thersites. Gestalt der Ilias; gilt als häßlichster Mann im griechischen Heer vor Troja; wird wegen einer verbalen Attacke auf → Agamemnon in der Heeresversammlung von → Odysseus gezüchtigt.

Timokratisch. Das Prinzip der Abstufung von Bürgerrechten nach Maßgabe des Vermögensstatus.

Tribunat → Tribunen (1).

Tribunen. (1) In Rom die zum Schutz der → Plebejer wirkenden Magistrate (ursprünglich die Vorsteher der Sondergemeinde der → Plebs), die mit ihrer tribunizischen Gewalt die Amtshandlungen der ordentlichen Magistrate unterbinden können. (2) In der spätrömisch-byzantinischen Heeresorganisation die Befehlshaber provinzialer Heeresaufgebote; in Venedig geht aus ihnen der älteste, von Weber so genannte, „tribunizische" Adel hervor.

Tribus. Die nach dem Territorialprinzip eingerichteten (schließlich 35) Unterabteilungen der römischen Bürgerschaft.

Vasallen. Im Frühmittelalter Freie, die sich in den Schutz eines mächtigen Herrn begeben und dafür zu Gehorsam und Dienstleistungen verpflichtet sind; für die spätere Zeit auch weitgehend synonyme Bezeichnung für Lehnsmannen.

Villeggiatur (ital.: villeggiatura, Sommerfrische). Landhaus, bei Weber speziell als Ort des Konsums von Kapitalgewinnen.

Vogtei. Von Weber im Sinne von „Kirchenvogtei" verwendet; im Mittelalter der Schutz und die Vertretung geistlicher Personen und Einrichtungen in weltlichen Angelegenheiten, die zugleich mit der Ausübung von Herrschaftsrechten über die dem Schutz Anvertrauten verbunden ist.

Volkscapitan (mlat.: capitaneus populi, ital.: capitano del popolo). Der Repräsentant des → Popolo in der italienischen Commune.

Ζεὺς Ἑρκεῖος (Tl.: Zeus Herkeios). Griechischer Schutzgott des Hauses.

Zünfte. Im Mittelalter die Vereinigungen der in einer Stadt dasselbe Handwerk oder Gewerbe betreibenden Personen, die später auch den Anspruch der in ihnen organisierten Bürger auf Mitwirkung in den Ratsgremien durchsetzen; von Weber wird die Bezeichnung auch auf Äquivalente in anderen Gesellschaften angewendet.

Verzeichnis der von Max Weber zitierten Literatur

Weber hat im Text keine bibliographischen Angaben gemacht, sondern auf benutzte Werke lediglich durch Nennung des Verfassernamens hingewiesen. Die folgende Liste enthält nur die Werke, die sich eindeutig oder mit höchster Wahrscheinlichkeit identifizieren lassen.

Below, Georg von, Zur Entstehung der Rittergüter, in: ders., Territorium und Stadt. Aufsätze zur deutschen Verfassungs-, Verwaltungs- und Wirtschaftsgeschichte (Historische Bibliothek, Band 11). – München und Leipzig: R. Oldenbourg 1900, S. 95–162.

Beyerle, Konrad, Die Entstehung der Stadtgemeinde Köln, in: Zeitschrift der Savigny-Stiftung für Rechtsgeschichte, Germanistische Abteilung, Band 31, 1910, S. 1–67.

Broglio d'Ajano, Romolo, Lotte sociali a Perugia nel secolo XIV°, in: Vierteljahrschrift für Social- und Wirtschaftsgeschichte, Band 8, 1910, S. 337–349.

Calderini, Aristide, La manomissione e la condizione dei liberti in Grecia. – Milano: Ulrico Hoepli 1908.

Cruickshank, Brodie, Eighteen Years on the Gold Coast of Africa. Including an account of the native tribes, and their intercourse with Europeans, 2 vols. – London: Hurst & Blackett 1853.

–, Ein achtzehnjähriger Aufenthalt auf der Goldküste Afrika's. – Leipzig: Dyk [1855].

Gothein, Eberhard, Die Culturentwicklung Süd-Italiens in Einzel-Darstellungen. – Breslau: Wilhelm Koebner 1886.

Hanauer, G[erson], Das Berufspodestat im dreizehnten Jahrhundert, in: Mittheilungen des Instituts für Oesterreichische Geschichtsforschung, Band 23, 1902, S. 377–426.

Hatschek, Julius, Englische Verfassungsgeschichte bis zum Regierungsantritt der Königin Victoria (Handbuch der mittelalterlichen und neueren Geschichte, hg. von G[eorg] von Below und F[riedrich] Meinecke, Abteilung III: Verfassung, Recht, Wirtschaft). – München und Berlin: R. Oldenbourg 1913.

Hegel, Karl, Die Entstehung des Deutschen Städtewesens. – Leipzig: S. Hirzel 1898.

Lenel, Walter, Die Entstehung der Vorherrschaft Venedigs an der Adria. Mit Beiträgen zur Verfassungsgeschichte. – Strassburg: Karl J. Trübner 1897.

Maitland, Frederic W., Domesday Book and Beyond. Three Essays in the Early History of England. – Cambridge: Cambridge University Press 1897.

–, Township and Borough. The Ford Lectures 1897. With an Appendix of Notes relating to the History of Cambridge. – Cambridge: Cambridge University Press 1898.

Meyer, Eduard, Geschichte des Alterthums, 5 Bände. – Stuttgart/Berlin: J.G. Cotta 1884–1902.

–, „Plebs", in: Handwörterbuch der Staatswissenschaften, Band 6^2. – Jena: Gustav Fischer 1901, S. 98–106.

–, dass., in: Handwörterbuch der Staatswissenschaften, Band 6^3. – Jena: Gustav Fischer 1910, S. 1049–1057.

Mommsen, Theodor, Römische Geschichte, Band 1–3 (9. Aufl.) und Band 5 (5. Aufl.). – Berlin: Weidmann 1902–1904.

–, Römisches Staatsrecht, 3 Bände (in 5) (Marquardt, Joachim und Mommsen, Theodor, Handbuch der Römischen Alterthümer, Band 1–3), 3. Aufl. – Leipzig: S. Hirzel 1887/88.

Post, Albert H., Afrikanische Jurisprudenz. Ethnologisch-juristische Beiträge zur Kenntniss der einheimischen Rechte Afrikas, 2 Bände (in 1). – Oldenburg und Leipzig: Schulze 1887.

Rathgen, Karl, Japans Volkswirtschaft und Staatshaushalt (Staats- und socialwissenschaftliche Forschungen, Band 10, Heft 4). – Leipzig: Duncker & Humblot 1891.

Salzer, Ernst, Ueber die Anfänge der Signorie in Oberitalien. Ein Beitrag zur italienischen Verfassungsgeschichte (Historische Studien, Heft 14). – Berlin: E. Ebering 1900.

Snouck Hurgronje, C[hristiaan], Mekka, Band 1: Die Stadt und ihre Herren. – Den Haag: Martinus Nijhoff 1888.

Strack, Max L., Die Freigelassenen in ihrer Bedeutung für die Gesellschaft der Alten, in: Historische Zeitschrift, Band 112, 1914, S. 1–28.

Personenregister

Familienverbände, Dynastien, mythische, rein legendäre und literarische Figuren sowie Götter stehen im Sachregister. Römische Namen sind nach den allgemein gebräuchlichen Kurzformen, in anderen Fällen nach dem Gentilnomen eingeordnet.

Sachregister

Das Register erfaßt Begriffe sowie Sach- und geographische Angaben, Familienverbände, Dynastien, mythische, rein legendäre und literarische Figuren sowie Gottheiten.